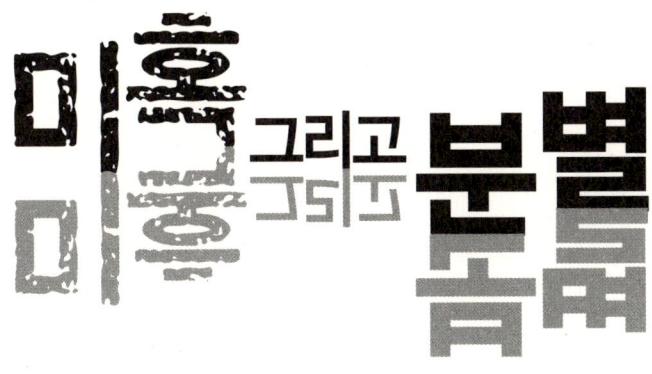

미혹 그리고 분별

김나사로 지음

도서출판 등과 빛

차례

제1부 교회 안의 미혹:
   다른 예수 다른 복음 다른 영

1. 활개 치는 이단 | 9
2. 거짓 선지자와 교회의 세속화 | 17
3. 사탄은 어떻게 하나님의 자리를 찬탈하려 하는가 | 22
4. 예수님이 받으셨던 세 가지의 시험과 기복주의 교리 | 26
5. 복음을 경제 비법으로 매매하는 두 날개 장사꾼 | 35
6. 재정축복 대성회와 바알 숭배 | 49
7. 효과와 원칙의 갈림길에서 알파코스와 G12를 생각한다 | 59
8. 신령한 은사와 신기한 표적 | 66
9. 하나님의 임재와 음성 듣기가 연습으로 가능한가? | 72
10. 성경에 계시된 천국과 너도 나도 보았다는 간증 속의 천국 | 80
11. 하나님의 의를 이루는 기도 vs 우상을 찬송함이 되는 기도 | 94
12. 식을 줄 모르는 야베스 기도의 열정 | 105
13. '긍정의 힘'은 의인을 살리는 믿음이 아니다 | 127
14. 주님의 예언과 거짓 선지자의 예언, 성령과 다른 영 | 154

Contents

제2부 교회 밖의 거짓 그리스도:
이것만 알아도, 이것만 가르쳐도 신천지에서 나온다

1. 이긴 자 | 165
2. 또 다른 보혜사 | 172
3. 세례요한 | 200

제3부 허탄하고 망령된 설교와 참된 설교

1. 교회를 노략질하는 신천지 | 237
2. 이런 설교조차도 교회의 기복신앙을 부추긴다 | 246
3. 이런 설교가 교회를 이방인으로 만든다 | 260
4. 성령과 하나님의 뜻 | 295

제1부

교회 안의 미혹:
다른 예수 다른 복음 다른 영

1 활개 치는 이단

최근 기독교계에 물의를 일으키고 있는 신천지는 성경공부라는 명목으로 말씀에 갈급해하는 귀한 성도들을 미혹하는 단체이다. 그들은 낱말 맞추기식의 성경구절 짝짓기 논리로 성도들을 유혹한다.

문제는 그들의 비유풀이식 성경해석 방법이 조직적이며 논리적인 짜임새를 갖추고 있어 사전에 충분한 성경 지식을 가지고 있지 않은 성도들을 빨아들이는 강력한 흡인력이 있다는 것이다. 그러므로 이들의 낱말 맞추기식의 황당한 비유풀이식 성경해석법을 성도들이 분별할 수 있도록 하려면, 먼저 각 교회에서 성도들에게 성경이 말씀하는 기본 교리에 대한 조직신학적 가르침이 반드시 선행되어야 한다.

오늘날 강단 설교가 너무나 성도들이 듣기 좋아하는 자기계발이나 부와 성공 위주의 예화설교에 치중되다 보니 성도들은 구원론, 신론, 기독론, 죄론, 교회론, 성령론, 종말론에 대한 필수 지식에 취약하게 되었다.

여기서 우리는 위조지폐를 감별하는 화폐전문가들의 이야기를 한번 되새겨 볼 필요가 있다. 위조지폐를 감별하기 위한 훈련은 그때그때마다 나타나는 위조지폐를 연구할 것이 아니라 진짜 화폐를 계속해서 살피고 또 살펴서 어떤 것이 진짜 화폐인지를 확실히 알고 있으면 가짜를 손쉽게 식별할 수 있다는 것이다.

마찬가지로 한국교회가 조직신학적 기본교리에 충실한 강단 설교문화를 정립한다면 자연스럽게 성도들은 그때마다 나타나는 신종 이단들을 분별해 낼 수 있는 것이다. 그렇지 않고 신종 이단이 나타날 때마다 뒷북치는 이단 대책법을 가지고는 계속해서 나타날 교묘한 신종 이단에 성도들이 미혹되는 것을 막을 수 없다.

신천지도 결국은 자신들의 교주를 '이긴 자'로 '또 다른 보혜사'로 주장하면서 신론의 삼위일체 교리를 완전히 왜곡하고 있고, 성령론에 대해 근본적인 무지를 드러내고 있다. 그러므로 성도들에게 재미나고 신바람 나는 부자 꿈, 성공 꿈 위주의 왜곡된 설교 행태를 청산하고 철저한 조직신학적 기본교리 위주의 설교를 통해 바른 구원관과 바른 기독교 역사관과 바른 기독교 종말관을 교육했다면, 불쌍한 영혼들이 그들의 노략질 거리가 되지는 않았을 것이다. 결국, 성도들이 그들의 노략질 거리가 된 것은, 그들이 목자로부터 살진 꿀을 공급받지 못했던 것도 그 이유 중의 하나이다.

활개를 치며 교회를 어지럽히는 신천지는 자신들의 교주가 '또 다른 보혜사'라고 말도 안 되는 주장을 하고 있다. 그러나 요한복음 15장 26~27절에서 '또 다른 보혜사'(요 14:16), 곧 보혜사이신 '진리의 성령'은 신천지 교주가 아니라 예수 그리스도를 증거하시는 분이다.

> "내가 아버지께로서 너희에게 보낼 보혜사 곧 아버지께로서 나오시는 진리의 성령이 오실 때에 그가 나를 증거하실 것이요 너희도 처음부터 나와 함께 있었으므로 증거하느니라"

이처럼 '또 다른 보혜사'이신 '진리의 성령'은 예수 그리스도를 증언하신다. 그러므로 신천지의 주장대로 진리의 성령이신 또 다른 보혜사가 그들의 교주라면, 그들의 교주만이 예수 그리스도를 증거하는 자가 된다. 그렇다면 신천지 교주가 등장하기 전까지 이 땅 역사에 예수 그리스도를 주로 시인하는 사람이 아무도 없어야 하지 않겠는가?

그들의 논리대로 요한복음 15장 26~27절을 읽으면 그들의 교주만이 예수 그리스도를 증거하는 것이 된다. 그러나 주님의 몸 된 교회는 그들의 교주가 태어난 생년월일 이전

이미 2천 년 동안 예수 그리스도를 주로 신앙 고백해 왔다. 그것은 교회의 터가 된 사도들(엡 2:20)과 초대교회가 죽음과 핍박을 무릅쓰고 성령을 힘입어 이미 2천 년 전부터 예수 그리스도를 주로 증언해 왔기 때문이다. 그러므로 2천 년 교회 시대가 예수 그리스도를 교회의 머리이신 주로 고백하게 된 것은 출현한지 50년도 채 안 되는 신천지의 자칭 보혜사 교주의 증거 때문이 아니라, 2천 년 전 마가 다락방에 120여 성도에게 불의 혀같이 임하였던(행 2:1~4) 참된 보혜사이신 하나님의 영이시며 하나님의 신이신 성령의 강림으로 말미암은 것이다.

"성령으로 아니하고는 누구든지 예수를 주시라 할 수 없느니라"(고전 12:3후)

신천지와 같이 '또 다른 보혜사'가 그들의 교주라고 주장하는 몇 몇 이단들의 주장은 2천여 년 동안 성령의 능력으로 건설되어 온 교회 시대를 부인한다. 따라서 이런 허황된 '또 다른 보혜사' 론論에 성도들은 미혹되지 말아야 한다.

신천지 교주는 '이긴 자'가 자기 자신이라고 한다. 과연 그가 최소한 중등교육이라도 제대로 이수했다면 그와 같은 해괴한 주장을 할 수 있을까?

요한계시록의 일곱 교회는 요한계시록이 기록될 당시에 있었던 일곱 교회로서 일곱 교회는 완전수 7이 상징하듯 전 지역과 전 시대의 지상에 있는 모든 교회를 상징한다.

요한계시록이 기록될 당시 일곱 교회 중 하나인 서머나 교회 교인들은 환난과 궁핍 가운데서도 믿음을 지키는 신앙의 경주를 힘써 왔다(계 2:9). 그럼에도 성령께서는 그들을 향해 현재의 신앙에 안주하지 말고 더욱더 죽도록 충성해서 생명의 면류관을 받으라고 말씀하셨다(계 2:10). 여기서 생명의 면류관은 둘째 사망의 해를 받지 않는 것, 곧 영생이다.

"네가 죽도록 충성하라 그리하면 내가 생명의 면류관을 네게 주리라 귀 있는 자는 성령이 교회들에게 하시는 말씀을 들을지어다 이기는 자는 둘째 사망의 해를 받지 아니하리라"(계 2:10후~11)

서머나 교회에서 둘째 사망의 해를 받지 않는다는 약속을 받은 '이긴 자'는 비록 단수로 되어 있지만 한 사람을 지칭하는 것이 아니다. 예를 들어 개가 충실하다고 할 때, 여기서 개는 비록 단수로 표현되어 있지만, 한 마리의 개를 말하는 것이 아니라 개라는 종 전체를 의미하는 복수의 의미이다. 마찬가지로 '이긴 자'는 비록 단수로 표현되어 있지만,

어느 개인 한 사람을 가리키는 단수의 의미가 아니다. 죽도록 충성해서 생명의 면류관, 곧 영생을 받게 될 신앙인들을 상징하는 복수의 의미이다. 그러므로 '이긴 자'를 자신이라고 하는 신천지 교주는 보나 마나 중등과정의 교육도 마치지 못한 자임에 틀림이 없다. 신실한 신앙인들을 상징하는 복수의 의미인 '이긴 자'를 자기 자신 한 사람으로 착각하는 그는 분명 자기 집 통개 한 마리만 개라고 생각하는 사람일 것이다.

계시록 2장 11절에서 이긴 자에게 약속된 둘째 사망의 해를 받지 않는 축복은 계시록 20장 4~6절에서 보면 예수 그리스도와 더불어 왕 노릇 하는 신실한 신앙인들에게서 결실된다.

"또 내가 보좌들을 보니 거기 앉은 자들이 있어 심판하는 권세를 받았더라 또 내가 보니 예수의 증거와 하나님의 말씀을 인하여 목 베임을 받은 자의 영혼들과 또 짐승과 그의 우상에게 경배하지도 아니하고 이마와 손에 그의 표를 받지도 아니한 자들이 살아서 그리스도로 더불어 천 년 동안 왕 노릇 하니 (그 나머지 죽은 자들은 그 천 년이 차기까지 살지 못하더라) 이는 첫째 부활이라 이 첫째 부활에 참여하는 자들은 복이 있고 거룩하도다 둘째 사망이 그들을 다스리는 권세가 없고 도리어 그들이 하나님과 그리스도의 제사장이 되어 천 년 동안 그리스도로 더불어 왕 노릇 하리라"(계 20:4~6)

이처럼 계시록 20장 6절의 "둘째 사망이 그들을 다스리는 권세가 없고"에서 둘째 사망의 해를 받지 않는 사람은 '그들'로서 한 사람이 아니다. 바로 이들이 단수가 아닌 복수로서의 '이긴 자'이다. 그러므로 '이긴 자'는 한 사람이 아니라 '그들', 즉 복수이다. 따라서 계시록 20장 4~6절에서 예수 그리스도와 더불어 왕 노릇 하며 둘째 사망의 해를 받지 않을 사람은 한 명이 아니라 복수임을 분명히 알 수 있다.

또한, 계시록 20장 4~6절에서는 둘째 사망의 해를 받지 않는 신실한 신앙의 사람들을 가리켜 예수의 증거를 가진 자들이라고 하였다. 그러므로 확실하게 '이긴 자'는 신천지 교주 한 사람을 가리키는 것이 아니다.

계시록 20:4~6에서 둘째 사망의 해를 받지 않는 축복을 받게 되는 신실한 신앙의 사람들, 즉 서머나 교회에서 둘째 사망의 해를 받지 않는 축복을 받게 될 '이긴 자'로 상징된 사람들은 신천지 교주와 함께 있는 것이 아니라 예수 그리스도와 더불어 있는 자들이다(계 20:6). 그 어떤 경우에도 둘째 사망의 해를 받지 않는 '이긴 자'는 예수 그리스도의 영을 덧입었다는 신천지 교주가 아니다. 또한, 신천지 교리의 전초기지인 무인가 공짜(?) 성경신학원의 초급 중급 고급 과정을 이수한 사람들도 아니다.

  신천지 교주가 하나님의 영이 자기 육체에 임해서 자신이 재림 예수라고 주장하는 것은 정신 나간 소리이다. 예수 그리스도만이 우리의 구원자이시고, 처음과 나중이시고, 장차 올 자이시다.

   "주 하나님이 가라사대 나는 알파와 오메가라 이제도 있고 전에도 있었고 장차 올 자요 전능한 자라 하시더라"(계 1:8)

  장차 오실 자이신 예수 그리스도는 영으로 임하지 않으시고 그분 그 자체로 오신다.

   "가로되 갈릴리 사람들아 어찌하여 서서 하늘을 쳐다보느냐 너희 가운데서 하늘로 올리우신 이 예수는 하늘로 가심을 본 그대로 오시리라 하였느니라"(행 1:11)

   "또 맏아들을 이끌어 세상에 다시 들어오게 하실 때에 하나님의 모든 천사가 저에게 경배할지어다 말씀하시며"(히 1:6)

2 거짓 선지자와 교회의 세속화

 사도 바울은 디모데에게 에베소 교회의 목회를 맡기면서 장차 때가 이르면 사람들이 바른 교훈을 받지 않고 귀가 가려워서 자기의 사욕을 좇을 스승을 많이 두며 그 귀를 진리에서 돌이켜 허탄한 이야기를 좇게 될 것을 예언했다. 그리고 그에게 오로지 말씀을 전파하되 오래 참음과 가르침으로 경책하고 경계하고 권하라고 엄히 명했다.

 "너는 말씀을 전파하라 때를 얻든지 못 얻든지 항상 힘쓰라 범사에 오래 참음과 가르침으로 경책하며 경계하며 권하라 때가 이르리니 사람이 바른 교훈을 받지 아니하며 귀가 가려워서 자기의 사욕을 좇을 스승을 많이 두고 또 그 귀를 진리에서 돌이켜 허탄한 이야기를 좇으리라"(딤후 4:2~4)

 지금은 어느 때보다도 교인들이 바른 교훈을 받지 않고 자기들의 사욕을 채워 줄 복 타령, 평강 타령하는 스승들을 모시고 그들의 비성경적인 허탄한 이야기를 마치 하나님의 진리의 말씀인 양 인정하며 박수갈채를 보내고 있다. 그러므로 지금이야말로 그 어느 때보다도 바른 교훈을 전하는 종들은 진리의 말씀을 옳게 분별해서 하나님의 말씀을 전함에 있어 오래 참음으로 경책하고 경계하며 권면을 해야 할 때이다.

사도 바울은 일찍이 고린도 교회에 편지를 보내면서 자신은 하나님의 말씀을 혼잡하게 하지 않고 오로지 순종함으로 하나님께 받은 것같이 하나님 앞에서와 그리스도 안에서 말한다고 했다.

> "우리는 수다한 사람과 같이 하나님의 말씀을 혼잡하게 하지 아니하고 곧 순전함으로 하나님께 받은 것같이 하나님 앞에서와 그리스도 안에서 말하노라"(고후 2:17)

여기서 "혼잡하게 한다"는 의미는 하나님의 말씀 선포를 통해 이권을 취하거나, 이권을 위해 하나님의 말씀을 마치 포도주에 물을 타듯 묽게 해서 변질시키는 것을 말한다.

오늘날 하나님의 말씀이 많은 설교자에 의해서 물 탄 포도주처럼 세속의 교훈으로 묽어져 변질하였다. 이처럼 설교가 변질한 것은 많은 설교자가 자신의 목회 야망을 이루고자 하는 탐욕을 십자가에 못 박지 못하고 교인들의 구미에 맞춰서 하나님의 말씀을 듣기 좋은 이야기로 편집했기 때문이다. 바로 이것이 하나님의 말씀을 가감한 죄악이다.

정확 무오한 하나님의 말씀인 성경은 예수 그리스도의 신부 된 교회가 두 가지 방향에서 타락할 수 있음을 경고하고 있다. 첫째는 세상을 사랑하는 세속주의 신앙으로 말미암아 세상과 짝해서 하나님께 간음하는 여인이 되는 길(약 4:4)이고, 둘째는 교회 안에 역사하는 미혹의 실체인 다른 예수와 다른 복음과 다른 영을 용납함으로 예수 그리스도 앞에 정결한 처녀가 되지 못하는 길(고후 11:2~4)이다.

"간음하는 여자들이여 세상과 벗 된 것이 하나님의 원수임을 알지 못하느뇨 그런즉 누구든지 세상과 벗이 되고자 하는 자는 스스로 하나님과 원수 되게 하는 것이니라"(약 4:4)

"내가 하나님의 열심으로 너희를 위하여 열심 내노니 내가 너희를 정결한 처녀로 한 남편인 그리스도께 드리려고 중매함이로다 뱀이 그 간계로 이와를 미혹케 한 것같이 너희 마음이 그리스도를 향하는 진실함과 깨끗함에서 떠나 부패할까 두려워하노라 만일 누가 가서 우리의 전파하지 아니한 다른 예수를 전파하거나 혹 너희의 받지 아니한 다른 영을 받게 하거나 혹 너희의 받지 아니한 다른 복음을 받게 할 때에는 너희가 잘 용납하는구나"(고후 11:2~4)

사도 바울은 자신의 사역 목표가 교회, 즉 성도들을 예수 그리스도께 정결한 신부로 중매하는 것임을 분명히 하고 있다(고후 11:2). 그러면서 그는 다른 예수와 다른 복음과 다른 영을 잘도 용납하고 있는 고린도 교회를 엄히 책망하고 있다(고후 11:4).

결국, 다른 예수와 다른 복음과 다른 영을 용납했던 고린도 교회 교인들은 예수 그리스도께 정결한 처녀로 중매될 수 없다. 그것은 다른 예수와 다른 복음과 다른 영을 용납한 고린도 교회 교인들의 죄악이 그 옛날 에덴에서 이와가 뱀에게 미혹된 사건과 같은 것이기 때문이다(고후 11:3).

교회가 다른 예수와 다른 복음과 다른 영을 용납하는 것은 뱀과 같은 거짓 선지자에게 미혹을 받았기 때문이다. 다른 예수와 다른 복음과 다른 영을 용납한 지금 교회는 신랑 되신 예수 그리스도 앞에서 진실함과 깨끗함을 잃어버리고 음란해졌다. 바로 이것이 교회의 타락이다.

성도로 하여금 성도답게(행 2:44~47) 살지 못하게 하면서도 그들로 예수 그리스도의 신부 될 슬기로운 다섯 처녀로 착각하게 하는 것은 다른 예수와 다른 복음과 다른 영의 역사이다. 이 역사의 한가운데 거짓 그리스도와 거짓 선지자의 미혹이 자리 잡고 있다.

3 사탄은 어떻게 하나님의 자리를 찬탈하려 하는가

 사탄의 역사가 초대교회 성도들을 시험했다. 그래서 사탄은 그들을 사자 굴속에도 던져 보았고, 불 속에도 던져 보았고, 돌로도 쳐 죽여 보았고, 십자가에도 달아 보았고, 목도 베어 보았지만 성도들의 결속은 오히려 더욱더 강해졌고 그들의 신앙은 하늘 소망으로 더욱더 간절해졌다. 그 모진 핍박 속에서 오히려 많은 알곡 신자들이 순교를 통해 십자가의 영광을 쟁취하였다.

 사탄은 어떻게 하든지 성도들을 지옥만 데려가면 된다. 그래서 사탄은 방법을 바꾸기로 했다. 하나님의 신부 된 교회에게 자기가 제조한 교묘한 포도주를 하나님의 참된 포도주로 가장하여 먹이기 시작했다.

 사탄은 하나님의 말씀을 왜곡해서 떡의 이야기로 바꾸어 버렸고, 하늘 소망을 위한 기도를 이방인이 구하는 먹고 마시고 입고를 위한 기도로 바꾸어 버렸고, 하나님께 신령과 진정으로 드려야 하는 예배의 목적을 인생의 필요를 채우기 위한 생떼 쓰는 투쟁으로 바꾸어 버렸고, 십자가의 하늘 영광을 이 땅의 천하 만국의 영광으로 바꾸어 버렸다.

사탄은 천하 만국 영광으로 손쉽게 하나님의 자리를 찬탈해서 하나님의 예배를 자기를 위한 예배로 교묘하게 바꾸었다. 결국, 모세 선지자의 절망적인 예언이 성취되고 말았다.

"그들은 하나님께 제사하지 아니하고 마귀에게 하였으니 곧 그들의 알지 못하던 신, 근래에 일어난 새 신, 너희 열조의 두려워하지 않던 것들이로다"(신 32:17)

하나님 아닌 다른 신은 우상이다. 그러므로 하나님의 복음이 아닌 다른 복음, 하나님의 성령이 아닌 다른 영(고후 11:4)은 우상이다. 구약의 이스라엘 백성에게는 그들이 경배하는 갖은 모양의 형상이 하나님 아닌 다른 신인 우상이었다면 신약의 영적 이스라엘 백성에게는 그들이 용납하고 아멘 하는 다른 복음과 다른 영의 역사가 우상이다.

다른 복음과 다른 영의 배후에는 다른 예수의 역사, 곧 사탄의 미혹이 있다. 다른 복음과 다른 영의 역사가 바로 모세 선지자가 예언했던 '근래에 일어난 새 신'의 신약판 성취이다.

사탄이 제조한 음행의 포도주, 곧 다른 복음에 취한 교인들은, 하나님의 바른 말씀의 길을 떠나 좌로나 우로나 치우쳐 있다. 그래서 구원의 좁은 길을 이탈해서 변질한 신앙의 넓은 대로를 활보하고 있다. 마치 만취한 사람이 아무 두려움도 없이 자신을 죽이려고 달려오는 자동차를 무서워하지 않고 이리 비틀 저리 비틀하듯이 사탄이 제조한 음행의 포도주에 취한 교회는 아무 두려움도 없이 꿈이 있는 자는 망하지 않는다는 유행가를 흥얼거리며 하나님과 원수 된 세상에 속한 천하 만국 영광을 소유하기 위해 정신이 없다.

하나님의 말씀을 혼잡하게 하는 거짓 선지자들은 도둑질한 하나님의 말씀(렘 23:30)을 이익의 재료(딤전 6:5)로 둔갑시켜 어리석은 백성에게 매매하고 있다. 그들은 음행의 포도주에 만취한 교인들을 천국 집에 데려다 준다며 자신들의 영업용 택시에 태워 그들의 지갑을 도둑질하고 들판에 던져 버렸다.

지금 사탄은 다른 복음과 다른 영의 미혹을 통해 하나님이 받으실 신령과 진정의 예배를 자신의 것으로 가로채서 하나님의 자리를 찬탈하려 한다. 그래서 사탄은 복술에 물든 신앙인들의 열광적인 기도에 응답한다. 그것은 사탄에게 천하 만국 영광의 권세가 있기 때문이다.

"마귀가 또 그를 데리고 지극히 높은 산으로 가서 천하 만국과 그 영광을 보여 가로되 만일 내게 엎드려 경배하면 이 모든 것을 네게 주리라"(마 4:8~9)

"마귀가 또 예수를 이끌고 올라가서 순식간에 천하 만국을 보이며 가로되 이 모든 권세와 그 영광을 내가 네게 주리라 이것은 내게 넘겨 준 것이므로 나의 원하는 자에게 주노라"(눅 4:5~6)

천하 만국 영광을 응답받고 사탄에게 사랑받는 어리석은 신앙인, 그가 과연 하나님을 예배하는 것일까? 천하 만국 영광을 무기로 무적의 권세를 휘두르는 사탄이 하나님의 아들이신 예수님도 시험했는데, 욕심 많은 우리 같은 인생쯤이야 식은 죽 먹기로 유혹할 수 있지 않겠는가.

과연 오늘 우리가 마음에 그려보고 입술로 시인하는 미래의 꿈이 십자가의 영광과 관련 있는가? 아니면 천하 만국의 영광과 관련 있는가? 지금 우리는 천하 만국 영광을 꿈꾸는 우리의 정과 욕심을 십자가에 못 박아야 한다. 그래서 버려야 하고 죽어야 한다.

4 예수님이 받으셨던 세 가지의 시험과 기복주의 교리

 주님께서 성령에 이끌려 광야에서 사탄에게 시험을 받으신 사건(마 4:1~11) 속에는 이루 말할 수 없는 하나님의 깊은 의도가 숨겨져 있다. 채 한 장도 안 되는, 믿기 어려운, 그러면서도 분명히 역사적 사실임에 틀림이 없는 그 사건 속에는 모든 교회와 성도를 향한 하나님의 세미하신 음성이 있다.
 그 옛날 엘리야가 호렙 산의 굴에서 집중해야 했던 소리는 바위를 부수는 크고 강한 바람 소리가 아니라 세미한 음성이었다(왕상 19:9~12). 하나님의 세미한 음성이 바람이 지나간 후, 그리고 지진과 불이 지나간 후 엘리야에게 들렸다. 그러므로 오늘 교회가 집중해야 하는 것은 바람과 지진과 불이 아니라 우리에게 주어진 세미한 하나님의 음성인 말씀이다.
 첫 번째로 사탄은 40일 금식으로 주리신 예수님에게 하나님의 아들답게 돌을 명하여 떡이 되게 해서 주린 배를 채우라고 유혹하였다.

"사십 일을 밤낮으로 금식하신 후에 주리신지라 시험하는 자가 예수께 나아와서 가로되 네가 만일 하나님의 아들이어든 명하여 이 돌들이 떡덩이가 되게 하라"(마 4:2~3)

결국, 사탄의 유혹은 절박한 육신의 문제를 해결하기 위해 하나님의 기적 능력을 사용하라는 것이다. 물론 인본주의적 신앙 가치관에서 보면 주님께서 기적의 떡으로 주린 배를 채우시고 하루라도 더 빨리 원기를 회복하셔서 하나님의 일을 하는 것이 오히려 하나님의 나라에 실익이 될 것이다. 그러나 주님께서는 실익보다는 원칙을 고수하셨다. 그래서 하나님의 말씀을 부여잡으셨다.

오늘 우리는 하나님의 기적적인 도움으로 우리가 당면한 육신의 문제들을 해결 받으려 한다. 그러나 우리가 해결 받으려고 하는 육신의 문제가 과연 40일을 주리신 예수님의 굶주림의 문제보다 더 절박한 문제인가? 아무리 죽을 정도로 힘든 순간에라도 그래서 하나님의 기적적 능력이 절박하게 필요한 순간에라도 기적적 문제 해결을 우선하는 신앙을 해서는 안 된다. 하나님의 말씀을 우선하는 신앙인은 육신의 문제를 해결 받기 위한 신앙에 함몰되지 않고 하나님의 말씀에 순종하는 믿음의 길을 고수한다.

두 번째로 사탄은 예수님에게 시편 91편 11~12절 말씀을 인용하며 하나님의 말씀을 믿음으로 적용해서 하나님의 아들 됨을 증명하라고 유혹하였다.

"저가 너를 위하여 그 사자들을 명하사 네 모든 길에 너를 지키게 하심이라 저희가 그 손으로 너를 붙들어 발이 돌에 부딪히지 않게 하리로다"(시 91:11~12)

"이에 마귀가 예수를 거룩한 성으로 데려다가 성전 꼭대기에 세우고 가로되 네가 만일 하나님의 아들이어든 뛰어내리라 기록하였으되 저가 너를 위하여 그 사자들을 명하시리니 저희가 손으로 너를 받들어 발이 돌에 부딪히지 않게 하리로다 하였느니라"(마 4:5~6)

이처럼 사탄은 믿음이 없는 모든 사람은 성전 꼭대기에서 뛰어내리면 발이 돌에 부딪혀 산산조각이 나겠지만 예수님은 하나님의 아들이시기 때문에, 하나님의 말씀을 믿고 아무리 높은 곳에서 뛰어내려도 하나님께서 사자들을 명하여 그 발이 돌에 부딪히지 않게 하실 것이라고 하였다. 결국,

사탄은 예수님에게 기적적 능력으로 하나님의 아들 됨을 증명하라고 하였던 것이다. 바로 이것이 사탄이 교회를 미혹하는 방법이다.

사탄은 하나님의 말씀을 가지고 기적을 체험하라고 교회를 부추긴다. 그래서 교회에게 하나님의 말씀을 붙잡고 "믿음대로 될지어다!"라고 세상 모든 문제를 향해 믿음으로 명하고 믿음으로 꿈꾸면 기적을 체험하게 된다고 유혹한다. 그래서 예수 믿지 않는 사람은 세상 문제 앞에서 발이 돌에 부딪혀 산산조각이 나듯이 실패하고 무너지지만, 믿음으로 명하고 믿음으로 꿈꾸는 하나님의 아들들은 기적적 능력으로 만사가 해결되고 만사가 응답받고 만사가 형통하고 만사가 역전되고 만사가 잘된다고 긍정의 믿음, 불굴의 확신을 부추긴다.

예수님에게 성전 꼭대기에서 뛰어내려 발이 돌에 부딪히지 않게 함으로 단번에 하나님의 아들 됨을 증명하라는 사탄의 유혹은 골고다 언덕에서도 재현되어 어리석은 군중은 십자가에 못 박히신 예수님을 향해 지금 당장 십자가에서 뛰어내려 하나님의 아들 됨을 증명하라고 조롱하였다.

"이때에 예수와 함께 강도 둘이 십자가에 못 박히니 하나는 우편에, 하나는 좌편에 있더라 지나가는 자들은 자기 머

리를 흔들며 예수를 모욕하여 가로되 성전을 헐고 사흘에
짓는 자여 네가 만일 하나님의 아들이어든 자기를 구원하
고 십자가에서 내려오라 하며"(마 27:38~40)

물론 주님께서 십자가상에서 뛰어내리는 기적을 행하시는 것이 단번에 하나님의 아들 됨을 증명할 수 있는 가장 **빠른** 길이다. 그러나 그것은 하나님이 원하시는 길이 아니다. 하나님께서 교회에게 요구하시는 길은 **빠른** 형통, **빠른** 성취, **빠른** 해결을 통한 기적적 역전이 아니라, 하나님의 말씀에 철저하게 순종해서 모든 소유를 버리기까지 주를 따르는 십자가의 길이다(눅 14:33). 그럼에도 오늘 교회는 기적적 형통과 기적적 역전을 통해 하나님께서 함께하시는 하나님의 자녀라는 것을 증명한답시고 소란스럽게 "주여! 주여!" 하며 기적 신앙에 함몰되어 있다.

셋째로 사탄은 예수님에게 천하 만국 영광을 가지고 싶으면 자신에게 엎드려 경배하라고 하였다.

"마귀가 또 그를 데리고 지극히 높은 산으로 가서 천하
만국과 그 영광을 보여 가로되 만일 내게 엎드려 경배하면
이 모든 것을 네게 주리라"(마 4:8~9)

그렇다. 천하 만국과 그 영광은 사탄의 것이다. 그러므로 사도 요한은 세상에 있는 일부가 아니라 또한 대부분이 아니라 아예 모든 것이 하나님과 원수 된 정욕과 자랑이기 때문에 어떤 경우에도 세상이나 세상에 있는 것들을 사랑하지 말라고 하였다.

"이 세상이나 세상에 있는 것들을 사랑치 말라 누구든지 세상을 사랑하면 아버지의 사랑이 그 속에 있지 아니하니 이는 세상에 있는 모든 것이 육신의 정욕과 안목의 정욕과 이생의 자랑이니 다 아버지께로 좇아온 것이 아니요 세상으로 좇아온 것이라"(요일 2:15~16)

사도 바울도 이 세상에 속한 것인 땅에 것을 생각도 하지 말라고 하였다.

"위엣 것을 생각하고 땅엣 것을 생각지 말라"(골 3:2)

우리가 구하고 찾고 두드리는 열망이 이 세상에 속한 것이면 우리의 분향, 곧 기도는 우상을 찬송함이 된다(사 66:3). 주님께서는 그 어떤 경우에도 세상적 방법으로 세상적인 부와 영광을 가지고 당신의 사역을 감당하시지 않았다. 그러나 오늘 교회는 기적적인 방법으로 세상에 속한 부와 영광을 소유해서 하나님이 주신 사명을 감당한다고 야단들이다.

천하 만국 영광과 사탄에게 경배함은 하나로 결합하여 있다. 경배한다는 것은 곧 예배한다는 것이다. 오늘 우리가 하나님께 예배를 드린다 하면서 세상에 속한 복을 바라보고 열망하며 구하고 있다면 그것은 하나님께 절하는 것이 아니라 사탄에게 절하는 것이다.

오늘 교회는 세상에 속한 먹음직하고 보암직한 부와 성공의 열매를 탐욕스럽게 쳐다보면서 그 열매를 먹어도 결단코 죽지 않는다는 거짓 선지자들의 간계에 미혹되어 있다. 그래서 선악의 열매인 부와 성공의 영향력을 가지고 예수님과 사도들이 했던 일보다도 더 큰 일을 더 신속하게 할 수 있다는 교만에 빠져 있다.

세속적 신앙 가치관에 의하면 주님께서는 오병이어의 기적을 딱 한 번만 베풀 것이 아니라, 매일 오병이어의 기적을 군중에게 베푸셔야 했다. 그리고 주님께서는 그물이 찢어질 정도로 만선의 복을 체험했던 베드로에게 최소한 일주일에 한 번씩 만선의 기적을 체험하게 하셔서 그로 세계 각지를 다니면서 기적적 성공 인생을 간증하게 해야 했다.

매일 오병이어의 기적을 베푸시는 것보다 예수 그리스도의 하나님 되심을 증언하는 **빠른 방법**이 어디 있겠는가? 얼마나 많은 사람이 예수님을 하나님의 아들로 믿었겠는가? 그러나 예수님의 사역은 많은 배고픈 군중을 불러 모아서 밥 퍼 공동체를 만드시는 것이 아니다.

예수님께서 매일 베드로에게 만선의 기적을 허락하시는 것보다 더 빠른 전도 방법이 어디 있겠는가? 아마도 많은 사람이 이 놀라운 기적적 축복의 현장에 구름 떼같이 몰려들었을 것이다. 그리고 막대한 수입금으로 가장 효과적인 선교 사업을 할 수 있었을 것이다. 그리고 가장 빠르게 베드로가 왕의 자녀 됨을 증명할 수 있었을 것이다. 그리고 예수 그리스도의 복음은 두 날개를 달고 비상해서 단번에 예루살렘과 온 유대와 사마리아와 땅끝까지 피 한 방울 흘리지 않고 갈채와 환호 속에서 전파되었을 것이다.

지금 교회는 하나님의 방법으로가 아니라, 사탄의 방법으로 날마다 기적적 축복 체험을 통해 사람들을 불러 모으는 데 혈안이 되어 있다. 그러나 예수님의 복음 사역은 효과적인 전도에 있지 않다. 예수님의 목회사역의 과정과 목적은 교회로 하여금 절박한 육신의 문제를 초월하고, 세상적 축복의 기회와 형통을 포기하고, 오로지 하나님의 말씀으로만 살고 배부르며, 오로지 하나님의 말씀을 따라 모든 소유를 버리고 죽기까지 순종하게 하는 데 있다.

바로 이것이 주님께서 오병이어의 기적을 딱 한 번만, 만선의 기적을 딱 한 번만 베푸신 이유이다. 이 기적은 기적의 수혜자들에게 세상적 축복의 꿈을 가지게 하기 위한 것이 아니라, 이 기적을 베푸신 하나님에게 모든 것을 의탁하고 전적으로 모든 것을 버리고 따르게 하기 위함이다. 지금 교회에게 필요한 것은 기적 체험이 아니라, 처자와 모든 소유를 버리기까지 자기 부인의 십자가를 지고 주를 따르는 순종의 삶이다(눅 14:26~27, 33).

5 복음을 경제 비법으로 매매하는 두 날개 장사꾼

하나님께서는 아담과 하와에게 선악과 명령을 지켜 행하지 않으면 정녕히 죽게 될 것이라고 철저한 심판을 경고하셨다(창 2:15~17). 시내 산에서 이스라엘 백성에게 하나님의 율법을 전했던 모세 선지자 또한 그들이 하나님의 모든 명령과 규례를 지켜 행하지 않으면 약속의 땅 가나안에서 뽑히고 세계 각지로 노예가 되어 흩어지게 될 것이라고 철저한 심판을 경고하였다(신 28:58~63, 68). 주님께서도 교회에게 산상수훈을 통해 하나님의 뜻을 행하지 않으면 하나님의 나라에 결단코 들어갈 수 없다고 철저한 심판을 경고하셨다(마 7:21~23).

예수 믿지 않는 사람들이 "주여! 주여!" 할 리는 만무하다. 그런데 주님께서는 세상 사람을 향해서가 아니라 제자들을 향해 아무리 "주여! 주여!" 해도 하나님의 뜻을 행하지 않으면 결단코 하나님의 나라에 들어갈 수 없다고 분명히 말씀하셨다.

하나님의 백성에게 가장 절박한 문제는 부자 되고 성공하는 문제가 아니라, 하나님의 말씀대로 철저하게 행하는가, 행하지 않는가이다. 그것은 부자 되고 성공하는 것은 칠팔십 년 인생 가운데서 남은 삼사십 년의 삶을 남보다 다소 잘 살고 못살고의 차이를 결정할 뿐이지만, 하나님의 말씀대로 행하고 행하지 않고는 영원히 살거나 영원히 죽거나를 결정하기 때문이다.

이름에 걸맞게 풍성한 만복을 열심히 빌어 주는 어떤 목사가 "도적이 온 것은 도적질하고 죽이고 멸망시키려는 것뿐이요. 내가 온 것은 양으로 생명을 얻게 하고 더 풍성히 얻게 하려는 것이라."라는 요한복음 10장 10절의 말씀을 기가 막히게 해석하고 적용했다.

그는 본문의 말씀을 인용하여 설교하면서 예수 그리스도를 믿지 않으면 도적 마귀가 우리의 물질을 도적질해서 가난을 면치 못한다고 하였다. 그러면서 예수 그리스도께서 이 땅에 오신 것은 우리로 하여금 생명을 얻되 더 풍성히 얻도록 하시기 위해 오셨기 때문에 예수 그리스도를 믿으면 우리가 영생도 받고 더불어서 이 땅에서 풍성한 부자가 될 수 있다고 하였다.

그에 의하면 예수 그리스도를 믿는 자가 부자가 될 수밖에 없는 이유는 그분께서 우리의 물질을 도적질하는 사탄 마귀가 침범하지 못하도록 철통같이 지켜 주시기 때문이라는 것이다. 결국, 그의 설교대로라면 예수님께서는 도난경비업체 회장님이시고 천사들은 물질도둑 마귀가 침범하면 사이렌을 웽웽 울리며 출동하는 출동직원들이다.

지금 풍성한 복 꿈에 사로잡혀 열심히 "주여! 주여!" 하는 많은 교인이 자신의 사욕을 충족시켜서 가려운 귀를 시원하게 긁어 줄 어리석은 스승을 찾아 이곳저곳을 동분서주하고 있다.

"때가 이르리니 사람이 바른 교훈을 받지 아니하며 귀가 가려워서 자기의 사욕을 좇을 스승을 많이 두고 또 그 귀를 진리에서 돌이켜 허탄한 이야기를 좇으리라"(딤후 4:3~4)

지금 교회 안에는 예수 믿고 부자 된 사람, 예수 믿고 성공한 사람, 예수 믿고 인생 역전의 드라마를 이루었다고 간증하는 사람들의 허탄한 이야기가 어리석은 백성의 마음을 들뜨게 하고 있다.

주님께서는 모든 소유를 버리기까지 자기 부인의 십자가를 지지 않으면 당신의 제자가 될 수 없다고 분명히 경고하셨다(눅 14:26~27, 33). 그러나 주님께서 말씀하신 그대로의 제자도 교훈이 교회 안에 들어설 자리가 없다. 그것은 지금의 교회가 예수를 믿기만 믿으면 풍성한 만복을 받는다는 망상에 사로잡혀 있기 때문이다.

과연, 주님께서 경계하신 죽이고 노략질하는 도적이 우리가 가진 물질을 조금씩 조금씩 빼앗아 가는 존재인가? 그래서 예수를 믿으면 하나님의 능력으로 물질 도적을 퇴치하고 풍성한 만복을 받을 수 있는가?

대대로 예루살렘 성읍 거리를 활보하던 거짓 선지자들은 오로지 아브라함의 자손은 무조건 구원받고 무조건 잘되고 무조건 승리하고 무조건 잘산다, 만을 예언하고 다녔다. 그들은 그 어떤 경우에도 아브라함의 자손이 율법의 모든 명령을 지켜 행하지 않아서 철저하게 심판받을 것을 경고하지 않았다.

오늘날에도 교회를 활보하는 많은 목사가 믿음으로 아브라함의 자손이 된 사람은 무조건 구원받고 무조건 잘되고 무조건 잘산다, 만을 듣기 좋게 쉬지 않고 힘차게 예언하고 다닌다. 그러나 그들은 그 어떤 경우에도 아무리 우리가 "주여! 주여!" 해도 하나님의 뜻을 행하지 않으면 결단코 구원받을 수 없음을 경고하지는 않는다.

하나님께서는 에스겔 선지자를 강퍅한 이스라엘 가운데로 보내시면서 그가 장차 가시와 찔레와 전갈 가운데 거하게 될 것을 말씀하시고 그에게 두려워하지 말라고 위로하셨다.

"내게 이르시되 인자야 내가 너를 이스라엘 자손 곧 패역한 백성, 나를 배반하는 자에게 보내노라 그들과 그 열조가 내게 범죄하여 오늘날까지 이르렀나니 이 자손은 얼굴이 뻔뻔하고 마음이 강퍅한 자니라 내가 너를 그들에게 보내노니 너는 그들에게 이르기를 주 여호와의 말씀이 이러하시다 하라 그들은 패역한 족속이라 듣든지 아니 듣든지 그들 가운데 선지자 있은 줄은 알지니라 인자야 너는 비록 가시와 찔레와 함께 처하며 전갈 가운데 거할지라도 그들을 두려워 말고 그 말을 두려워 말지어다 그들은 패역한 족속이라도 그 말을 두려워 말며 그 얼굴을 무서워 말지어다 그들은 심히 패역한 자라 듣든지 아니 듣든지 너는 내 말로 고할지어다"(겔 2:3~7)

여기서 가시와 찔레와 전갈은 누구인가? 그들은 바로 에스겔 선지자의 심판 경고를 듣고도 결단코 회개하지 않을, 그러면서 아브라함 자손은 무조건 구원받고 무조건 잘되고 무조건 승리하고 무조건 잘산다고 믿어 의심치 않았던 이스라엘의 지도자와 백성이었다.

주님께서는 열두 제자를 이스라엘 집의 잃어버린 양에게

로 파송하시면서 그들을 보냄이 마치 양을 이리 가운데 보 냄과 같다고 하셨다.

"예수께서 이 열둘을 내어 보내시며 명하여 가라사대 이 방인의 길로도 가지 말고 사마리아인의 고을에도 들어가지 말고 차라리 이스라엘 집의 잃어버린 양에게로 가라"(마 10:5~6)

"보라 내가 너희를 보냄이 양을 이리 가운데 보냄과 같도 다"(마 10:16전)

여기서 이리는 제자들의 말을 듣고도 회개치 않을 강퍅한 이스라엘이다.
주님께서는 거짓 선지자를 가리켜 노략질하는 이리라고도 하셨다.

"거짓 선지자들을 삼가라 양의 옷을 입고 너희에게 나아 오나 속에는 노략질하는 이리라"(마 7:15)

전후 문맥을 살펴보았을 때 요한복음 10장 10절에서 도적 질하고 죽이고 멸망시키는 도적은 우리의 물질을 훔쳐가는 사탄 마귀가 아니라 삯꾼 목자, 곧 거짓 선지자이다.

"도적이 오는 것은 도적질하고 죽이고 멸망시키려는 것 뿐이요 내가 온 것은 양으로 생명을 얻게 하고 더 풍성히 얻게 하려는 것이라 나는 선한 목자라 선한 목자는 양들을 위하여 목숨을 버리거니와 삯꾼은 목자도 아니요 양도 제 양이 아니라 이리가 오는 것을 보면 양을 버리고 달아나나니 이리가 양을 늑탈하고 또 헤치느니라"(요 10:10~12)

삯꾼 목자, 곧 거짓 선지자와 관련해서 주님께서는 감람산 강화에서 무려 세 번에 걸쳐 거짓 선지자의 미혹을 경고하셨다(마 24:4~5, 11, 24).

눈물의 선지자 예레미야는 일평생 하나님의 모든 명령과 규례를 지켜 행하지 않는 예루살렘 거민에게 바벨론에 의한 철저한 심판을 경고하면서 회개에 합당한 열매 맺는 삶을 촉구하였다. 그러나 예루살렘 성읍 거리를 활보하던 많은 거짓 선지자는 하나같이 아브라함 자손은 무조건 구원받고, 기도만 하면 무조건 이기고, 기도만 하면 무조건 복 받는다고만 가르치고 다녔다. 이들의 가르침에 함몰되어 있던 예루살렘의 거민은 예레미야 선지자가 예언하는 철저한 심판 경고를 귀담아듣지 않았다.

시간이 흐른 후, 바벨론에 의해 예루살렘이 폐허가 되는 바로 그날 예레미야는 무너진 예루살렘 성터에 앉아 다음과 같이 슬피 애곡하였다.

"내 눈이 눈물에 상하며 내 창자가 끓으며 내 간이 땅에 쏟아졌으니 이는 처녀 내 백성이 패망하여 어린 자녀와 젖 먹는 아이들이 성읍 길거리에 혼미함이로다 저희가 성읍 길거리에서 상한 자처럼 혼미하여 그 어미의 품에서 혼이 떠날 때에 어미에게 이르기를 곡식과 포도주가 어디 있느뇨 하도다 처녀 예루살렘이여 내가 무엇으로 네게 증거하며 무엇으로 네게 비유할꼬 처녀 시온이여 내가 무엇으로 네게 비교하여 너를 위로할꼬 너의 파괴됨이 바다같이 크니 누가 너를 고칠소냐 네 선지자들이 네게 대하여 헛되고 어리석은 묵시를 보았으므로 네 죄악을 드러내어서 네 사로잡힌 것을 돌이키지 못하였도다 저희가 거짓 경고와 미혹케 할 것만 보았도다"(애 2:11~14)

예레미야 선지자는 이스라엘 백성이 패망하게 된 것이 거짓 경고와 미혹하게 할 것만 보았던 그들의 선지자들 때문이라고 통탄한다.

예레미야 선지자의 비통한 탄식을 요약하면 백성을 미혹

한 거짓 선지자는 이스라엘 동네 안에 있는 백성의 지도자들이고, 이들 거짓 선지자들의 미혹으로 말미암아 하나님의 백성이 패망했다는 것이다.

사도 바울은 온 땅을 전도하고 다니면서 "꿈이 있는 자는 망하지 않는다."라고 가르쳤던 것이 아니라, "회개하고 하나님께로 돌아가서 회개에 합당한 일을 행하라."라고 가르쳤다.

> "아그립바 왕이여 그러므로 하늘에서 보이신 것을 내가 거스르지 아니하고 먼저 다메섹에와 또 예루살렘에 있는 사람과 유대 온 땅과 이방인에게까지 회개하고 하나님께로 돌아가서 회개에 합당한 일을 행하라 선전하므로"(행 26: 19~20)

이처럼 사도 바울은 온 땅을 다니며 복음을 전하면서 그 모든 곳에서 꿈꾸는 믿음, 해결 받는 믿음, 인생 문제를 돌파하는 믿음을 가르쳤던 것이 아니라, 믿음과 함께 일하고 믿음을 온전케 하는 행함(약 2:22)을 가르쳤다.

사도 바울은 3년간이나 목회하였던 에베소 교회를 떠나면서 자신이 아시아에 들어온 첫날부터 지금까지 교회 가운데서 항상 어떻게 행했던 것을 기억하라고 교회의 장로들에게 말했다.

"바울이 밀레도에서 사람을 에베소로 보내어 교회 장로들을 청하니 오매 저희에게 말하되 아시아에 들어온 첫날부터 지금까지 내가 항상 너희 가운데서 어떻게 행한 것을 너희도 아는 바니 곧 모든 겸손과 눈물이며 유대인의 간계를 인하여 당한 시험을 참고 주를 섬긴 것과 유익한 것은 무엇이든지 공중 앞에서나 각 집에서나 꺼림이 없이 너희에게 전하여 가르치고 유대인과 헬라인들에게 하나님께 대한 회개와 우리 주 예수 그리스도께 대한 믿음을 증거한 것이라"(행 20:17~21)

바울이 유대인과 헬라인들에게 증언한 회개와 예수 그리스도께 대한 믿음은 그가 3년간 교회 가운데서 어떻게 행하였는가, 이다.

사도 바울은 에베소 교회에서 3년간 목회하면서 교회에게 믿고 꿈꾸는 법을 가르쳤던 것이 아니다. 믿고 응답받는 법을 가르쳤던 것도 아니다. 믿고 해결 받는 법을 가르쳤던 것도 아니다. 믿고 부자 되는 법을 가르쳤던 것은 더더욱 아니다. 그는 오로지 믿고 행하는 법을 가르쳤다. 그래서 예수를 믿고 구원받은 교회가 어떤 삶을 살아야 할 것인가, 바로 그

행함의 삶을 밤낮 쉬지 않고 눈물로 교훈하였던 것이다.

"그러므로 너희가 일깨어 내가 삼 년이나 밤낮 쉬지 않고 눈물로 각 사람을 훈계하던 것을 기억하라"(행 20:31)

오늘 많은 교회의 목사가 교회에 부임해서 수억의 퇴직금을 받고 은퇴하기까지, 처음부터 끝까지 오로지 꿈믿음, 긍정믿음, 돌파믿음, 해결믿음, 응답믿음만을 가르친다.

사도 바울은 3년간 에베소 교회를 사역하면서 일절 사례비를 받지 않았고, 자신의 의식주를 자신의 손으로 충당하였으며, 남은 모든 수익은 오로지 약한 사람들을 돕는 데 한 푼도 남김없이 헌신하였다.

"내가 아무의 은이나 금이나 의복을 탐하지 아니하였고 너희 아는 바에 이 손으로 나와 내 동행들의 쓰는 것을 당하여 범사에 너희에게 모본을 보였노니 곧 이같이 수고하여 약한 사람들을 돕고 또 주 예수의 친히 말씀하신 바 주는 것이 받는 것보다 복이 있다 하심을 기억하여야 할지니라"(행 20:33~35)

그런데 사도 바울은 자신이 떠난 후에 흉악한 이리가 교회

가운데 들어와서 양 떼를 아끼지 않고 노략질할 것을 경고하였다.

"내가 떠난 후에 흉악한 이리가 너희에게 들어와서 그 양 떼를 아끼지 아니하며 또한 너희 중에서도 제자들을 끌어 자기를 좇게 하려고 어그러진 말을 하는 사람들이 일어날 줄을 내가 아노니"(행 20:29~30)

여기서 흉악한 이리가 누구인가? 그들은 바로 양 떼를 노략질하는 거짓 선지자이다. 거짓 선지자가 양 떼를 아끼지 않고 노략질하는 방법은, 사도 바울이 가르친 바와는 다른 복음으로 교회를 미혹하는 것이다.

사도 바울이 전한 복음은 믿음과 함께 하는 철저한 제자도의 삶이다. 자신은 그 삶을 먼저 교회에게 모범으로 보였고, 교회를 향해 자신을 본받으라고 하였다(빌 3:17). 결국, 에베소 교회 안에 들어왔던 거짓 선지자의 교훈은 삶과 함께하지 않는 믿음이었다. 그 믿음은 사변적 믿음에 불과하였고, 그 믿음은 교회를 방종하게 만들었다.

회개를 통해서 우리는 하나님께 나아간다. 하나님께 나아감이 곧 믿음이고 신앙이다. 하나님께 나아감은 행동이고 삶이다. 그러므로 믿음, 곧 신앙은 회개에 합당한 일을 행하는 철저한 제자도의 삶과 함께 있다.

교회는 "주여! 주여!" 하지 않아서 멸망하는 것이 아니라, 하나님의 뜻을 행하지 않아서 멸망한다. 하나님의 뜻을 행하는 삶은 모든 소유를 버리기까지 철저하게 자기를 부인하는 제자도의 삶이다(눅 14:26~27, 33).

예수를 믿는다고 반드시 부자가 되는 것이 아니다. 예수 믿었기 때문에 반드시 부자가 되어야 하는 것도 아니다. 그러나 예수를 믿으면 반드시 회개에 합당한 삶을 살아야 하고, 예수를 믿었다면 반드시 철저한 제자도의 삶을 살기를 힘써야 한다.

지금 철저한 제자도의 삶을 살아야 할 교회가 예수 믿으면 무조건 부자 되고 부자 되어야 한다는 거짓 교훈을 설파하는 거짓 선지자들에 의해서 노략질당하고 있다. 그래서 예수를 믿고, 철저한 제자가 되기 위해 힘쓰지 않고 풍성한 부자가 되기 위해 안간힘을 쓰고 있다.

먹을 것과 입을 것이 있은즉 족한 줄을 모르고 부하려 하는 자들은 침륜과 멸망에 빠질 것이다(딤전 6:7~9). 예수를 믿으면 부자 되고 성공한다는 것은 절대적인 진리가 아니다. 이유는 예수를 믿지 않아도 이 세상에는 부자 되고 성공한 사람이 너무나 많기 때문이다. 그러므로 예수를 믿으면 부자 되고 성공한다는 것을 하나님의 복음으로 전하는 것은 거짓말이다.

하나님께서는 철저한 제자가 되기 위해 힘쓰지 않고 풍성한 부자가 되기 위해 안간힘을 쓰는 어리석은 교회 안에 거짓 선지자의 미혹을 역사하게 하셔서 그들을 심판하신다.

"이러므로 하나님이 유혹을 저의 가운데 역사하게 하사 거짓 것을 믿게 하심은 진리를 믿지 않고 불의를 좋아하는 모든 자로 심판을 받게 하려 하심이니라"(살후 2:11~12)

지금 교회 안에는 철저한 제자도의 삶을 힘쓰지 않는 가라지를 심는 도적 원수의 역사가 만연해 있다. 하나님의 뜻은 행하지 않고 "주여! 주여!"만 하는 가라지를 교회 안에 심는 자들은 바로 풍성한 만복을 빌어 주며 예루살렘 거리, 곧 교회를 왕래하는 복 타령하는 목사들이다.

6 재정축복 대성회와 바알 숭배

K일보에 삽입되어 '설립 일주년기념 영적축복 대성회'라는 거창한 제목이 적힌 한 장의 전단이 날아왔다. 그 전단에는 집회의 특징을 알리는 커다란 광고 문구와 초대의 글, 그리고 집회를 인도하는 강사 목사의 특별한 은사를 선전하고 있었다.

"할렐루야! 한 해 동안 저희 OOO기도원을 사랑으로 인도하신 하나님께 영광 돌립니다. 그동안 OOO기도원을 통해 역사하시는 하나님의 도우심으로 많은 성도님들의 신앙회복과 문제들이 해결되는 놀라운 일들이 있었습니다. 또한 성도님들의 사랑과 성원에 힘입어 지난번 모셨던 OOO목사(OOOO교회)를 강사로 재정축복 대성회를 갖고자 합니다.
 강한 성령의 불 체험, 모든 문제의 해결, 확실한 은사회복, 각종 병 고침과 은사체험.
 강사 OOO목사님은 강한 재정의 기름 부으심으로 사업적인 문제, 특히 막혀 있는 물권을 여는 특별한 은사가 있습니다. 망설이지 마시고 믿음으로 오십시오."

구약 성경 어디에도 '문제 해결, 축복 성회'라는 이름이 붙여진 제사규례는 없다. 구약에는 번제, 소제, 화목제, 속죄제, 속건제의 다섯 가지 제사의 규례가 있다. 다섯 가지 제사의 핵심적인 특징은 죄에 대한 뉘우침과 하나님을 향한 헌신의 결단, 그리고 예수 그리스도의 완전한 속죄를 기다리는 소망이다. 이 다섯 가지 제사 중 그 어떤 제사에도 인생 문제 해결을 목적으로 하는 제사는 없다.

이처럼 구약의 다섯 가지 야훼 제사는 오로지 엄숙한 회개와 서원과 결단의 비장함이 감도는 예배이다 보니, 하나님의 나라와 의보다 자기 유익의 문제에 집착하는 이스라엘 백성에게는 매우 재미가 없고 흥이 나지 않는 예배였다. 결국, 어리석은 이스라엘 백성은 풍요와 다산을 목적으로 하는 바알 숭배에 빠졌다.

풍요와 다산을 기원하는 이방의 제의들은 회개와 서원과 결단을 요구하지 않는 오로지 신명 나는 굿판이었다. 그곳에서 사람들은 인간의 소원성취 욕구를 마음껏 발산할 수 있었다. 그들이 참석했던 바알 숭배 제사의 오늘날 이름의 의미는 아마 재정축복 대성회일 것이다.

구약의 다섯 가지 제사와 신약의 신령과 진정의 예배를 비교하면 구약의 다섯 가지 제사는 그림자이고 신약의 신령과 진정의 예배는 그 그림자의 의미를 완성하는 실체이다. 그런데 어떻게 그림자인 구약의 제사를 완성한 신령과 진정의 예배 시대에 구약의 다섯 가지 제사의 명칭에도 전혀 언급되지 않은 "재정축복 대성회"라는 이름이 난무할 수 있는가? 구약의 다섯 가지 제사인 번제, 소제, 화목제, 속죄제, 속건제 외에 어디에 재정축복 대제사가 있었으며, 문제 해결 대제사가 있었으며, 축복 응답 대제사가 있었는가?

재정축복 대성회, 바로 이곳에는 신약판 바알이 있다. 바알은 하나님이 아닌 다른 신이다. 이와 같은 성회에는 다른 영과 다른 복음이 역사한다. 그곳에는 하나님이 아닌 다른 예수가 있다. 오늘날 다른 예수와 다른 복음과 다른 영의 역사가 신자들을 예수 그리스도 앞에 정결하지 못한 처녀로 타락시켜서 음란한 여인으로 만들어가고 있다(고후 11:2~4).

"재정축복 대성회"와 같은 기복주의 예배가 바로 신약판 우상숭배이다. 신령과 진정의 예배시대에 어떻게 재정축복 대성회라는 명칭의 예배가 있을 수 있는가? 특히 신약 교회 시대는 하나님과 재물을 겸하여 섬기지 말아야 하는 준엄한 법 앞에 있다(마 6:24).

지금 우리에게는 내일의 먹을거리가 없고, 내일의 마실 물이 없고, 내일의 입을 옷이 없다 할지라도 염려하지 말고(마 6:25) 살아 있는 오늘 이 시간 당당히 하나님의 나라와 의를 구해야 할 신령한 제사장의 직임이 위임되어 있다.

"재정의 기름 부으심"이 오늘날 집회 광고의 유행문구이다. 그러나 사도 요한은 "성령의 기름 부으심"(요일 2:20, 27)이라고 하였지 "재정의 기름 부으심"이라고 하지 않았다. 오늘날 다른 복음을 매매하는 현대판 이세벨들(계 2:20)은 성령의 기름 부으심이라는 하나님의 말씀 가운데 성령을 삭제하고 재정이라는 말을 슬그머니 끼워 넣었다. 바로 이것이 하나님의 말씀을 가감하는 죄악이다.

사도 요한은 '기름 부으심' 이라는 말씀을 이단 분별과 관련해서 성령의 보호 아래 있는 성도들에게 사용하였다. 사도 요한은 그 당시 이단의 교리인 영지주의의 만연을 성도들에게 경계하면서 교회가 그러한 이단 교리에 미혹되지 않아야 할 것은 그들 가운데 진리이신 성령의 기름 부으심이 있기 때문이라고 하였다.

"너희는 거룩하신 자에게서 기름 부음을 받고 모든 것을 아느니라"(요일 2:20)

"너희는 주께 받은바 기름 부음이 너희 안에 거하나니 아무도 너희를 가르칠 필요가 없고 오직 그의 기름 부으심이 모든 것을 너희에게 가르치며 또 참되고 거짓이 없으니 너희를 가르치신 그대로 주 안에 거하라"(요일 2:27)

'재정의 기름 부으심'이라는 문구와 함께 등장하는 말이 '막혀 있는 물권'이다. 한번 곰곰이 생각해 보자 물권이라는 용어의 의미가 육체의 소욕과 관련된 것인가? 아니면 성령의 소욕과 관련된 것인가? 지금 교회가 가지고 있는 절박한 문제는 물권이 막혀 있기 때문이 아니라 탐욕 때문에 성령의 소욕대로 살지 못하고 있는 데 있다.

"내가 이르노니 너희는 성령을 좇아 행하라 그리하면 육체의 욕심을 이루지 아니하리라 육체의 소욕은 성령을 거스리고 성령의 소욕은 육체를 거스리나니 이 둘이 서로 대적함으로 너희의 원하는 것을 하지 못하게 하려 함이니라" (갈 5:16~17)

오늘 우리는 육체의 소욕에 사로잡혀 성령의 소욕에 순종하지 않는 엄청난 탐욕의 죄악 가운데 빠져 있다. 재정축복 대성회, 그곳에서 연호하는 하나님의 이름과 하나님의 영광이라는 구호는 하나님을 찬송함이 아니라 마귀에게 절함이다. 그들은 거룩하신 하나님의 이름을 사라지고 썩어질 욕된 세상의 물권이라는 용어에 망령되이 갖다 붙이는 불경의 죄를 범하고 있다. 하나님의 영광의 이름은 반드시 썩고 쇠할 잠시 잠깐의 꽃의 영광에 불과한 우리 인생의 욕구와 관련되어서는 안 된다. 하나님의 이름은 오로지 예배와 관련되며, 영원과 관련되며, 썩지 않을 것과 관련된다.

지금 우리에게는 막혀 있는 물권이 열리는 재정의 축복이 필요한 것이 아니라 극한의 어려움 가운데서도 하늘의 영원한 기업에 대한 소망을 잃지 않는 인내가 필요하다.

히브리서 10장 31~37절의 히브리 교회 교인들은 예수 그리스도라는 복음의 빛을 소유하고 난 후 오히려 물질의 기반을 상실했지만, 하늘에 있는 더 낫고 영구한 산업을 바라보는 영광의 기쁨을 소유했다. 그러나 먹을 것과 입을 것이 있은즉 족한 줄을 모르는 어리석은 신앙인들은 "믿음으로 오십시오! 모든 문제는 해결됩니다."라는 유혹의 소리에 그들의 영혼을 던진다.

아브라함은 무엇을 바라보고 믿음의 길을 떠났던 것이며 이삭과 야곱은 무엇 때문에 아브라함과 같이 장막에 거했던 것인가.

히브리서 기자는 그들이 약속을 받지 못했지만 멀리서 보고 환영하며 땅에서는 자신들이 나그네임을 증언하였다고 했다. 그들은 나온바 고향으로 돌아갈 수 있어도 돌아가지 않고 하늘의 본향을 사모하였다. 그들은 믿음의 소망을 따라 머물지 않고 안주하지 않고 장막에 거하는 나그네가 되었다.

"믿음으로 저가 외방에 있는 것같이 약속하신 땅에 우거하여 동일한 약속을 유업으로 함께 받은 이삭과 야곱으로 더불어 장막에 거하였으니 이는 하나님의 경영하시고 지으실 터가 있는 성을 바랐음이니라"(히 11:9~10)

"이 사람들은 다 믿음을 따라 죽었으며 약속을 받지 못하였으되 그것들을 멀리서 보고 환영하며 또 땅에서는 외국인과 나그네로라 증거하였으니 이같이 말하는 자들은 본향 찾는 것을 나타냄이라 저희가 나온바 본향을 생각하였더면 돌아갈 기회가 있었으려니와 저희가 이제는 더 나은 본향을 사모하니 곧 하늘에 있는 것이라 그러므로 하나님이 저희 하나님이라 일컬음 받으심을 부끄러워 아니하시고 저희를 위하여 한 성을 예비하셨느니라"(히 11:13~16)

오늘 우리도 아브라함과 이삭과 야곱의 후예로서 믿음의 나그네가 되었다. 어떤 의미에서 나그네인가? 이에 대해 사도 베드로는 다음과 같이 말하고 있다.

"사랑하는 자들아 나그네와 행인 같은 너희를 권하노니 영혼을 거스려 싸우는 육체의 정욕을 제어하라"(벧전 2:11)

그 옛날 믿음의 족장들인 아브라함과 이삭과 야곱이 나온바 고향으로 돌아갈 수 있어도 돌아가지 않고 약속의 소망을 따라 장막에 우거하였듯이 우리도 영원한 생명의 고향을 바라봄으로 육체의 정욕을 제어해야 한다. 그것은 사도 요한이 요한일서 2장 15~17절에서 이 세상의 일부가 아니라 이 세상에 있는 모든 것이 육신의 정욕과 안목의 정욕과 이생의 자랑으로서 하나님과 원수 된 것이라고 했기 때문이다.

그 옛날 믿음의 족장들이 하늘에 있는 본향을 사모하며 멀리서 보고 환영함으로 나온바 고향 땅으로 돌아가지 않고 장막에 거하며 본향을 향한 순례의 길을 재촉했듯이 우리도 땅의 것을 쳐다보지 말고 하늘을 쳐다보아야 한다. 종국에 우리는 이 나그넷길의 끝에서 하나님 안에 감추인 우리의 생명을 가져오시는 예수 그리스도 앞에 영광 중에 나타나게 될 것이다.

"그러므로 너희가 그리스도와 함께 다시 살리심을 받았으면 위엣 것을 찾으라 거기는 그리스도께서 하나님 우편에 앉아 계시느니라 위엣 것을 생각하고 땅엣 것을 생각지 말라 이는 너희가 죽었고 너희 생명이 그리스도와 함께 하나님 안에 감취었음이니라 우리 생명이신 그리스도께서 나타나실 그때에 너희도 그와 함께 영광 중에 나타나리라"(골 3:1~4)

그날에 우리는 썩지 않고 영광스러우며 강하고 신령한 몸, 곧 하늘에 속한자의 형상을 입고 주님처럼 영광의 형체로 변화될 것이다.

"죽은 자의 부활도 이와 같으니 썩을 것으로 심고 썩지 아니할 것으로 다시 살며 욕된 것으로 심고 영광스러운 것으로 다시 살며 약한 것으로 심고 강한 것으로 다시 살며 육의 몸으로 심고 신령한 몸으로 다시 사나니 육의 몸이 있은즉 또 신령한 몸이 있느니라"(고전 15:42~44)

"우리가 흙에 속한 자의 형상을 입은 것같이 또한 하늘에 속한 자의 형상을 입으리라"(고전 15:49)

"그가 만물을 자기에게 복종케 하실 수 있는 자의 역사로 우리의 낮은 몸을 자기 영광의 몸의 형체와 같이 변케 하시리라"(빌 3:21)

7. 효과와 원칙의 갈림길에서 알파코스와 G12를 생각한다

우리는 항상 예수 그리스도께서 그러하셨던 것처럼 효과와 원칙의 갈림길에 서 있다. 예수 그리스도께서는 이 갈림길에서 항상 원칙을 고수하셨다. 그분께서는 효과를 위해 원칙을 버리지 않으셨다. 그런데 과연 오늘날 교회의 사역은 그 방법과 수단이 효과에 있는가 아니면 원칙에 있는가?

만약 예수 그리스도께서 효과를 위한 사역의 길을 걸어가셨다면 가장 확실한 방법은 오병이어의 기적을 딱 한 번만이 아니라 적어도 일주일에 한 번 씩 베푸셔야 했다. 만약 그분께서 효과적 사역을 위해 오병이어의 기적을 계속 베푸셨다면 아마도 틀림없이 모든 유대인들은 예수 그리스도를 믿기로 결신했을 것이다. 서기관들과 바리새인들조차도 예수 그리스도께서 메시아이심을 인정하고 새신자등록부에 자기들의 이름을 자랑스럽게 기재하였을 것이다.

또한 효과적인 전도를 배가하기 위해 만약 예수님께서 이스라엘 백성을 갈릴리 바닷가에 축복성회라는 이름으로 초청해서 그들이 보는 가운데 매일 베드로의 그물이 찢어질 정도로 고기를 가득 채워, 그 고기를 모든 사람에게 나눠 줬다면 유대 전역에서 못 먹고 못 사는 사람이 없게 되었을 것이다. 총동원 주일이라는 슬로건을 내걸고 전도 왕에게 경품으로 소형 차량을 시상하지 않아도 아마 예루살렘에 거주하는 모든 사람이 예수 그리스도에게 구름떼같이 몰려들었을 것이다.

예수 그리스도의 사역은 이런 기적적 축복을 통해서 많은 사람을 출석시키는 데 있지 않고, 자기부인의 십자가를 지고 좁고 협소한 구원의 길을 힘써 달려가는 사람을 제자로 만드는 데 있었다. 그래서 주님께서는 자신을 따르는 허다한 무리를 향해 처자와 소유를 미워하기까지 자기의 모든 소유를 버리지 않으면 능히 당신의 제자가 되지 못한다고 말씀하셨던 것이다.

"허다한 무리가 함께 갈새 예수께서 돌이키사 이르시되 무릇 내게 오는 자가 자기 부모와 처자와 형제와 자매와 및 자기 목숨까지 미워하지 아니하면 능히 나의 제자가 되지 못하고 누구든지 자기 십자가를 지고 나를 좇지 않는 자도 능히 나의 제자가 되지 못하리라"(눅 14:25~27)

"이와 같이 너희 중에 누구든지 자기의 모든 소유를 버리지 아니하면 능히 내 제자가 되지 못하리라"(눅 14:33)

교회 사역의 유일한 원칙은 '모든 방법과 목적에 십자가가 있는가' 하는 것이며, '그 과정이 많은 사람이 다니지 않는 좁고 협착한 길인가'에 있다.

오늘날 아말감 이빨이 금이빨로 바뀌고, 금가루가 떨어지고, 철테 안경이 금테로 바뀌는 볼거리를 제공하며 허다한 무리를 집회 현장에 모으는 것을 보게 된다. 물론 변화된 금들이 금은방에서 당장 화폐로 교환할 수 있는 가치의 진짜 금인지는 확인할 길이 없다. 그러나 그와 같은 볼거리를 제공하는 전도 방법은 절대로 주님이 원하시고 명하시고 사용하시던 방법이 아님은 분명하다.

많은 사람이 그와 같은 놀라운 볼거리를 목격하고서는 "주님 제가 주님을 믿겠습니다. 이제야 제가 주님을 믿습니다."라고 고백하며 흥분한다. 그러나 종말로 기적과 표적을 좇아 교회 안에 들어 온 허다한 무리 모두가 부모와 처자와 소유에 대해 자기부인의 십자가를 지고 좁고 협착한 구원의 길을 달려갈 수 있는 것은 아닐 것이다.

예수님께서는 40일을 금식하신 후, 누구보다도 떡이 필요하셨다. 그리고 당신의 절대적인 능력으로 간단하게 돌로 떡을 만들어 절박한 배고픔의 문제를 해결하실 수 있으셨다. 그러나 예수님에게 가장 필요한 것은 육신의 배부름을 위한 떡이 아니라 하나님의 말씀이었다.

주님께서는 하나님의 말씀을 부여잡고 절박한 배고픔의 문제를 인내하셨다. 그것이 하나님께서 예수님에게 요구하시는 뜻이었다. 주님을 배부르게 하는 양식은 육신의 떡이 아니라, 하나님의 뜻을 이루는 것이었다.

"예수께서 이르시되 나의 양식은 나를 보내신 이의 뜻을 행하며 그의 일을 온전히 이루는 이것이니라"(요 4:34)

절박한 배고픔의 현장에서 하나님께서 예수님에게 요구하신 뜻은 기적적 능력을 통한 배고픔의 해결이 아니라 하나님의 뜻에 철저하게 순종해서 배고픔의 고난을 인내하는 것이다. 그러나 교회는 사탄의 시험에 굴복해서 하나님의 말씀으로 떡을 만들어 먹는 기적에 혈안이 되어 있다. 오로지 육신의 배부름을 꿈꾼다.

오늘날 수없이 많은 기적 성회에서 하나님의 복음은 사라지고 육신의 떡가루가 내려오고, 사람들은 그 육신의 떡가루에 눈물짓는다. 그러나 그 떡가루는 먹어도 다시 배고플 양식이고, 종국에는 우리를 영원히 살리지 못할 헛된 양식이다.

예수님께서는 당신의 하나님 되심을 단번에 증명하시기 위해 높은 성전 꼭대기에서 뛰어 내리는 기적적 방법을 사용하지 않으셨다. 그러므로 사역의 마지막 현장에서 십자가에서 뛰어내리면 하나님의 아들 됨을 믿겠다는 군중들의 야유에도 고난의 십자가를 포기하지 않으셨던 것이다. 그러나 지금 교회는 고난의 십자가를 벗어 던지고 단번에 왕의 자녀 됨을 증명한다며 아무 두려움도 없이 기적적 물질 축복, 기적적 승진 축복, 기적적 형통 축복에 믿음을 남발한다. 그러나 그와 같은 축복들은 이 땅에 속한 영광들로서 하나님과 원수 된 이 세상에 속한 모든 것이다(요일 2:15~17).

지금 교회는 이 땅에 속한 영광을 하나님의 축복이라고 가르치는 사탄의 하수인인 거짓 목사들의 복 타령 설교에 아낌없이 아멘을 연발하고 있다. 그러나 오늘 교회가 꿈꾸고 열망하는 땅에 속한 영광인 부와 성공은 영원과 직결되지 않는 아침 안개의 사라짐에 불과한 허무한 결국들이다.

"너희는 인생을 의지하지 말라 그의 호흡은 코에 있나니 수에 칠 가치가 어디 있느뇨"(사 2:22)

"말하는 자의 소리여 가로되 외치라 대답하되 내가 무엇이라 외치리이이까 가로되 모든 육체는 풀이요 그 모든 아름다움은 들의 꽃 같으니 풀은 마르고 꽃은 시듦은 여호와의 기운이 그 위에 붊이라 이 백성은 실로 풀이로다 풀은 마르고 꽃은 시드나 우리 하나님의 말씀은 영영히 서리라 하라"(사 40:6~8)

"낮은 형제는 자기의 높음을 자랑하고 부한 형제는 자기의 낮아짐을 자랑할지니 이는 풀의 꽃과 같이 지나감이라 해가 돋고 뜨거운 바람이 불어 풀을 말리우면 꽃이 떨어져 그 모양의 아름다움이 없어지나니 부한 자도 그 행하는 일에 이와 같이 쇠잔하리라"(약 1:9~11)

효과적 전도와 철저한 원칙 사이에는 예수 그리스도께서 사탄의 시험을 이기신 위대한 승리의 비밀이 숨어 있다. 효과적인 전도라는 미명하에 정당화되는 갖가지의 기적과 프로그램들이 교회 안에 허다한 무리를 출석시킬 수는 있을 것이다. 그래서 왕의 혼인 잔치에 수없이 많은 사람을 사거리 길에서 닥치는 대로 데려올 수는 있다. 그러나 엄격한 복음의 본질이 그 속에 없다면 허다한 무리는 결단코 자기부인의 십자가를 질 수 없고, 신앙의 예복을 준비할 수 없다.

목회자의 사명이 무엇보다도 바른 말씀으로 교회를 양육

해서 그들로 십자가를 지고 주님을 좇는 제자로 만들어야 함에 있다고 볼 때, 우리는, 효과적인 그것이 과연 성경적인가, 바른 복음인가, 바른 영인가를 고민하고 분별해야 할 것이다. 사람들을 교회로 이끄는 데 효과적이라고 해서 무조건 성령의 역사로 받아들일 일은 아니다. 말씀으로의 분별이 먼저 선행되어야 할 것이다.

전도를 위해 아무리 효과적인 방법일지라도 성경이 제시하는 길이 아니면 가지 않아야 할 것이고, 아무리 비효과적이라도 그 길이 복음에 합당한 길이라면 그 길로 가야할 것이다. 그렇지 않다면 우리의 열심 있는 전도조차도 주님으로부터 책망을 면할 수 없을 것이다.

"화 있을진저 외식하는 서기관들과 바리새인들이여 너희는 교인 하나를 얻기 위하여 바다와 육지를 두루 다니다가 생기면 너희보다 배나 더 지옥 자식이 되게 하는도다"(마 23:15)

 신령한 은사와 신기한 표적

바울은 로마 교회에 신령한 은사를 나누어 주기를 소망하였다. 이유는 그 은사를 통해 로마 교회를 예수 그리스도의 터 위에 견고하게 세우고자 했기 때문이다.

"내가 너희 보기를 심히 원하는 것은 무슨 신령한 은사를 너희에게 나눠 주어 너희를 견고케 하려 함이니"(롬 1:11)

오늘날 많은 은사주의 자들은 사도 바울이 로마 교인들에게 나눠 주고자 했던 신령한 은사를 사람들 앞에서 감탄을 자아내게 할 수 있는 무슨 신비한 기적적 현상으로 생각한다. 그래서 '금이빨 만들기'나 '금가루 날리기'도 그 옛날 사도 바울이 로마 교인들에게 주고자 했던 무슨 신령한 은사의 한 가지라고 이야기들을 한다.

여기서 먼저 우리가 생각할 것은 사도 바울이 로마로 직접 가서 신령한 은사를 나누어 주려고 했지만, 자기의 소원대로 로마로의 전도 여행이 빨리 성사되지 않았기 때문에 먼저 편지를 쓰게 되었다는 것이다. 그러므로 바울이 보낸 편지에는 그가 로마에 있는 성도에게 나누어 주고자 했던 신령한 은사 즉, 신기한 선물이 반드시 언급되어 있다.

그런데 로마서를 읽어 보면, 로마서 그 어디에도 오늘날 은사 집회에서 신비한 기적적 현상으로 나타나고 있는 금이빨 만들기나 금가루가 떨어지는 것과 같은 사건에 대해서 어떠한 언급도 없다는 것이다. 그러므로 사도 바울이 로마 교인들에게 나눠 주고자 했던 신기한 선물은 그와 같은 신기한 기적적 은사가 아니라는 것을 분명히 알 수 있다.

사도 바울이 일생 경험하였던 가장 놀라운 사건은 변화된 금이빨을 보거나, 금가루가 날리는 것을 본 것이 아니라, 죄인이 의인이 되는 것이었다.

사도 바울은 자신 속에 있는 또 다른 죄악의 자신을 보며, 절망하며 탄식했다. 그리고 그는 어떻게 이 죄의 몸에서 생명을 얻을 수 있을 것인가에 대해서 철저하게 고민하였다. 그가 일생 배워왔던 율법도 어떤 해답도 주지 못했고, 어떤 해결책도 주지 못했다. 그가 밤잠을 설치며 외웠던 율법과 그토록 헌신했던 율법에의 삶은 자신이 죽을 죄인임을 하나님 앞에 고발했을 뿐이다. 바로 이때 절망의 한가운데서 예수 그리스도로 말미암은 십자가의 의를 발견했다. 그리고 십자가의 의를 통해 생명의 하나님과 연합된 자신이 새 생명 가운데서 행하며 풍성한 새 생명의 복을 누리기 위해서는 연약한 자신의 죄성을 극복하고 죄에 대해서는 죽고 의에 대해 사는 것임을 알았다. 이제 그는 하나님께서 주신 생명의 성령의 놀라운 능력을 발견하게 되었다. 그래서 그는 육신의 능력이 아닌 성령의 능력으로 율법의 요구를 이루는 의의 삶을 살 수 있었다.

"그러므로 내가 한 법을 깨달았노니 곧 선을 행하기 원하는 나에게 악이 함께 있는 것이로다 내 속 사람으로는 하나님의 법을 즐거워하되 내 지체 속에서 한 다른 법이 내 마음의 법과 싸워 내 지체 속에 있는 죄의 법 아래로 나를 사로잡아 오는 것을 보는도다 오호라 나는 곤고한 사람이로다 이 사망의 몸에서 누가 나를 건져내랴"(롬 7:21~24)

"율법이 육신으로 말미암아 연약하여 할 수 없는 그것을 하나님은 하시나니 곧 죄를 인하여 자기 아들을 죄 있는 육신의 모양으로 보내어 육신에 죄를 정하사 육신을 좇지 않고 그 영을 좇아 행하는 우리에게 율법의 요구를 이루어지게 하려 하심이니라"(롬 8:3~4)

이처럼 사도 바울은 죄 가운데서 영원히 죽을 수밖에 없었던 자신이 예수 그리스도의 십자가의 의로 말미암아 하나님 앞에 값없이 의롭다 칭함을 받고 새 생명 가운데서 율법의 요구를 이루는(롬 8:4) 삶을 생명의 성령의 법 안에서 행할 수 있음을 발견하게 되었다.

이제 그는 자신이 연약해서 율법으로는 도저히 할 수 없었던 위대한 '영화'로의 변화가 생명의 성령의 능력 안에서 이 땅에 사는 자신을 죄의 유혹으로부터 건져 내고 종국에 자신의 죽을 몸조차 살려낼 것을 소망할 수 있게 되었다.

> "예수를 죽은 자 가운데서 살리신 이의 영이 너희 안에 거하시면 그리스도 예수를 죽은 자 가운데서 살리신 이가 너희 안에 거하시는 그의 영으로 말미암아 너희 죽을 몸도 살리시리라"(롬 8:11)

사도 바울이 로마 교인들에게 하루라도 빨리 나누어서 그들을 견고케 하고자 했던 신령한 은사, 즉 신기한 선물은 먹어도 다시 배고플 돌로 만든 떡의 기적이 아니라, 영생의 복음이었고, 바로 이 영생의 복음은 예수 그리스도의 십자가와 생명의 성령이었다.

사도 바울은 하나님으로부터 세상의 금은보화가 아니라

예수 그리스도의 십자가와 성령이라는 신기하고도 놀라운 선물을 받아서 죽을 죄인인 자신이 예수 그리스도의 십자가의 의로 값없이 의롭다 칭함을 받고 새 생명 가운데서 성령의 능력으로 하나님의 형상을 이루어 영광에서 영광으로 이르러 갈 수 있었다.

우리 신앙인이 닮아야 하는 미래의 모습은, 꿈꿔야 하는 미래의 자화상은 카네기, 록펠러 에디슨이 아니라 하나님의 형상이다. 카네기와 록펠러를 닮기 위해서는 십일조만 철저히 해도 되고, 에디슨을 닮기 위해서는 공부 열심히 하면서 창의적인 사고와 마인드를 가지면 되겠지만 하나님의 형상을 닮기 위해서는 날마다 자신을 쳐서 복종시켜야 하고, 날마다 정과 욕심을 십자가에 못 박아야 한다. 이를 위해서 예수 그리스도의 십자가의 구속과 하나님의 선물인 성령의 능력이 죄인에게 주어진 신기한 은사이다.

카네기와 록펠러를 닮기 위한 신앙의 길과 하나님의 형상을 닮기 위한 신앙의 길은 본질적으로 다르다. 누구나 카네기와 록펠러처럼 많은 십일조를 하기 위해서는 자신에게 기적적인 물질 축복이 주어져야 한다. 물질의 복은 예수를 믿지 않는 세상 모든 사람의 꿈이고 소원이다. 그러나 예수님처럼 되기 위해서는 모든 것을 버려야 한다. 카네기와 록펠러를 닮기 위한 신앙의 길은 누구나 가고 싶은 넓은 길이지만 하나님의 형상을 닮기 위한 신앙의 길은 누구나 가고 싶어 하지 않는 좁고 협착한 길이다.

오늘날 많은 은사주의자가 자기부인의 십자가를 지고 가야 하는 필생의 신앙의 경주(고전 9:24~27; 딤전 6:11~12)를 소홀히 한 채, 하나님의 신기한 선물을 금이빨 만드는 기적으로 금가루 흩날리는 기적으로 착각하며 자신들의 체험 위주의 신앙을 옹호하며 헛된 기적적 체험에 신앙의 열정을 쏟아 붇고 있다.

 하나님의 임재와 음성 듣기가
연습으로 가능한가?

　요즈음 기독교 신문을 보면 '하나님의 임재 연습과 음성 듣기 세미나' 라는 광고 문구를 심심찮게 보게 된다. 거기에는 친절하게 "음성 듣기의 기초에서 사역까지 체계적이고 실제적으로 훈련합니다." "그동안 하나님의 음성을 듣지 못해 답답해하는 사람들은 사막의 생수와 같은 하나님의 음성을 듣게 될 것"이라고 적혀 있다. 그리고 거기에 더해 "음성 듣기를 원하는 분, 더 잘 듣기를 원하는 분, 나를 향한 하나님의 뜻을 구체적으로 알기 원하는 분, 인격적인 하나님과 동행하는 삶을 원하는 분, 치유·사역·사업·가정·진로의 인도를 원하는 분을 초청한다."라고 적혀 있다.
　행여나 광고 문구를 접하게 되는 사람들이 이 놀라운(?) 세미나에 참석하지 못할까 두려워 이처럼 여러 번에 걸쳐서 자기들 세미나의 신통함을 여러 가지 자극적인 문구로 선전하고 있다. 아니나 다를까 이 세미나에 참석했던 어떤 목사는 다음과 같이 이 효용 있는 세미나의 체험사례를 덧붙이고 있다. "먹통이던 제가 컬러 환상까지 보게 되었고 배운 대로 교회에서 했더니 90% 이상의 교인이 음성을 들었습니다."라며 자신의 먹통이 깨였음을 간증하는 문구도 있다. 하기야 먹통이 아니고서야 이 놀라운 세미나(?)를 어떻게 이해할 수 있었겠는가?

장 안에 신통하기로 소문난 무당집을 불경기가 되고 입시철이 되면 빈부귀천을 막론하고 많은 사람이 찾아들듯이 이 놀라운(?) 세미나에 사업과 가정과 진로로 염려하는 사람들이 구름떼처럼 몰릴 것은 자명하다. 이 세미나에 참석해서 꾸준한 연습을 통해 하나님의 음성(?)을 듣게 된 사람들은 이제 하나님과 직접 대면하는 모세 선지자의 영광을 전이 받은 위대한 종들이 되어 그들의 얼굴을 아무리 겸손의 미소로 치장을 한다 할지라도 교만 방자해질 것은 자명하다. 과연 자신의 사업과 가정과 진로의 문제와 관련해서 하나님의 뜻을 알기 원하는 어리석은 이들에게 들려질 음성이 하나님의 음성이겠는가?

이제 거룩하신 영광의 하나님은 시중에 영험 있는 족집게 무당의 반열로 전락하게 되었다. 결국, 이 세미나에 참석한 많은 신앙인이 그 옛날 구약 이스라엘 백성이 하나님의 영광의 형상을 금수의 형상으로 만들어 숭배했듯이 하나님의 위대한 구속의 영광을 족집게 무당의 신통함으로 대체시켰다. 바로 이들이 신약의 우상숭배자들이다. 예나 지금이나 자신의 사업과 가정과 진로의 문제로 고민하는 많은 사람이 하나님의 음성을 듣기를 원하며 자칭 주의 종이라는 사람들을 찾아다닌다.

그 옛날 이스라엘 땅에는 주의 이름으로 예언을 한답시고 백성들의 생의 진로와 관련한 궁금증을 족집게처럼 맞추기로 유명한 자칭 여 선지자들이 있었다. 그래서 많은 이스라엘 백성이 자신의 마음 안에 있는 탐욕의 우상을 제거하지 못한 채 이와 같은 영험 있는 여 선지자에게 자신의 진로와 관련된 하나님의 음성을 듣기를 청하였다. 이들이 주의 종을 찾아서 하나님의 뜻을 묻고자 하였던 것은 모두가 자기 문제를 위한 것이었고, 자기 진로를 위한 것이었다. 결국, 그들은 자기를 위하여 하나님을 찾았던 것이다.

"이스라엘 족속과 이스라엘 가운데 우거하는 외인 중에 무릇 나를 떠나고 자기 우상을 마음에 들이며 죄악의 거치는 것을 자기 앞에 두고 자기를 위하여 내게 묻고자 하여 선지자에게 나아오는 자에게는 나 여호와가 친히 응답하여 그 사람을 대적하여 그들로 놀라움과 감계와 속담거리가 되게 하여 내 백성 가운데서 끊으리니 너희가 나를 여호와인 줄 알리라 만일 선지자가 유혹을 받고 말을 하면 나 여호와가 그 선지자로 유혹을 받게 하였음이거니와 내가 손을 펴서 내 백성 이스라엘 가운데서 그를 멸할 것이라"(겔 14:7~9)

이처럼 족집게 자칭 선지자들이 예로부터 백성에게 인기를 끌었던 것은 백성들의 궁금증에 대한 그들의 신통한 대답이 예상외로 많이 적중하였기 때문이다. 그러나 그들의 말이 적중할 수 있었던 것은 하나님께서 그들로 유혹을 받게 하였기 때문이다.

이스라엘 땅 안에서 신접한 예언을 하던 거짓 선지자들은 하나같이 어리석은 백성들에게 내일의 먹을 것 마실 것 입을 것과 관련된 진로의 문제를 예언할 때, 방자하게도 항상 하나님의 이름으로 말했다. 그래서 어리석은 백성들은 그들의 입에서 나오는 이야기들을 하나님의 뜻과 음성으로 착각하였던 것이다. 그러나 이와 같은 선지자들의 신통력 있는 대답은 하나님의 선하신 뜻이 아니라 하나님께서 보내신 유혹으로 말미암은 심판의 재앙이었다.

백성들의 궁금증에 대한 이들의 신통력이 아무리 족집게처럼 이루어진다 할지라도 이들의 신통력은 심판과 파멸의 원인이 되었다.

"선지자의 죄악과 그에게 묻는 자의 죄악이 같은즉 각각 자기의 죄악을 담당하리니"(겔 14:10)

종말을 예언한 사도 바울은 악한 자의 역사가 능력과 표적과 거짓 기적과 불의의 모든 속임으로 멸망이 작정된 모든 자에게 임하게 될 것인데 그것은 하나님께서 그들 가운데 유혹을 역사하게 하사 그들로 거짓 것을 믿게 하심이라고 하였다.

"악한 자의 임함은 사탄의 역사를 따라 모든 능력과 표적과 거짓 기적과 불의의 모든 속임으로 멸망하는 자들에게 임하리니 이는 저희가 진리의 사랑을 받지 아니하여 구원함을 얻지 못함이니라 이러므로 하나님이 유혹을 저의 가운데 역사하게 하사 거짓 것을 믿게 하심은 진리를 믿지 않고 불의를 좋아하는 모든 자로 심판을 받게 하려 하심이니라"(살후 2:9~12)

오늘날 하나님의 임재와 하나님의 음성 듣기 집회에 많은 능력과 표적이 나타난다. 그러나 그러한 표적과 능력은 거짓 기적이고 불의의 모든 속임이다. 그럼에도 이와 같은 세미나에 진리의 말씀을 사모하지는 않고 불의, 즉 자기 마음의 탐욕을 따라 인생 미래를 점쳐 보고자 하는 많은 사람이 참여하는 것은 하나님께서 이와 같은 가라지 신앙인들을 심판하기기 위해 그들 가운데 유혹이 역사하게 하시기 때문이다. 결국 하나님께서는 그들로 거짓 것, 즉 다른 예수 다른 복음 다른 영을 믿게 하신다.

구약 이스라엘 가운데서 족집게 자칭 선지자들과 그들 앞에 자기를 위해 인생의 진로를 물으러 오는 어리석은 신앙인들을 심판하시기 위해 하나님께서는 미래의 인생사를 적중시키는 유혹을 그들에게 역사하게 하셨다. 이제 하나님께서는 똑같은 유혹을 오늘 교회 안에 역사하게 하실 것이고(겔 14:9; 살후 2:11), 그 결과 교회 안에서 족집게 선지자들로 소문난 목자들과 그들에게 인생의 진로를 물으러 오는 어리석은 "주여! 주여!" 하는 신앙인들은 장차 심판을 받는다(겔 14:10; 살후 2:12).

하나님의 임재와 하나님의 음성을 듣기 위해 체계적이고 실질적으로 기초부터 훈련한다고 하는데, 이러한 사술은 무당들이 신 내림을 받아야 하는 새끼 무당을 훈련할 때나 하는 일이다. 신약 성경 어디에도 사도들이 성도들에게 하나님의 임재 연습을 시켰거나 하나님의 음성 듣기 훈련을 했다는 작은 흔적조차도 찾아볼 수 없다. 하나님의 임재와 하나님의 음성은 하나님의 주권에 속한 것으로서 감히 티끌 같은 인간이 연습한다고 해서 하나님의 임재와 음성을 경험할 수 있는 것은 아니다.

자신의 사업과 가정과 진로의 미래를 위해 하나님의 음성 듣기를 원하는 모든 어리석은 신앙인들은 사도 바울이 말한 바 "먹을 것과 입을 것이 있은즉 족한 줄을 알고 부하려 하지 말라"는 준엄한 음성을 가슴 깊이 새겨야 할 것이다. 주님께서도 분명히 먹을 문제와 마실 문제와 입을 문제와 관련해서는 내일 일을 염려하지 말고 오늘 염려로 족하라고 말씀하셨다.

주님께서 금지하신 일에서 하나님의 음성을 들으려 하는 것은 구약 이스라엘 백성이 하나님께서 철저하게 금지한 금수의 형상으로 하나님을 예배한 것과 다를 바 없는 우상 숭배의 죄악이다. 그러므로 이와 같은 세미나 현장에서는 반드시 다른 복음과 다른 예수와 다른 영의 유혹, 즉 거짓 그리스도와 거짓 선지자의 미혹이 만연하게 된다.

지금 교회 안에 이와 같은 거짓 그리스도와 거짓 선지자의 미혹의 역사가 광야와 골방, 그리고 여기 저기에서 활개를 치고 다닌다. 이제는 주께서 번개가 동편에서 나서 서편까지 번쩍임같이 재림하셔야만 이들의 세력과 이들의 배후에서 역사하는 악한 영이 무저갱에 잠금이 될 것이다(마 24:24~27; 계 20:1~3).

이 시대에 진정한 하나님의 음성은 이미 성경을 통해 진리의 말씀으로 계시되어 있다. 그러므로 계시록은 이 하나님의 음성을 성령이 교회들에게 하시는 말씀이라고 분명하게 선언하고 있다(계 2:7, 11, 17, 29; 3:6, 13, 22).

하나님의 진짜 음성을 듣는 것은 성령이 교회들에게 하시는 말씀을 듣고 그 말씀대로 지켜 행해서 처음 사랑의 행위인 행위의 온전함을 회복하는 것이다(계 2:5; 3:2). 비록 영향력 없고 적은 능력을 소유했다 할지라도 죽기까지 충성하고 헌신하는 것이다(계 2:10; 3:8). 그리고 무엇보다도 유혹을 받은 족집게 목자의 가짜 하나님 음성을 배부르게 듣고 "나는 신앙의 부요한 자", "나는 하나님의 음성을 듣는 대단한 자"라고 착각하지 말고, 말씀의 안약을 사서 자신의 벌거벗은 신앙의 수치를 발견하고 금 같은 믿음에 합당한 의의 흰옷, 즉 성도들의 옳은 행실을 회복하고 차든지 덥든지 하는 것이다(계 3:15~18).

지금 교회가 가장 먼저 해야 할 일은 교회 안에 들어온 자칭 선지자와 그들의 잘못된 교훈을 분별하여 물리치는 것이다.

10 성경에 계시된 천국과
너도 나도 보았다는 간증 속의 천국

 오늘날 천국을 보았다는 사람들의 모든 간증 속에 나오는 천국 건물은 왜 그 모양과 크기와 건축 양식이 하나같이 다른 것인가? 그리고 환상으로 예수님을 보았다는 모든 사람의 간증에서 등장하는 예수님의 인상착의는 왜 선지자와 사도들이 보았던 모습과는 전혀 다른 것인가?

 오늘날 예수님의 환상을 보았다고 주장하는 사람들이 말하는 예수님 모습의 공통점은, 하나같이 굽슬굽슬한 긴 머리와 흰옷, 그리고 콧수염이다. 마치 성화聖畵나 초상화에 등장하는 예수님의 모습과 흡사하다. 그러나 그 예수님의 콧수염이 사실은 중세 교회시대가 예수님의 거룩하고 장중한 모습을 미화하기 위해 임의로 그려 넣었다는 것을 아는 사람이 몇이나 될까?

 오늘날 많은 사람이 만났다는 예수님은 너무나 친근하고 다정한 주님이시다. 그 옛날 대선지자 이사야와 예수님의 직계 제자인 사도 요한은 하나님과 예수 그리스도의 영광 앞에서 깊은 회개와 경외심을 가지고 엎드려 죽은 자같이 되었건만(사 6:5; 계 1:17) 오늘날 현대판 자칭 신新선지자, 신新사도들과 그들을 추종하는 무리는 승귀하신 만왕의 왕이신 예수님의 형상을 친근한 친구와 같이 다정한 애인과 같이 마주 보았다고 한다.

전날 친구들과 낙동강 강변에서 민물 장어 고기를 먹었던 어느 신앙인이 꿈속에 보니, 강물이 흘러가고 있었다. 꿈속의 강물은 어쩌면 그 전날 친구들과 모여 앉아 민물 장어를 구워 먹었던 낙동강의 영상이었음에도, 그는 그날부터 만나는 교인들에게 나는 꿈속에서 천국의 도성 앞을 흐르는 요단의 생명수를 보았다고 간증을 한다. 어떤 신앙인은 꿈속에서 흰옷을 입고 머리가 길고 키가 큰 사람을 보았는데 그 또한 다음날부터 만나는 교인들에게 나는 꿈속에서 예수님을 보았다고 간증을 한다.

명동 사무실 거리를 종일 영업하고 다니던 어느 신앙인이 절망 가운데 잠이 들었는데 꿈속에서 빽빽한 빌딩 숲을 보았다. 그리고 그 또한 다음날부터 만나는 교인들에게 나는 꿈속에서 천국을 보았다고 간증을 한다. 그런데 한 가지 우스운 사실은 나라마다 시대마다 빌딩의 양식이 다르고, 건축 양식이 다르다 보니 천국을 보고 온 사람들이 말하는 건물의 모양이 다르다는 것이다. 온종일 오토바이를 타고 우편물을 배달하던 어떤 신앙인이 피곤함에 지쳐 나무 그늘 밑에서 잠이 들었다. 그런데 꿈속에서 양옥집이 나타났고 그 집집이 문패가 부착되어 있었다. 거기에 보니 자기 이름이 있었고, 누구누구의 이름도 있었다. 그런데 이상한 것은 꼭 있을 줄 알았던 어떤 사람들의 이름이 보이질 않았다. 이제 이 사람 역시 다음날부터 천국의 환상을 보았다고 간증하면서 누구는 천국에 집이 없다고 간증을 한다.

참 이상한 것은 천국을 갔다 왔다는 그들 모두가 묘사하는 집의 모양과 크기와 구조와 색깔과 인테리어가 다르다는 것이다. 그러다 보니 미국에 거주하는 어느 교포 여신자는 천국 집에서 드레스 룸과 파우더 룸을 보았다고 한다. 그렇다면 조선 말기에 개화와 더불어 기독교가 이 땅에 들어오기 시작할 때 만일 오늘날과 같이 신사도 운동을 주도하는 목회자가 선교사로 들어와서 은사 집회를 하였다면 그 은사 집회에 참여한 개종한 신앙인은 아마 천국 환상을 기와집으로 보았을 것이다. 이처럼 오늘날 일정하지 않은 형체의 건물들이 천국에 있는 우리들의 처소로 미화되고, 흰옷만 입고 머리만 긴 사람을 보아도 예수님을 보았다고 흥분한다. 그러면서 자신이 어쩌면 '신新사도가 아닌가? 신新선지자가 아닌가? 신新예언자가 아닌가?'라고 꿈과 환상을 가지기 시작한다.

선지자들이나 사도 요한은 천국 환상 속에서 보게 된 새 예루살렘 성을 기록할 때, 반드시 재료와 치수를 상세하게 기록하고 있다. 그것은 재료와 치수가 하나님의 뜻과 계획을 상징하기 때문이다. 오늘날 많은 사람이 천국 환상을 보았다 하지만 그들의 천국 묘사에는 그 재료가 명확하지 않고 치수를 전혀 언급하지 못하고 있다. 그것은 그들이 본 천국 환상이 성령의 역사를 가장한 인간 상상의 산물이기 때문이다.

선지자와 사도들이 보았던 성전 환상은 그 성전이 종국에 하나님의 뜻과 계획대로 지어질 것을 상징하는 의미에서 반드시 정확한 재료와 정확한 치수를 기록하고 있다. 에스겔 환상(겔 40~47장)속의 성전도, 사도 요한이 본 환상(계 21장)속의 성전도 하나님의 뜻과 계획을 상징하는 치수와 재료가 명확하게 기록되어 있다.

선지자나 사도들의 환상 속에서는 오늘날 많은 사람이 보았다는 천국 환상에서처럼 여기서도 강이 흐르고 저기서도 강이 흐르는 것이 아니라 반드시 하나님이 좌정하신 성전과 보좌로부터 흘러나오는 생명수 강(겔 47:1~12; 계 22:1~2) 외에는 없다. 그리고 선지자나 사도들의 환상 속에서는 오늘날 은사 체험의 현장에서 천국을 보았다는 사람들의 환상에서처럼 많은 과일나무와 꽃이 핵심이 아니라 성전과 보좌로부터 흘러나오는 생명수 강가에 있는 생명나무(계 22:2)가 핵심이다. 그것은 하나님의 나라가 신선들이 노는 무릉도원이 아니라 생명의 나라이기 때문이다.

선지자들이 보았던 하나님의 영광의 형상이나 사도 요한이 보았던 예수 그리스도의 영광의 형상은 승귀한 영광의 모습이었지 굽슬굽슬한 긴 머리와 큰 키에 흰옷을 입고 콧수염을 기른 모습이 아니었다.

> "그 머리 위에 있는 궁창 위에 보좌의 형상이 있는데 그 모양이 남보석 같고 그 보좌의 형상 위에 한 형상이 있어 사람의 모양 같더라 내가 본즉 그 허리 이상의 모양은 단 쇠 같아서 그 속과 주위가 불 같고 그 허리 이하의 모양도 불 같아서 사면으로 광채가 나며 그 사면 광채의 모양은 비 오는 날 구름에 있는 무지개 같으니 이는 여호와의 영광의 형상의 모양이라 내가 보고 곧 엎드리어 그 말씀하시는 자의 음성을 들으니라"(겔 1:26~28)

> "내가 보았는데 왕좌가 놓이고 옛적부터 항상 계신 이가 좌정하셨는데 그 옷은 희기가 눈 같고 그 머리털은 깨끗한 양의 털 같고 그 보좌는 불꽃이요 그 바퀴는 붙는 불이며 불이 강처럼 흘러 그 앞에서 나오며 그에게 수종하는 자는

천천이요 그 앞에 시위한 자는 만만이며 심판을 베푸는데 책들이 펴 놓였더라"(단 7:9~10)

"촛대 사이에 인자 같은 이가 발에 끌리는 옷을 입고 가슴에 금띠를 띠고 그 머리와 털의 희기가 흰 양털 같고 눈 같으며 그의 눈은 불꽃 같고 그의 발은 풀무에 단련한 빛난 주석 같고 그의 음성은 많은 물소리와 같으며 그 오른손에 일곱 별이 있고 그 입에서 좌우에 날선 검이 나오고 그 얼굴은 해가 힘 있게 비취는 것 같더라"(계 1:13~16)

이처럼 성경이 묘사하고 있는 하나님의 형상은 하나님의 하나님 되심의 속성, 즉 하나님의 영광의 속성을 나타내는 데 초점을 두고 있다.

에스겔과 다니엘의 시대로부터 사도 요한의 시대까지는 700여 년의 기나긴 시간 간격이 있지만, 하나님의 영광의 속성을 상징적으로 나타내는 표현은 똑같다. 특히 예수님의 3년 공생애共生涯를 함께 했던 사도 요한은 친히 예수님 생전의 모습을 보았음에도, 환상 속에서는 과거 기억 속에 있는 모습으로 예수님을 보았던 것이 아니고, 전혀 다른 승귀하신 영광의 형상, 심판 주로서의 엄위함, 그래서 700년 전의 선지자들이 보았던 하나님의 형상과 같은 맥락을 따라 예수님의 형상을 보았던 것이다. 그래서 사도 요한이 환상 속에서 보았던 예수 그리스도의 모습은 그가 3년간 보았던 사람의 모습이 아니고 과거 선지자들에게 보였던 하나님의 속성을 상징하는 모습과 같은 형상이었다.

오늘날 천국을 보았다는 신앙인들이 간증에서 말하는 주님의 모습은 너무나 비 성경적이고, 인본주의적이고, 심지어는 너무 귀신 같은 모습이다. 그러므로 그들의 환상의 배후에는 성령의 역사가 있는 것이 아니라 악령의 역사가 있다. 따라서 그들은 자신이 본 천국 환상과 예수님의 환상의 진위를 판별하기 위해 하나님의 말씀의 검을 가지고 스스로 시험해 보아야 한다(계 2:2)

사도 요한이 본 예수 그리스도의 환상 속에서 핵심은 주님의 눈과 발이다. 사도 요한은 예수 그리스도의 눈이 '불꽃' 같다고 하였다. 그것은 주님의 눈이 죄인들의 심령과 폐부를 살피심을 의미한다. 그리고 발은 풀무에 단련한 '빛난 주석' 같다고 하였다. 그것은 예수 그리스도만이 만유의 주로서 심판을 하시며 종국에 진노의 포도주 틀을 밟으실 것이기 때문이다. 그러나 오늘날 많은 은사 체험주의자들은 예수 그리스도의 눈빛이 다정한 눈빛으로서 자신들을 사랑의 마음으로 바라보시는 지긋한 눈빛이었다고 간증한다. 그렇다면 그들은 사도 요한보다도 더 완벽한 신앙인이고, 더 많이 사랑받는 신앙인들인가? 그래서 그들에게는 주님께서 다정한 눈빛으로 나타나시고, 사도 요한에게는 불꽃 같은 눈빛으로 나타나셨다는 말인가?

오늘날 은사체험자들이 보았다는 예수 그리스도는 하나같이 자신들을 쓰다듬어 주고 만져 주고 위로해 주고 격려해 주고 그들에게 "너를 너무나 사랑한다."라고 말씀하셨다고 한다. 오늘날 그들의 모든 간증 속에서는 하나님의 가장 하나님 되심인 심판의 모습이 전혀 없다. 그렇다면 사도 요한은 그들보다 죄를 많이 지어서 예수님이 그에게 심판의 주이심을 상징하는 빛 난 주석의 발로 나타나셨단 말인가?

오늘날 신앙인들은 너무나 쉽게 보았다 들었다 받았다고 말들을 한다. 상황이 이러하다 보니 많은 신앙인이 하나님의 신구약 66권의 말씀을 듣는 시간은 지겨워하면서도 '꿈꾸었다' 하는 이야기들은 즐겨 따라간다. '예언을 한다'는 이야기들에는 깊은 경외심을 가진다. '환상을 보았다'는 이야기들은 감탄하며 듣는다. 그리고 분별없이 믿어 버린다. 실로 경거망동한 세대이다. 자중할 필요가 있고, 겸손할 필요가 있고, 절제할 필요가 있다.

오늘날 신앙인들의 또 다른 문제점은 자신들은 하나님이 주신 꿈과 환상과 예언을 통해 모든 것을 알고, 모든 일을 예견하고, 모든 상황을 판단할 수 있다는 신앙의 교만에 빠진 것이다. 심지어 매 순간 하나님으로부터 직통 계시를 받아 모든 일을 처리해 간다고 한다.

신앙인에게 있어서 무엇보다도 중요한 신앙의 기초는 신구약 66권의 말씀이다. 그래서 이 말씀의 거울에 우리 자신을 날마다 비추어 주님 다시 오시는 날에 흠도 점도 없이 나타나도록 힘써야 한다. 지금 사탄은 교회로 하여금 예수 그리스도의 참된 피와 살인 신구약 66권의 말씀을 듣지 못하게 하려고 갖가지의 환상과 갖가지의 사사로운 예언과 갖가지의 응답으로 백성을 유혹하고 있다. 그것이 다른 영(고후 11:4)의 역사이다.

계시의 환상을 통해 하나님의 구속사의 미래를 꿰뚫어 보았던 사도 요한조차도 알 수 없는 비밀이 있었고 알아서는 안 될 비밀이 있었다.

"내가 또 보니 힘센 다른 천사가 구름을 입고 하늘에서 내려오는데 그 머리 위에 무지개가 있고 그 얼굴은 해 같고 그 발은 불기둥 같으며 그 손에 펴 놓인 작은 책을 들고 그 오른발은 바다를 밟고 왼발은 땅을 밟고 사자의 부르짖는 것 같이 큰소리로 외치니 외칠 때에 일곱 우레가 그 소리를 발하더라 일곱 우레가 발할 때에 내가 기록하려고 하다가 곧 들으니 하늘에서 소리가 나서 말하기를 일곱 우레가 발

한 것을 인봉하고 기록하지 말라 하더라"(계 10:1~4)

　이처럼 요한이 일곱 우레 소리의 비밀을 이해하고 반사적으로 기록하려고 했을 때에 "일곱 우레가 발한 것을 인봉하고 기록하지 말라"는 명령을 받았다.
　"일곱 우레가 그 소리를 발하더라"에서 정관사 "그"는 강조 용법이다. 그래서 사도 요한이 일곱 우렛소리의 비밀을 당시의 소아시아 일곱 교회에 다급히 알려 줄 필요가 있었음에도, 기록을 제지당했다는 것은 우리가 아직은 부분적으로 알고 부분적으로 예언하는 시대에 살고 있기 때문이다. 따라서 우리는 온전한 것이 오는 날을 소망하게 되는 것이다. 온전한 것이 올 때에 우리가 부분적으로 알던 모든 것이 폐하여질 것(고전 13:10)이다. 그러므로 우리는 영광의 주님이 다시 오시는 날, 얼굴과 얼굴을 맞대고 주께서 우리를 아신 것 같이 온전히 우리도 주를 알 수 있는(고전 13:12) 소망의 한 날을 그토록 갈망하게 되는 것이다.
　사도 요한이 일곱 우레의 비밀을 기록하려다가 멈추었다는 것은 우리가 말씀이 가라고 하는 곳까지만 가고 말씀이 멈추라고 하는 곳에서는 멈추어야 함을 의미한다. 그래서 성경이 침묵하고 있는 한 우리는 침묵해야 한다. 그러므로 하나님 말씀의 기준과 경계선을 지나쳐서 툭하면 보았다,

툭하면 들었다, 툭하면 받았다고 하는 것은 분별하고 절제되어야 한다. 이것이 신앙의 미덕이다.

그 옛날 낙원의 아름다움을 친히 목도하였던 사도 바울은 다음과 같이 아주 조심스럽게 자신의 경험을 간증하였다.

> "무익하나마 내가 부득불 자랑하노니 주의 환상과 계시를 말하리라 내가 그리스도 안에 있는 한 사람을 아노니 십사 년 전에 그가 셋째 하늘에 이끌려 간 자라(그가 몸 안에 있었는지 몸 밖에 있었는지 나는 모르거니와 하나님은 아시느니라) 내가 이런 사람을 아노니(그가 몸 안에 있었는지 몸 밖에 있었는지 나는 모르거니와 하나님은 아시느니라) 그가 낙원으로 이끌려 가서 말할 수 없는 말을 들었으니 사람이 가히 이르지 못할 말이로다 내가 이런 사람을 위하여 자랑하겠으나 나를 위하여는 약한 것들 외에 자랑치 아니하리라 내가 만일 자랑하고자 하여도 어리석은 자가 되지 아니할 것은 내가 참말을 함이라 그러나 누가 나를 보는 바와 내게 듣는 바에 지나치게 생각할까 두려워하여 그만두노라"(고후 12:1~4)

사도 바울은 분명히 낙원의 아름다움을 환상 속에서 목도하였고, 그곳에서 말할 수 없는 말을 들었다. 그런데 그가 보았던 그 아름다움들을, 그가 들었던 그 황홀한 소리들을 무엇 때문에 14년 동안이나 간증하지 않았던 것인가? 그것은 그와 같은 간증이 부득불 자랑할 일에 불과하고, 또한 무익한 일이기 때문이다. 그럼에도 그가 14년의 세월이 흘러서야 무익한 줄 알면서도 부득불 자랑하게 된 것은 그 당시 고린도 교회 안에 들었다 보았다 하는 사람들이 넘쳐 나서 너도나도 툭하면 보았다 들었다 하며 자신들의 환상 체험이 신앙의 전부인 양 떠들었기 때문이다.

사도 바울은 고린도 교회를 경계시킬 필요가 있었고, 그들이 자랑하는 간증이 예수 그리스도의 나랏일에 별로 유익이 되지 못함을 주지시켜 주기 위해서 아주 겸손하게, 아주 조심스럽게, 자신을 어떤 한 사람으로 지칭하며 잠깐 스치듯 이야기하다가 그것조차도 보는 바에 듣는 바에 지나치게 생각할까 두려워서 그만둔다고 하였던 것이다. 그런데 오늘날은 진위가 명확하지 않은 하룻밤의 환상 체험이 전국 교회의 강대상에서 천국 복음으로 환영받고 있다.

신앙인 중에 천국이 있는 줄 모르는 사람이 어디 있으며, 지옥이 있는 줄 모르는 사람이 어디 있는가? 그럼에도 천국의 모양이 이렇고 저렇고, 지옥의 모양이 이렇고 저렇고, 라는 간증에 교회가 분별없이 열광하는 것은 결국, 성경이 계시하는 천국, 곧 하나님 나라에 대해 바르게 알지 못하거나 믿지 못하기 때문이다. 천국이 이렇고 저렇고, 지옥이 이렇고 저렇고, 가 중요한 것이 아니다.

  신앙인에게 중요한 것은 "주여! 주여!" 하면서도 하나님의 뜻을 행하지 않아서, 주의 이름으로 선지자 노릇을 하고도 불법을 행하는 자가 되어서, 생명의 빛이신 주님으로부터 내어 쫓겨 바깥 어두운 가운데서 슬피 울며 이를 가는 신세가 되지 않을까 하는 것이다(마 7:21~23).

  자신들이 구원받은 아브라함의 자손임을 믿어 의심치 않았던 구약 이스라엘의 자긍심의 뿌리를 하나님의 심판의 도끼가 아껴 보지 않고 찍었듯이(마 3:7~10), 회개에 합당한 열매를 맺지 않은 이방인 교회세대에게도 심판의 도끼가 준비되고 있다.

> "또한 가지 얼마가 꺾여졌는데 돌감람나무인 네가 그들 중에 접붙임이 되어 참감람나무 뿌리의 진액을 함께 받는 자 되었은즉 그 가지들을 향하여 자긍하지 말라 자긍할지라도 네가 뿌리를 보전하는 것이 아니요 뿌리가 너를 보전하는 것이니라 그러면 네 말이 가지들이 꺾이운 것은 나로 접붙임을 받게 하려 함이라 하리니 옳도다 저희는 믿지 아니하므로 꺾이우고 너는 믿으므로 섰느니라 높은 마음을 품지 말고 도리어 두려워하라 하나님이 원 가지들도 아끼

지 아니하셨은즉 너도 아끼지 아니하시리라"(롬 11:17~21)

 오늘날 많은 사람이 마귀의 궤계를 따라서 잘못된 꿈(환상)도 따라가고, 잘못된 예언도 따라가고, 잘못된 은사도 따라가지만, 회개에 합당한 열매를 맺으라는 말씀은 따르지 않는다. 지금 교회는 속으로 '우리는 구원받은 아브라함 자손이다.' '우리는 천국 가는 주여! 주여! 하는 교인이다.' 라고 안심하며 긍정의 꿈을 맹신할 때가 아니라. 회개에 합당한 열매를 맺어야 한다.
 사도 요한이 일곱 우레의 소리를 기록하려고 할 때 제지를 당했다. 그리고 사도 바울도 천국의 아름다움에 대해 언급을 자제하였다. 그것은 장차 이루어질 하나님 나라의 기쁨과 아름다움과 영광이 우리에게 소망의 영역으로 남겨져야 하기 때문이다. 그러므로 우리는 신비한 내면의 기쁨과 소망을 위대한 신앙의 힘으로 승화시켜야 한다. 그래서 지금 부분적으로 알던 모든 것이 장차 완전해지는 그 한 날, 그래서 주께서 나를 아신 것같이 우리가 주를 온전히 알게 되는 그 한 날, 곧 주님과 얼굴과 얼굴을 마주 대하고 보게 될 그 한 날(고전 13:12; 계 22:4)을 간절히 소망하며 오늘의 자리에서 회개에 합당한 열매 맺기를 힘쓰는 장성한 신앙인이 되어야 한다.

11 하나님의 의를 이루는 기도
vs 우상을 찬송함이 되는 기도

우리가 배워야 하는 기도는 문제 해결을 받으려고 사생결단의 각오로 생떼를 쓰는 기도가 아니라 하나님의 말씀에 죽기까지 순종하는 삶을 살기 위한 기도이어야 한다.

누가복음 11장 5~13에서 주님께서는 여행 온 친구의 배고픔을 해결하기 위해 한밤중에 동네의 친구 집을 찾아 떡을 강청하는 어떤 사람의 이야기를 통해 기도의 목적과 기도의 방법에 대해서 가르치고 계신다.

"또 이르시되 너희 중에 누가 벗이 있는데 밤중에 그에게 가서 말하기를 벗이여 떡 세 덩이를 내게 빌리라 내 벗이 여행 중에 내게 왔으나 내가 먹일 것이 없노라 하면 저가 안에서 대답하여 이르되 나를 괴롭게 하지 말라 문이 이미 닫혔고 아이들이 나와 함께 침소에 누웠으니 일어나 네게 줄 수가 없노라 하겠느냐 내가 너희에게 말하노니 비록 벗

됨을 인하여서는 일어나 주지 아니할지라도 그 강청함을 인하여 일어나 그 소용대로 주리라 내가 또 너희에게 이르노니 구하라 그러면 너희에게 주실 것이요 찾으라 그러면 찾을 것이요 문을 두드리라 그러면 너희에게 열릴 것이니 구하는 이마다 받을 것이요 찾는 이가 찾을 것이요 두드리는 이에게 열릴 것이니라 너희 중에 아비 된 자 누가 아들이 생선을 달라 하면 생선 대신에 뱀을 주며 알을 달라 하면 전갈을 주겠느냐 너희가 악할지라도 좋은 것을 자식에게 줄 줄 알거든 하물며 너희 천부께서 구하는 자에게 성령을 주시지 않겠느냐 하시니라"(눅 11:5~13)

이 말씀에서 주님께서는 우리에게 무엇이 가장 필요한 것인지, 그래서 우리가 무엇을 구해야 하는지를 가르치고 계시는데, 우리에게 가장 필요하고 구해야 하는 것은 성령이다. 그러나 오늘 우리는 구해야 하는 가장 필요한 것을 인생의 문제 해결이라고 생각한다.

우리는 성령을 통해 생명과 경건에 속한 모든 것인 신의 성품에 참여하게 된다.

"그의 신기한 능력으로 생명과 경건에 속한 모든 것을 우리에게 주셨으니 이는 자기의 영광과 덕으로써 우리를 부르신 자를 앎으로 말미암음이라 이로써 그 보배롭고 지극히 큰 약속을 우리에게 주사 이 약속으로 말미암아 너희로 정욕을 인하여 세상에서 썩어질 것을 피하여 신의 성품에 참여하는 자가 되게 하려 하셨으니"(벧후 1:3~4)

하나님께서 우리에게 약속하시고 주시는 축복은 이 땅의 썩어질 영광, 곧 인생의 문제 해결이 아니라 신의 성품, 즉 신의 형상이다. 선악과 금령을 지키지 못한 아담과 하와가 잃어버린 것은 물질이 아니라, 하나님의 형상이다. 이로 말미암아 아담과 하와는 죄인이 되었다.

인간의 근원적인 비극은 가난과 실패 때문에 초래된 것이 아니며, 꿈을 이루지 못해서 초래된 것이 아니라, 선악과를 먹지 말라는 하나님의 명령을 지켜 행하지 않은 불순종의 죄로 말미암아 초래되었다. 그러므로 우리가 소유해야 하는 가장 큰 축복은 자신의 꿈을 이루는 삶이 아니라 하나님의 말씀대로 순종하는 삶이다. 그러므로 우리가 하나님께 드리는 가장 절실한 기도의 제목은 하나님의 말씀에 순종하는 삶이다.

우리는 하나님으로부터 부여받은 가장 큰 축복인 신의 성품을 회복해야 한다. 신의 성품은 하나님께서 창세 전부터 우리를 택하셔서 주고자 약속하신 하늘에 속한 모든 신령한 복이다(엡 1:3). 이 복을 소유하고 누리기 위해서 우리에게 가장 필요한 것은 성령이다. 그래서 우리는 정욕을 따라 이 땅에 속한 영광을 구하고 찾고 두드릴 것이 아니라 성령을 구하고 찾고 두드려야 한다. 그래서 풍성한 성령의 열매 맺는 삶을 결실해야 한다. 바로 이 열매 맺는 삶이 우리가 꿈꾸어야 할 믿음의 복이다.

누가복음 11장 5~13절까지의 말씀에서 먼저 전반부는 여행 중에 허기진 친구, 그 친구의 허기진 배를 채울 떡을 구하러 가는 친구, 그리고 떡을 주는 친구, 이렇게 세 명의 친구가 등장한다. 먼저 '허기진 친구'는 구약적 의미로는 '고아와 과부와 나그네'이며, 신약적 의미로는 주님께서 양과 염소를 분리하는 심판의 근거로 언급하셨던 '작은 자'이다(마 25:31~46).

누가복음 11장 5~13절까지의 내용에서 눈여겨보아야 할 부분은, 한밤중에 마을의 친구 집을 찾아간 그 친구가 자신의 떡을 구하러 간 것이 아니라 허기진 친구의 배를 채워 줄 떡을 구하러 갔다는 사실이다. 즉, 떡 세 덩이를 구하러 간 친구는 찾아온 친구, 즉 고아와 과부와 나그네와 같은 친구, 작은 자와 같은 친구의 배고픔을 해결하기 위해 잠든 친구의 집을 찾아가서 그토록 간절하게 떡 세 덩이를 구하고 찾고 두드렸다는 사실이다. 그러나 오늘 우리는 이 본문의 기도 비유를 내 배고픔을 해결하기 위한 떡 문제 해결로 배우고 있다.

주님께서는 누가복음 11장 5~13절의 말씀을 통해 오늘 우리에게 수단 방법을 가리지 않고 자신의 필요만을 위해 악착같이 구하고 찾고 두드리는 기도 방법을 가르치고자 하심이 아니라, 하나님의 나라와 의에 합당한 목적을 가지고 지속해서 드리는 기도를 가르치고자 하셨다.

오늘 우리는 자신의 필요를 채우기 위한, 자신의 배고픔을 해결하기 위한 악착같은 끈질긴 기도는 밤새워 할 수 있지만 하나님 나라와 의인 사랑의 삶을 위하여, 곧 형제의 배고픔을 해결하려고 악착같이 끈질기게 밤새워 기도하지는 않는다. 그것은 누가복음 11장 5~13절의 기도 교훈을 잘못 배웠기 때문이다.

오늘날 많은 목사가 주님께서 하나님의 나라와 의인 성령의 열매 맺는 삶을 위해 끈질기게 기도할 것을 가르치신 누가복음 11장 5~13절의 말씀을 교인들에게 가르치면서 한결같이 자기 필요의 충족과 해결과 응답을 위해 악착같이 구하고 찾고 두드리면 해결되고 응답받는다는 기도법으로 가르치고 있다.

누가복음 11장 5~13절 말씀에서 주안점을 두어야 할 점은 한밤중에 떡을 구하는 친구가 자기의 배고픔 때문이 아니라 허기진 형제의 배고픔을 해결하려고 실례를 무릅쓰고 친구의 집 문을 그토록 간절하고 끈질기게 두드렸다는 것이다. 그리고 하나님께서 우리에게 주시는 가장 좋은 것은 인생의 만복이 아니라 성령이라는 것이다.

주님께서는 이 선한 친구의 모습을 통해서 교회에게 개인의 인생 문제 해결을 위한 생떼 쓰는 이기적 기도가 아니라, 형제의 배고픔을 해결하기 위한 간절한 사랑의 기도를 가르치시고 있다. 사랑은 성령의 궁극적 열매이다. 그러므로 성령을 구하고 찾고 두드림은 사랑의 삶을 구하고 찾고 두드림이다.

주님께서 가르쳐 주신 이와 같은 기도의 본질, 기도의 목적, 기도의 방법을 따라서 사도 요한은 교회에게 다음과 같이 기도할 것을 권면하였다.

"내가 하나님의 아들의 이름을 믿는 너희에게 이것을 쓴 것은 너희로 하여금 너희에게 영생이 있음을 알게 하려 함이라 그를 향하여 우리의 가진 바 담대한 것이 이것이니 그의 뜻대로 무엇을 구하면 들으심이라 우리가 무엇이든지 구하는 바를 들으시는 줄을 안즉 우리가 그에게 구한 그것을 얻은 줄을 또한 아느니라 누구든지 형제가 사망에 이르지 아니한 죄 범하는 것을 보거든 구하라 그러면 사망에 이르지 아니하는 범죄자들을 위하여 저에게 생명을 주시리라

사망에 이르는 죄가 있으니 이에 대하여 나는 구하라 하지 않노라"(요일 5:13~16)

사도 요한은 참된 기도의 목적은 개인적인 문제의 해결과 응답이 아니고, 영생이며, 또한 자기 자신의 인생 문제보다도 친구의 영혼 구원임을 말하고 있다. 사도 요한에 의하면 우리는 하나님을 향해 가질 수 있는 담대함이 있다. 그 담대함 때문에 우리는 하나님께 강청할 수 있다. 우리가 담대함으로 강청하면 하나님께서는 그 강청함을 들으신다. 그러면 우리는 하나님께 무엇을 믿음으로 담대하게 구하고 강청해야 하는가? 사도 요한이 예로 든 것은 친구의 영혼 구원이다.

누가복음 11장 5~13절에서 여행 온 친구의 배고픔을 해결하기 위해 한밤중에 실례를 무릅쓰고 떡을 강청하는 친구의 비유를 통해 주님께서 우리에게 교훈하시는 기도는 자기의 배고픔이 아니라 허기진 친구의 배고픔을 해결하기 위해 간절히 구하는 사랑의 기도이다. 마찬가지로 사도 요한은 우리가 담대히 하나님께 구해야 하는 기도 제목이 내 인생의 문제 해결이 아니라 사망에 이르지 않는 죄를 범한 형제의 구원이라고 하였다. 이 사랑의 기도가 하나님의 나라와 의를 구하는 기도이다.

오늘 우리는 지극히 개인적이고, 지극히 세상적 필요 충족을 위해 수단 방법을 가리지 않는 찰거머리식 기도법, 생떼 쓰는 기도법을 대단한 의인의 기도인 양, 대단한 믿음의 기도인 양 배우고 있다. 그러나 주님께서 가르치시고 사도 요한이 해석하고 적용한 기도의 본질과 목적은 내 배고픔의 문제가 아니라 형제의 배고픔을 해결하려는 철저하고 진심 어린 사랑이며 이 사랑은 육신의 배고픔을 해결해 주는 떡보다도 더 중요한 영생, 곧 영혼 구원이다.

지금 우리가 열심히 배우는 기도들은 그 목적이 변질되었으며, 그 방법이 세속화되었으며, 우선순위가 뒤바뀌어 있다. 우리는 형제의 문제가 아니라 오로지 내 문제 해결을 위해서 하나님께 구하고 찾고 두드리고 있으며, 또한 영혼 구원이 아니라 썩어질 육신의 문제 해결을 위해 구하고 찾고 두드리고 있다. 그러나 내 배고픔이 아니라 형제의 허기진 배고픔을 해결하기 위해 간청하는 기도가 사랑을 실천하는 기도이고 성령의 열매를 맺기 위한 믿음의 기도이다. 형제의 영혼 구원을 위해서 기도함이 성령의 열매인 사랑 안에서 하나님의 나라와 의를 구하고 찾고 두드리는 기도이다.

주님께서, "구하라 주실 것이요, 찾으라 찾을 것이요, 두드리라 그러면 열릴 것이니, 너의 중에 아비 된 자가 아들이 생선을 달라 하면 생선 대신에 뱀을 주며 알을 달라 하면 전갈을 주겠느냐 악한 자라도 좋을 것을 줄 줄 알거든"이라고 말씀하신 후에 하나님께서 우리에게 주시는 가장 좋은 것을 "성령"이라고 하신 것은 우리가 구하고 찾고 두드려야 하는 기도의 제목과 목적이 성령의 열매 맺는 삶이어야 함을 의미한다.

아담이 소유해야 하는 가장 복된 삶은 동산 모든 나무의 실과를 배부르게 실컷 먹고, 먹음직하고 보암직하며 지혜롭게 할 만큼 탐스러운 선악과 열매까지도 맛있게 먹는 것이 아니라 "선악과를 먹지 말라"는 하나님의 명령을 지켜 행하는 삶이다.

마찬가지로 오늘 우리가 소유해야 할 가장 복된 삶은 하나님의 특별한 은혜인 구원의 복을 받은 것도 모자라 성경이 금한 이 세상에 속한 모든 것인 육신의 정욕과 안목의 정욕과 이생의 자랑(요일 2:15~17)과 관련된 이 땅에서의 꿈까지 마음껏 성취하는 삶이 아니라 주께서 명령한 사랑의 계명을 지켜 행하는 삶이다(요 14:15, 21; 15:10, 12).

복된 사랑의 삶을 소유하기 위해서는 죄인 된 우리에게 무엇보다도 성령의 능력이 있어야 한다. 그러므로 "구하고 찾고 두드리라"(눅 11:9)고 하신 주님께서는 승천하시기 전, 제자들에게 숨을 내쉬면서 성령을 받으라(요 20:22)고 당부하셨다. 성령의 능력만이 연약한 죄인으로 하여금 하나님의 뜻대로 죽기까지 자기를 부인하는 십자가를 지고 예수 그리스도의 명령을 순종하는 믿음의 사람, 곧 가장 복된 사람이 되게 한다. 성령의 능력만이 이기적이고 개인적인 우리를 강권하여 형제를 위한 선한 사랑의 삶을 하나님의 능력으로 살 수 있게 만든다. 우리는 오로지 성령을 통해서만 가장 복된 삶인 예수 그리스도의 사랑의 계명을 지켜 행하는 삶을 살 수 있다. 그러므로 우리가 구하고 찾고 두드려야 할 기도 제목은 문제 해결과 축복 응답과 꿈의 성취가 아니라 하나님의 뜻대로 행하는 삶이다.

주님의 제자 베드로는 매일 그물이 찢어지는 기적의 축복을 경험하고 그 물고기를 팔아서 벌어들인 물질로 세상의 부요와 영향력을 소유해서 복음 전도를 했던 것이 아니다. 그는 일생에서 그 한 번의 기적을 체험한 후, 소유와 처자를 버리고 주를 따라 제자의 길을 걸었으며, 이후 오순절 성령 체험을 통해 능력의 영의 사람이 되어 핍박을 무릅쓰고 복음을 전도하다가 종국에는 거꾸로 십자가에 매달려 장렬하게 순교하는 영광의 복을 소유하였다.

오늘 많은 목사가 부자 되고 성공하고 싶어서 안달이 난 타락한 교회를 향해 하나같이 매일 밤 예수 그리스도의 음성을 듣고 그 음성에 순종해서 그물을 던져 그물이 찢어질 정도로 부자 되고 성공하는 만복을 받자고 설교하기에 여념이 없다. 그들은 매 설교 시간마다 교인들을 긍정의 힘이라는 신바람의 종이비행기에 태워 크고 높은 산으로 데리고 올라가 천하 만국의 영광을 꿈으로 보여 주며 믿음대로 반드시 되는 것을 긍정으로 생각하고 긍정으로 시인하라고 야단들이다.

그들은 이 세상에서 꿈을 이루는 것이 왕의 자녀로서의 특권이라고 열심히 강조한다. 그러면서 비 성경적 설교의 치부를 가리기 위해 부자 되고 성공하면 그 영향력으로 복음 선교에 힘쓰라는 선한 당부(?)를 잊지 않는다. 이와 같은 목적의 설교와 짝을 이루어 문제 해결, 역경 돌파를 위한 생떼 기도가 믿음으로 행하는 삶인 것처럼 가르쳐진다. 그러나 우리가 배워야 하는 기도는 하나님의 말씀에 죽기까지 순종하는 삶을 살기 위한 기도이다.

오늘날 자기 욕심의 환상들을 하나님이 주신 꿈으로 해석하고, 자기 욕심의 마음에서 일어나는 직감을 성령의 음성으로 착각하는 많은 사이비 신앙인들이 인생의 문제 해결을 위한 생떼 기도에 열을 올리고 있다. 그들의 기도는 내일의 먹을 것과 마실 것과 입을 것을 위해 몸부림치는 이방인들의 기도이다. 그와 같은 기도는 하나님을 경배함이 아니라 우상을 찬송함이 된다(사 66:3). 그것은 그들이 그토록 해결 받고 응답받기를 원하는 마음의 꿈들이 모두가 다 이 세상에 속한 정욕과 자랑과 관련된 천하 만국 영광이기 때문이다.

12 식을 줄 모르는 야베스 기도의 열정

 시간이 지나도 야베스 기도의 열정은 식을 줄을 모른다. 야베스 기도야말로 꿈이 있는 자는 망하지 않는다는 설교와 더불어서 세속화된 교회의 희망의 이정표가 되었다.
 아래는 어느 대형교회에서 구정을 맞이해서 교우들에게 전달한 〈설날가정예배순서지〉에 실려 있는 설교문이다. 설교내용은, 야베스처럼 꿈꾸면 한계상황을 뛰어넘어 소원하는 만사가 다 이루어진다는 주제였다. 그래서 우리가 소원의 꿈을 가지고 열심히 기도하면 하나님께서는 그 기도를 응답해 주신다는 것이다. 다음은 설교 전문이다.

 "2013년 새해를 맞이하여 또 '설'을 맞이하여 가정이 함께 모여 하나님께 예배드릴 수 있도록 은혜 주신 하나님께 감사드립니다. "꿈꾸는 나, 꿈꾸는 우리 가정"이라는 말씀으로 은혜 나누기 소망합니다.
 사람은 누구나 고난의 터널을 지나가야 합니다. 그런데 어떤 사람은 그 터널 중간에 주저앉아 신세 한탄이나 하는 사람이 있는 반면에 어떤 사람은 힘을 내어 그 터널을 빠져나오는 사람이 있습니다. 오늘 본문 속에 등장하는 야베스라는 인물도 고난의 터널 속을 지나가고 있습니다. 성경은 야베스를 향해 '그 어미가 수고로이 낳은 아들'이라고 말씀합니다. 태어날 때부터 고난을 겪었다는 말입니다. 하지만 그는 그 고난 때문에 주저앉아 있지 않았습니다. 야베스가 주저앉아 있지 않을 수 있었던 이유는 자신의 한계를 극복하고자 하는 꿈이 있었기 때문입니다. 야베스가 드리는 기도를 살펴봅시다. 그의 기도를 살펴보면 그 안에 자신의 꿈이 담겨 있음을 볼 수 있습니다.

'나의 지역을 넓혀 주소서!'

'환난과 근심에서 벗어나게 하소서'

삶의 형편은 녹록치 않았겠지만 그는 꿈이 있었기 때문에 절망하지 않았고 꿈을 이루기 위하여 하나님께 매어 달렸습니다. 그는 이 꿈을 고난 속에서 포기하여 버린 것이 아니라 계속해서 꿈을 붙잡고 '하나님이여! 내 땅을 넓히소서. 확장시켜 주소서. 크게 하여 주소서.'라고 기도하였습니다. 그는 하나님이 자신에게 꿈을 꾸게 하셨기 때문에 하나님께서 분명히 그 꿈을 이루게 하시고 사람의 상상을 뛰어넘는 일을 하실 것이라는 믿음이 있었습니다. 그리고 실제로 그는 꿈꾸던 땅을 하나님께 얻게 됩니다.

하나님은 우리가 꿈꾸기를 원하십니다. 전능하신 하나님께서 나를 통해 위대한 일을 하실 것이라는 위대한 꿈을 꾸고, 그것이 현실이 될 것이라는 믿음을 가지기 원하십니다. 어떠한 고난 속에서도 꿈꾸기를 포기하지 않는 우리가 되기를 바랍니다. 하나님은 어떠한 상황 속에서도 믿음대로 될 것이라 믿는 사람을 통해 일하시는 분이기 때문입니다. 믿음으로 하나님이 주신 꿈을 이루기 위해 꿈꾸며 살아가는 가정 되기를, 또한 하나님께서 그 꿈을 이루어 주시기를 간절히 기도하는 가정 되기를 소망합니다."

 오늘 우리는 큰 사업장을 소유하고, 큰 아파트에 입주하면 그것이 하나님께서 내게 주신 복이라고 생각하며, 어느 정도의 십일조헌금과 감사헌금과 선교헌금을 하는 것을 하나님께 영광 돌리는 삶이라고 확신한다.
 우리가 가진 꿈을 요약하면 사업이 날로 번창하여 많은 돈을 벌고 큰 아파트를 분양받아 입주하는 것이다. 오늘 우리는 사업이 침체하고, 그래서 물질 문제로 어려움을 겪는 것을 고난이라고 여긴다. 그리고 물질 문제로 어려움을 겪는 때를 고난의 터널을 지나는 시간이라고 생각한다. 결국, 우리는 돈 문제만 해결하고 돈 문제로 다시는 고민하지 않을 정도로 많은 돈만 벌면 모든 고난은 끝이 난다고 생각한다. 즉 인생의 한계를 뛰어넘었다고 생각한다.
 우리는 야베스의 꿈 신앙을 자신의 삶 속에 적용해서 결국에는 경제적 안정과 풍요의 꿈을 먹고 산다. 부자만 되면 더 많은 십일조헌금도 할 수 있고, 더 많은 감사헌금도 할 수 있고, 더 많은 선교헌금도 할 수 있고, 나아가서 꿈에 그리는 넓은 평수의 아파트도 입주할 수 있기 때문일 것이다.

과연 야베스가 꿈꾸었던 지경의 땅이 오늘 우리가 생각하는 사업장과 아파트 평수 크기인가? 그렇지 않다면, 오늘 우리는 하나님의 말씀을 자기의 사욕을 좇아 잘못 이해하고 잘못 해석하고 잘못 가르치고 잘못 배우고 잘못 적용하는 죄를 범하는 것이 된다. 바로 이 같은 죄가 하나님의 말씀을 가감하는 죄악이다.

위의 설교문을 읽어보면 마치 부자 되고 성공하는 것이 야베스가 응답받은 꿈을 자신의 삶에서 성취하는 것이 된다. 과연 그럴까?

하나님께서는 이스라엘 백성에게 누구라도 예외 없이 토지를 매매하지 말라고 하셨다. 그것은 여호수아에 의해서 이스라엘 열두 지파에게 공평하게 분배된 기업의 땅, 가나안의 원소유주는 하나님이시기 때문이다.

"토지를 영영히 팔지 말 것은 토지는 다 내 것임이라"(레 25:23전)

가나안 땅의 원소유주이신 하나님께서는 이스라엘 백성에게 희년법의 규례를 주셨다.

"너는 일곱 안식년을 계수할지니 이는 칠 년이 일곱 번인 즉 안식년 일곱 번 동안 곧 사십구 년이라 칠월 십일은 속 죄일이니 너는 나팔 소리를 내되 전국에서 나팔을 크게 불 지며 제 오십 년을 거룩하게 하여 전국 거민에게 자유를 공 포하라 이 해는 너희에게 희년이니 너희는 각각 그 기업으 로 돌아가며 각각 그 가족에게로 돌아갈지며 그 오십 년은 너희의 희년이니 너희는 파종하지 말며 스스로 난 것을 거 두지 말며 다스리지 아니한 포도를 거두지 말라 이는 희년 이니 너희에게 거룩함이니라 너희가 밭의 소산을 먹으리 라"(레 25:8~12)

"토지를 영영히 팔지 말 것은 토지는 다 내 것임이라 너 희는 나그네요 우거하는 자로서 나와 함께 있느니라 너희 기업의 온 땅에서 그 토지 무르기를 허락할지니 만일 너희 형제가 가난하여 그 기업 얼마를 팔았으면 그 근족이 와서 동족의 판 것을 무를 것이요 만일 그것을 무를 사람이 없고 자기가 부요하게 되어 무를 힘이 있거든 그 판 해를 계수하 여 그 남은 값을 산 자에게 주고 그 기업으로 돌아갈 것이 니라 그러나 자기가 무를 힘이 없으면 그 판 것이 희년이 이르기까지 산 자의 손에 있다가 희년에 미쳐 돌아올지니 그가 곧 그 기업으로 돌아갈 것이니라"(레 25:23~28)

이스라엘 백성에게 희년법을 명하신 하나님께서는 그들에게 이웃의 지계표를 옮기지 말라고 경고하셨다. 하나님의 이 명령에 광야1세대는 다가오는 모든 신앙의 후세대를 대표해서 아멘으로 화답하였다.

"그 이웃의 지계표를 옮기는 자는 저주를 받을 것이라 할 것이요 모든 백성은 아멘 할지니라"(신 27:17)

여기서 지계표는 땅의 경계표시를 의미한다. 이스라엘 백성은 모두가 예외 없이 여호수아에 의해서 열두 지파가 공평하게 분배받은 기업의 땅, 지분 외에는 그 어떤 경우에도 이웃의 땅을 단 한 평도 자신의 소유로 만들어서는 안 된다. 어기는 자는 반드시 저주를 받는다.

희년법에 의하면 50년이 되는 해에는 채무자에게 권리로 저당 잡은 땅과 관련해서 비록 채무자가 그 채무를 한 푼도 상환하지 않는다 할지라도 이유 여하를 불문하고 원소유주에게 돌려주어야 했다. 그것은 가나안 땅의 원소유주는 채권자인 자신이 아니고 하나님이시기 때문이다.

과연 이것이 욕심 많은 인간이 지켜 행할 수 있는 법인가? 당연히 땅을 저당 잡은 사람은 채무를 상환 받지 않았다는 이유 하나 때문에 저당 잡은 땅을 원소유주에게 돌려주지 않았다. 그 결과 시간이 흘러갈수록 이스라엘 공동체 안에서는 가진 자에게 가나안 땅의 부가 집중되어 시간이 지날수록 가진 자들은 가옥에 가옥을 연하고 토지에 토지를 더하며 부를 축적해 갔다.

땅을 저당 잡은 채권자들은 자신들이 가지게 된 부를 하나님께서 내려 주신 복으로 감사했다. 그들은 "하나님! 하나님!" 하며 열심히 성전을 출입하였다. 하나님의 성전에서 그들은 자신들이 옮긴 이웃의 지계표를 통해 취득하게 된 밭과 목초지에 더 많은 풍요를 허락해 달라고 하나님께 생떼를 쓰며 뜨거운 종교 제의에 열중하였다.

사회 통념상 돈이 필요한 사람에게 그 사람의 땅을 저당 잡고 돈을 빌려 주었는데, 만약 그 사람이 채무를 상환하지 않았다면 그 땅은 그 채무가 종결되기까지는 당연히 원주인인 채무자에게 돌려주지 않아도 된다. 채권자가 저당 잡은 땅을 채무자인 원소유자가 채무를 상환하지 않아서 돌려주지 않았다면 누구도 손가락질할 사람은 아무도 없다. 그러나 구원받은 하나님의 백성에게 부과된 하나님의 명령은 사회 통념의 윤리와 일반적 정의 개념을 초월한다. 그래서 아무리 원소유주인 채무자가 채권자에게 원금 한 푼을 갚지 못했다 할지라도, 심지어 한 푼의 이자조차도 납입하지 못했다 할지라도 땅을 저당 잡은 채권자는 희년이 되면 이유

여하를 불문하고 원소유주인 채무자에게 그 땅을 돌려주어야 했다. 그것은 가나안 땅이 이스라엘 백성 개개인의 소유가 아니라 하나님의 소유이기 때문이다. 그러나 그들은 저당잡은 토지의 권리를 자신의 자녀에게 양도하였다.

이스라엘 백성은 여호수아에 의해 그들의 조상에게 공평하게 분배된 땅 외에는 이웃의 부동산 단 한 평이라도 자신들의 명의로 그 어떤 경우에도 절대로 등기해서는 안 된다. 그러나 하나님께서 이스라엘 공동체에게 명령하신 이 희년법은 욕심 많은 이스라엘 백성 가운데서 절대로 지켜질 수 없었다. 그것은 이 법을 지키기 위해서는 돈을 사랑하는 탐욕을 눈곱만큼도 가져서는 안 되기 때문이다.

모세 선지자가 시내 산에서 하나님의 율법을 이스라엘 백성에게 전달한 이후, 하나님의 심판으로 예루살렘이 바벨론 왕 느부갓넷살에 의해 불바다가 되고 예루살렘의 모든 거민이 바벨론으로 포로 되어 가기까지 약 천 년의 시간 동안 이스라엘 공동체 안에서 가진 자는 저당 잡은 땅을 원소유주에게 돌려주지 않고 자신의 자녀에게 상속함으로 부익부 빈익빈 현상이 더욱더 심화하여 갔다.

하나님께서는 천 년의 시간 동안 당신의 종 선지자들을 예루살렘에 파송하셔서 희년법이 지향하는 율법의 궁극적 사랑의 절대적 가치를 실현할 것을 촉구하였지만, 천 년의 시간 동안 이웃의 토지를 단 한 평이라도 자신의 것으로 소유했던 모든 이스라엘 백성은 하나님의 종 선지자들을 돌로 쳤다.

그들은 성전을 출입하며 자신들의 토지와 외양간과 우리에 하나님께서 만복을 내려 주시기를 기원하며 열심히 종교제의에는 열중했지만, 선행과 공의, 곧 희년법의 절대적 가치를 실천하지는 않았다. 그들이 비록 자신의 소유로 만든 토지와 목초지에서 수확한 소산과 가축에 대해 철저한 십일조도 하고 철저한 감사헌금도 하였지만, 희년법의 실현을 목적지로 이스라엘 공동체 가운데서 핍절한 형제가 없도록 하기까지의 재산 손실은 감당하려 하지 않았다.

율법의 최후의 목적지인 희년법을 지켜 행하기 위해서는 그들이 일평생 드렸던 십일조헌금과 감사헌금과는 비교도 되지 않을 정도로 더 많은 물질의 헌신, 곧 욕심을 버리는 것이 필요했다.

결국, 그들은 하나님 앞에 자신들의 소득에서 십일조와 감사헌금도 열심히 했지만, 그와 같은 헌금의 규모와는 비교도 할 수 없을 정도로 많은 물질을 헌신하여 공동체 가운데서 핍절한 자가 없도록 하기까지의 크고도 높은 사랑의 율법을 지켜 행하지 않았던 것이다. 그러나 초대교회는 성령 충만을 받고 율법의 완성인 예수 그리스도의 사랑의 계명(요

14:15, 21; 15:10~12)을 지켜 행하기 위해 지기 재물을 자기 것이라 하지 않고 밭과 집을 팔아 핍절한 형제를 구제했다. 바로 그들의 삶 속에서 율법은 폐하여지지 않고 완전해졌다.

하나님께서는 율법이 지향하는 철저한 사랑의 삶이 없는 이스라엘 백성의 뜨거운 종교 제의를 거부하셨다. 그래서 선지자들은 먼 훗날 이스라엘 백성의 죄와 허물을 책망하면서 그들이 비록 밭농사 목축업의 풍요와 번영에 사로잡혀 열심히 종교 제의에 열중하고 있지만, 오히려 그들이 드리는 제사가 하나님을 피곤하게 하고 하나님께 역겨움이 된다고 경고하였다.

이사야와 아모스 두 선지자는 기원전 8세기 경 구속의 역사에 등장해서 하나님으로부터 이스라엘 백성에게 율법이 주어진 이후 약 7백 년의 시간 동안 희년법을 지켜 행하지 않음으로 한 평, 한 평씩 이웃의 토지를 탐내고 취득하여 가옥에 가옥을 연하며 전토에 전토를 더해서(사 5:8) 재산을 증식해 왔던 사람들, 그러면서도 뜨거운 종교 제의에 함몰되어 부지런히 성전을 출입하는 이스라엘 백성을 살인자들로 정죄하며 선행과 공의를 행할 것을 촉구했고 공법을 물 같이 정의를 하수같이 흘릴 것을 촉구했다.

"너희 소돔의 관원들아 여호와의 말씀을 들을지어다 너희 고모라의 백성아 우리 하나님의 법에 귀를 기울일지어다 여호와께서 말씀하시되 너희의 무수한 제물이 내게 무엇이 유익하뇨 나는 숫양의 번제와 살진 짐승의 기름에 배불렀고 나는 수송아지나 어린 양이나 숫염소의 피를 기뻐하지 아니하노라 너희가 내 앞에 보이러 오니 그것을 누가 너희에게 요구하였느뇨 내 마당만 밟을 뿐이니라 헛된 제물을 다시 가져오지 말라 분향은 나의 가증히 여기는 바요 월삭과 안식일과 대회로 모이는 것도 그러하니 성회와 아울러 악을 행하는 것을 내가 견디지 못하겠노라 내 마음이 너희의 월삭과 정한 절기를 싫어하나니 그것이 내게 무거운 짐이라 내가 지기에 곤비하였느니라 너희가 손을 펼 때에 내가 눈을 가리우고 너희가 많이 기도할지라도 내가 듣지 아니하리니 이는 너희의 손에 피가 가득함이니라 너희는 스스로 씻으며 스스로 깨끗케 하여 내 목전에서 너희 악업을 버리며 악행을 그치고 선행을 배우며 공의를 구하며 학대받는 자를 도와주며 고아를 위하여 신원하며 과부를 위하여 변호하라 하셨느니라"(사 1:10~17)

"내가 너희 절기를 미워하여 멸시하며 너희 성회들을 기뻐하지 아니하나니 너희가 내게 번제나 소제를 드릴지라도 내가 받지 아니할 것이요 너희 살진 희생의 화목제도 내가 돌아보지 아니하리라 네 노랫소리를 내 앞에서 그칠지어다 네 비파 소리도 내가 듣지 아니하리라 오직 공법을 물같이, 정의를 하수같이 흘릴지로다"(암 5:21~24)

성전을 출입하는 이스라엘 백성 대부분은 조상 때로부터 이웃의 지계표를 최소한 한 평 이상씩은 다 옮기고 자기들의 소유로 만들어 하나님의 영원한 율법을 범하고 있었다. 그들은 경제적으로 어느 정도 넉넉한 삶을 살고 있었다. 그러나 그들이 이 세상 가운데서 소유하였던 어느 정도의 부는 이웃의 지계표를 옮김으로, 즉 하나님의 법을 어김으로 가지게 된 것이었다. 그들은 자신을 가리켜 여호와께 복을 받은 사람이라고 생각하였겠지만, 실상은 하나님으로부터 저주받을 사람의 후예들이었다.

하나님의 율법의 명령을 지켜 행하지 않고 이웃의 지계표를 옮긴 사람들이 부를 축적한 결과, 땅을 빼앗긴 대다수의 이스라엘 백성은 가난에 허덕이며 굶주려 갔다. 이웃의 지계표를 옮긴 그들이 비록 밭농사와 목축업의 풍요와 번영을 갈망하며 성전에서 뜨거운 종교 제의에 열중했지만, 그들의 탐욕은 결과적으로 이스라엘 공동체 안의 지극히 작은 자들을 살인하는 결과를 초래하였다.

고대 사람들이 재산을 증식할 유일한 기회는 저당 잡은 땅을 자신의 소유로 만드는 방법 외에는 없었다. 구약 이스라엘 백성은 비록 하나님의 명령대로 희년법을 지켜야 했지만, 유일한 재산 증식의 수단인 저당 잡은 땅을 채무를 상환하지 않았다는 사회적 기준에서의 합법적인 이유를 핑계로 원소유주에게 돌려주지 않았다.

당연히 사회법 기준에서 채무를 상환받지 못한 저당 잡은 땅을 돌려주지 않는 것은 죄가 되지 않는다. 그러나 이스라엘 백성은 구원받은 하나님의 백성으로서 근원적인 소유욕을 못 박고 희년을 지켜 행할 것을 하나님으로부터 요구받은 이상, 그 어떤 경우에도 저당 잡은 땅을 자신의 가족에게 양도해서는 안 되고 반드시 원소유주에게 돌려주어야 한다.

희년법을 통해서 하나님께서는 이스라엘 공동체의 평등을 실현하고자 하셨다. 하나님께서 광야1세대에게 40년 동안 공평하게 만나만을 먹이셨던 목적은 이스라엘 백성으로 하여금 육신의 떡을 위해서 살지 않고 하나님의 말씀대로 지켜 행하는 삶을 살게 하기 위함이었다.

"네 하나님 여호와께서 이 사십 년 동안에 너로 광야의 길을 걷게 하신 것을 기억하라 이는 너를 낮추시며 너를 시험하사 네 마음이 어떠한지 그 명령을 지키는지 아니 지키는지 알려 하심이라 너를 낮추시며 너로 주리게 하시며 또 너도 알지 못하며 네 열조도 알지 못하던 만나를 네게 먹이신 것은 사람이 떡으로만 사는 것이 아니요 여호와의 입에서 나오는 모든 말씀으로 사는 줄을 너로 알게 하려 하심이니라 이 사십 년 동안에 네 의복이 해어지지 아니하였고 네 발이 부르트지 아니하였느니라"(신 8:2~4)

이처럼 광야1세대는 40년 동안 기적의 양식인 만나를 먹으면서 하나님께서 허락하신 땅에서의 삶을 세상 사람처럼 개인 소유의 재산증식을 위해서 살지 말고, 일용할 양식 이외의 것을 하나님의 뜻대로 형제 공동체와 함께 나누는 율법의 본질인 지고한 사랑의 가치를 실현하기 위해 살아야 함을 교육받았다.

광야1세대는 40년 동안 하나님께서 베푸시는 기적의 양식인 만나를 먹으면서 철저하게 일용할 양식으로 자족하는 사는 삶을 살아야 했다. 그래서 그들 내면에 있는 소유 본능이라는 탐욕을 철저히 억제해야 했다. 그럴 때, 그들은 하나님의 약속하신 땅에서 하나님의 명령대로 철저한 나눔의 형제 사랑을 실천할 수 있었던 것이다. 그러므로 하나님께서는 희년법을 통해 이스라엘 공동체 내에서 율법의 궁극적인 목적인 사랑을 구현하고자 하셨다.

율법은 이웃의 물건을 탐내지 말고 도적질하지 말라고 명령하고 있다(출 20:15, 17). 이웃의 지계표를 옮긴 결과로 부를 축적해온 자들이 비록 이웃집의 가축과 물건을 도적질한 것은 아니지만, 하나님의 법 아래서 그들은 옮기지 말아야 할 이웃의 지계표를 옮겼기 때문에 이웃의 땅을 도둑질한 가장 큰 도둑들이었다. 그래서 예레미야 선지자는 성전을 출입하는 자들에게 이곳은 너희에게 구원을 주는 곳이 아니라, 너희로 말미암아 하나님의 전이 도적의 굴혈이 되었다고 정죄하며, 그들을 살인자와 도둑질한 자라고 책망하며 심판을 경고하였다.

"너희가 무익한 거짓말을 의뢰하는도다 너희가 도적질하며 살인하며 간음하며 거짓 맹세하며 바알에게 분향하며 너희의 알지 못하는 다른 신들을 좇으면서 내 이름으로 일컬음을 받는 이 집에 들어와서 내 앞에 서서 말하기를 우리가 구원을 얻었나이다 하느냐 이는 이 모든 가증한 일을 행하려 함이로다 내 이름으로 일컬음을 받는 이 집이 너희 눈에는 도적의 굴혈로 보이느냐 보라 나 곧 내가 그것을 보았노라 여호와의 말이니라 너희는 내가 처음으로 내 이름을 둔 처소 실로에 가서 내 백성 이스라엘의 악을 인하여 내가 어떻게 행한 것을 보라 나 여호와가 말하노라 이제 너희가 그 모든 일을 행하였으며 내가 너희에게 말하되 새벽부터 부지런히 말하여도 듣지 아니하였고 너희를 불러도 대답지 아니하였느니라 그러므로 내가 실로에 행함같이 너희가 의뢰하는바 내 이름으로 일컬음을 받는 이 집 곧 너희와 너희 열조에게 준 이곳에 행하겠고 내가 너희 모든 형제 곧 에브라임 온 자손을 쫓아냄같이 내 앞에서 너희를 쫓아내리라 하셨다 할지니라"(렘 7:8~15)

성전을 빈번하게 출입하는 다소 넉넉한 사람들치고 시내산에서 하나님의 율법이 주어진 이래로부터 예레미야 선지자가 활동하던 시기까지 천 년이 흐르는 동안 이웃의 지계표를 단 한 평이라도 옮기지 않은 사람을 찾아보기 힘들었다.

"너희는 예루살렘 거리로 빨리 왕래하며 그 넓은 거리에서 찾아보고 알라 너희가 만일 공의를 행하며 진리를 구하는 자를 한 사람이라도 찾으면 내가 이 성을 사하리라"(렘 5:1)

그럼에도 극소수의 선지자를 제외한 거짓 선지자는 예루살렘 성읍 거리를 활보하며 성전을 출입하는 이스라엘 백성에게 아브라함 자손은 무조건 구원받고 기도하면 무조건 승리하고 기도하면 무조건 꿈꾼 대로 만복을 받는다고 평강타령을 하고 다녔다. 그러나 하나님의 율법의 말씀으로 이스라엘 백성의 심령을 꿰뚫어 본 예레미야 선지자는 그들의 밭농사와 목축업에 풍요와 번영을 절대로 축복해 줄 수 없었다. 이유는 그들 모두가 조상 때로부터 이웃의 지계표를 단 한 평이라도 옮긴 도적의 후예였기 때문이다.

오늘 교회 안에도 뜨겁게 "주여! 주여!" 하는 많은 사람이 자신들이 소유하고 있는 물질적 부요와 사회적 형통을 하나님으로부터 받은 복이라고 자랑하며 예배당을 빈번하게 출입한다. 그들은 비록 하나님 앞에 제법 많은 헌물을 드리는 사람들이지만, 그들의 삶을 예수 그리스도께서 명하신 제자도 명령(눅 14:26~27, 33)을 잣대로 측량해 보면 예외 없이 그들 모두는 자신이 소유하고 있는 주인의 것, 곧 하나님의 것을 하나님의 뜻대로 온전하게 사용하지 않고 자기 처자의 평안과 소유의 증식을 위해 사용하는 불의한 청지기들이다.

불의한 청지기는 주인의 것, 곧 하나님의 것을 임의로 유용한 가장 큰 도둑이다. 오늘 우리가 "주여! 주여!" 하면서도 도둑이 되는 이유는 이웃집의 물건을 탐내고 훔쳐서가 아니라, 일평생 내게 있는 모든 것을 하나님께 드린다고 찬송하면서도 내게 있는 하나님의 모든 것을 하나님의 뜻대로 사용하지 않기 때문이다.

이스라엘 백성이 저당 잡은 땅을 원금 한 푼 이자 한 푼을 받지 못해도 자신이 죽기 전에는 반드시 원소유주에게 돌려주고 자기 자녀에게 양도하지 말아야 하듯이 우리도 내게 있는 모든 것이 하나님의 것임을 고백하고 찬송을 부른 이상, 살아 있는 동안 내게 있는 소유를 하나님의 뜻대로 사용하기 위해 최선을 다해야 한다. 그러므로 우리가 아들딸 손자 손녀 아파트까지 장만해 주기 위해 죽도록 부동산 증식에 몰두함은 하나님 앞에 큰 죄가 된다.

광야1세대가 40년 동안 일용할 양식의 은혜인 만나를 오직 기뻐하고 감사해야 했듯이, 기업의 땅, 가나안을 소유한 이스라엘 백성이 일평생 조상 때로부터 물려받은 땅 외에는 이웃에게 속한 단 한 평의 땅도 소유하지 말아야 했듯이, 하나님의 나라를 소유한 구원받은 교회는 먹을 것과 입을 것이 있은즉 족한 줄 알아야 하는 삶의 경계를 넘어서 부하려 해서는 안 된다.

> "그러나 지족하는 마음이 있으면 경건이 큰 이익이 되느니라 우리가 세상에 아무것도 가지고 온 것이 없으매 또한 아무것도 가지고 가지 못하리니 우리가 먹을 것과 입을 것이 있은즉 족한 줄로 알 것이니라 부하려 하는 자들은 시험과 올무와 여러 가지 어리석고 해로운 정욕에 떨어지나니

곧 사람으로 침륜과 멸망에 빠지게 하는 것이라"(딤전 6:6~9)

오늘 우리가 경험하는 대부분의 고난 문제는 자족의 은혜를 잊어버리고 탐욕을 좇아 하나님과 원수 된 이 세상의 정욕과 자랑(요일 2:15~17)을 조금이라도 추구하기 때문이다. 예수 그리스도의 십자가 공로로 구원받아 가장 큰 신령한 복(엡 1:4)을 받은 교회는 영생이라는 가장 값진 진주를 영원히 소유하기 위해 이 땅에 보이는 모든 소유를 처분해야 한다.

우리는 구원이라는 가장 큰 복을 받았기 때문에 40년간 광야를 걸어갔던 광야1세대처럼 비록 일용할 양식만으로 이 땅을 살아간다 할지라도 가장 큰 부자이다. 그러므로 우리가 자족의 부요를 충만하게 소유한다면 이 땅의 소유와 관련된 고난의 문제를 바람처럼 자유롭게 비켜갈 수 있다. 구원받은 교회에게 어떻게 이 땅에서 남들보다 더 소유하고 싶은 꿈이 있을 수 있겠으며, 소원이 있을 수 있겠는가?

야베스가 소유하고자 꿈꾸었던 기업의 땅은, 죄악을 상징하는 가나안 부족과 피 흘리기까지 싸워서 차지해야 하는 약속의 땅 가나안이었다. 오늘 구원받은 교회는 그 옛날 야베스가 차지하고자 했던 기업의 땅 가나안보다도 더 크고 광대한 기업의 땅, 곧 하나님의 나라를 소유하기 위해 무겁고 얽매이기 쉬운 죄를 벗어버리고 죄와 피 흘리기까지 싸워야 한다(히 12:1, 4). 그것은 우리가 받은 하나님의 구원, 곧 하나님의 나라는 의의 나라이기 때문이다.

야베스가 축복받은 지경을 이 땅의 탐욕과 관련한 사업장 평수 터와 아파트 평수 터로 이해해서는 안 된다. 구원받은 교회가 소유해야 하는 가장 큰 부요는 이 땅에서의 물질과 성취의 열매가 아니라, 성령의 열매이다. 그러므로 구원받은 교회는 가장 많은 성령의 열매를 결실함으로 가장 크고 복 된 기업의 지경을 소유한 참된 부자가 된다. 성령의 열매 맺는 삶이 바로 우리가 고난의 터널 가운데서도 꿈꾸어야 하는 야베스의 지경이다.

초대교회 성도들은 자신의 집과 밭을 팔아 아낌없이 공동체의 사랑을 완전하게 구현했다. 그러나 오늘 우리는 말로는 내게 있는 밭과 집이 하나님의 것이라고 지껄거리면서도 이 땅에서 한 평이라도 더 넓은 밭과 더 큰 집을 소유하기 위해 혈안이 되어 있다. 그것이 심지어는 야베스의 꿈이 되고, 야베스의 기도가 되었다.

모든 소유를 버리기까지 주를 좇아야 하는 제자는 결단코 이 땅에 속한 소유의 증식에 한눈팔 수 없다. 그러므로 자신에게 있는 다소간의 경제적 여유를 가지고 이 땅에서 더 좋은 것, 더 큰 것, 더 높은 것을 추구하며 살아서는 안 된다.

그 옛날 하나님의 도성이라 일컬음 받았던 예루살렘 성읍, 하나님께서 거하시는 거룩한 보좌로 일컬음 받았던 예루살렘 성전, 바로 그곳에서 하나님의 율법의 기준에서는 살인자요 도적질한 자들이 성전을 출입하며 뜨거운 종교 제의에 열중했다. 그럼에도 하나님으로부터 보냄을 받았던 극소수의 선지자 외에 모든 거짓 선지자들은 그들을 향해 조상 때로부터 조금씩 소유해 온 이웃의 토지를 돌려주고 선행과 공의를 행하며 공법을 물같이 정의를 하수같이 흘리라고 가르치기는커녕, 오로지 이 땅의 만복과 형통을 빌어주기에 여념이 없었다. 이들에 의해 시온은 피로 예루살렘은 죄악으로 건축되었다(미 3:10).

오늘날에도 예배당을 출입하며 뜨겁게 "주여! 주여!" 하는 우리는 비록 구약 이스라엘 백성처럼 다소간의 십일조헌금과 감사헌금과 절기헌금은 드리지만 내게 있는 소유를 일평생 하나님의 것이라고 두 손 들고 찬양하면서도 하나님의 뜻대로 온전하게 사용하지는 않는다. 그러므로 우리는 불의한 청지기들이며 그런 의미에서 하나님의 것을 도둑질한 간 큰 도둑이다.

오늘 우리는 내게 있는 주인의 것으로 지극히 작은 자 하나에까지 미칠 정도로 사랑을 물같이 흘리지 않고 하수같이 흘리지 않아서 목숨 버리신 예수 그리스도의 사랑의 계명 앞에 결과적으로 살인자들이다(요일 3:16~18). 그럼에도 많은 평강 타령하는 거짓 목자들은 모든 소유를 버리기까지 주를 따르라 명하지 않고 오로지 만복 타령하기에 여념이 없다. 이들이 흘려보내는 음행의 포도주로 말미암아 교회는 철저한 제자도의 길을 외면하고 세속의 꿈에 젖어 있다. 복 타령하는 거짓 선지자들에 의해 예수 그리스도의 신부 된 교회가 멸망할 복술의 도성 큰 성 바벨론으로 지어져 가고 있다(엡 2:20~22; 계 17:1, 5, 18; 18:2~3, 23).

구약의 부자는 기업의 땅 가나안에서 풍성한 곡식을 수확하는 사람이지만, 신약의 부자는 성령을 통해 소유한 하나님의 나라에서 풍성한 의의 열매를 결실하는 사람이다.

이제 우리 교회는, 야베스가 가나안 부족과의 치열한 전투를 통해 소유하고자 했던 기업의 땅 가나안의 궁극적 실체인 하나님 나라를 소유하기 위해 정과 욕심을 십자가에 못 박는 죄와의 싸움을 통해 성화를 이룸으로 하나님께서 영원히 거하실 처소, 곧 거룩한 성 새 예루살렘으로 지어져 가자(엡 2:20~22; 계 21:1~2, 22).

13 '긍정의 힘'은 의인을 살리는 믿음이 아니다

 기업의 신입사원 교육장에서 교육을 맡은 강사의 노트에는 처음부터 끝까지 긍정이라는 단어가 등장한다. 그러나 하나님의 특별 계시인 성경에는 긍정의 사고와 긍정의 입술이라는 단어가 없다. 그런데 하나님의 특별계시인 성경을 이해하고 해석하고 전달하는 교회의 선생들은 하나님의 말씀을 전한다 하면서 오히려 보험 영업소 자동차 영업소 다단계 영업소 교육강사들의 강의 노트에 등장하는 긍정이라는 말을 자신들이 전달하는 하나님 말씀의 주제로 사용한다. 그 결과, 오늘 교회는 "할 수 있다"는 긍정의 자신감을 믿음이라고 배우고 있다.
 한때 재계의 거목이었던 김우중 대우그룹 회장은 "세상은 넓고 할 일은 많다"며 전 세계를 왕래하였다. 그리고 지금은 고인이 된 정주영 현대그룹 회장은 "시련은 있어도 실패는 없다"며 자신의 꿈을 성취했다. 오래전 유럽대륙을 정벌하였던 나폴레옹은 "내 사전에 불가능은 없다"며 알프스를 넘었다. 이들의 구호 속에서 공통으로 발견되는 정신은 긍정의 자신감이다.

오늘 교회는 긍정의 자신감을 믿음이라고 생각한다. 과연 긍정의 자신감이 성경에서 죄인을 의롭게 하고 죄인을 구원하는 바로 그 믿음인가? 사도 바울은 오직 의인은 믿음으로 말미암아 산다고 하였다.

> "복음에는 하나님의 의가 나타나서 믿음으로 믿음에 이르게 하나니 기록된바 오직 의인은 믿음으로 말미암아 살리라 함과 같으니라"(롬 1:17)

긍정의 자신감은 인생의 꿈, 그리고 그 꿈의 성취와 관련 있지만, 사도 바울이 말한 믿음은 죄인 구원과 관련 있다.

세상을 사는 방법을 우리는 처세술이라고 한다. 그러나 천국을 가는 길은 자기부인의 십자가 길이다. 인생의 부요와 성공을 위해서는 자기 인생 미래의 청사진이 중요하지만, 천국을 가기 위해서는 오늘 이 시간 내가 '죽는 것'이 중요하다. 그러므로 사도 바울은 "나는 날마다 꿈을 꾼다."고 말하지 않고 "나는 날마다 죽노라."고 말하였다.

주님께서 약속하신 참된 영광의 길은 한 알의 밀이 땅에 떨어져 죽는 길이다.

"예수께서 대답하여 가라사대 인자의 영광을 얻을 때가 왔도다 내가 진실로 진실로 너희에게 이르노니 한 알의 밀이 땅에 떨어져 죽지 아니하면 한 알 그대로 있고 죽으면 많은 열매를 맺느니라 자기 생명을 사랑하는 자는 잃어버릴 것이요 이 세상에서 자기 생명을 미워하는 자는 영생하도록 보존하리라"(요 12:23~25)

하나님의 말씀인 성경은 우리 인간이 전적으로 타락하고 부패했기 때문에 우리에게서는 어떤 선한 행위도 기대할 수 없는 무능한 존재라고 선언하고 있다. 그러므로 우리의 의지나 말의 힘으로 인생의 미래를 선한 방향으로 변화시킬 수 있다고 말하는 것은 성경이 말씀하는 인간론적 관점에서 배제되어야 할 가르침이다.

천국을 가기 위해서는 '나에게 적극적이고 긍정적인 사고방식이 있는가? 없는가?' 가 중요한 것이 아니라 '나에게 처음 사랑의 행위가 있는가?', '나에게 행위의 온전한 것이 있는가?', '나의 신앙이 차지도 덥지도 않은 미지근한 신앙은 아닌가?' 를 살펴보는 것이 중요하다(계 2:4~5; 3:1~2, 15~16).

신앙의 기준을 가난과 부요, 실패와 성공의 관점에서 살펴볼 것이 아니라 '하나님의 말씀대로 살고 있는지 없는지'의 관점에서 살펴보아야 하고, '하나님의 말씀대로 회개에 합당한 열매를 맺고 있는지 없는지'를 중심으로 살펴보아야 한다. 결국, 우리 그리스도인은 인생의 문제에 집중할 것이 아니라 구원의 문제에 집중해야 한다.

기독교 출판계의 베스트셀러, 조엘 오스틴의 『긍정의 힘』은 기독교인 외에 타 종교인, 심지어는 적자생존의 인생 법칙 속에서 오늘도 허덕이며 살아가는 모든 사람에게 청량제와 같은 효과를 제공하고 있다. 그래서 널리 읽히는 인생의 지침서가 되었고, 복음 전도용으로 많이 사랑받는 책이 되었다. 이에 비교하여 천국의 비밀은 어떠한가?

주님께서는 천국의 비밀을 아는 것이 '너희에게만 허락'되었다고 말씀하셨다.

"귀 있는 자는 들으라 하시니라 제자들이 예수께 나아와 가로되 어찌하여 저희에게 비유로 말씀하시나이까 대답하여 가라사대 천국의 비밀을 아는 것이 너희에게는 허락되었으나 저희에게는 아니 되었나니 무릇 있는 자는 받아 넉넉하게 되되 무릇 없는 자는 그 있는 것도 빼앗기리라"(마 13:9~12)

이처럼 진리의 말씀은 어떤 이들에게는 감추어 졌고, 어떤 이들에게는 허락되었다. 그런데 하나님을 알지 못하는 세상 사람들조차 '긍정의 힘'이라는 책의 표지만 보고도 책의 교훈이 무엇인가를 얼마든지 짐작하고 예상할 수 있다. 그렇다면 과연 긍정의 힘에서 말하고 가르치는 교훈이 절대 진리가 될 수 있겠는가? 결코 아니다. 긍정의 힘은 사람의 계명과 교훈에 불과하다.

"주께서 가라사대 이 백성이 입으로는 나를 가까이하며 입술로는 나를 존경하나 그 마음은 내게서 멀리 떠났나니 그들이 나를 경외함은 사람의 계명으로 가르침을 받았을 뿐이라"(사 29:13)

많은 사람이 긍정의 힘이 가르치는 대로 신앙하고 있지만, 하나님 말씀의 갈대로 척량해 볼 때에(계 11:1) 그들의 신앙은 입으로만 하나님을 가까이하고 입술로만 하나님을 존경한 것 외에 아무것도 아니다. 그러므로 '긍정의 힘'으로 성공을 꿈꾸는 신앙인은 과연 내가 자기를 부인하는 십자가를 지고 죽기까지 하나님에게 헌신하고 하나님을 사랑할 수 있을 것인가에 대해서 자신을 척량해 보아야 한다.

하나님께서 보고자 하시는 신앙의 열매는 긍정의 힘을 통한 부요와 성공의 열매가 아니라, 자기부인의 십자가를 지고 죽기까지 헌신하는 충성의 열매이다.

물론 성공을 꿈꾸는 많은 신앙인이 헌신을 결심하며 서원을 한다. 그래서 자신의 성공한 지위와 부富가 발산하는 영향력을 통해 하나님의 복음 사역을 위해서 헌신하고, 많은 사람을 교회에 불러 모으겠다고 서원한다. 그러나 하나님께서 가장 기뻐하시는 헌금은 부자 되고 성공한 사람의 많은 십일조가 아니라 과부의 두 렙돈이다.

교회 역사상 가장 폭발적인 전도는 이 세상 성공이 발하는 영향력의 빛으로 이루어진 것이 아니라 가난한 자들의 사랑과 선행의 빛으로 이루어졌다.

"믿는 사람이 다 함께 있어 모든 물건을 서로 통용하고 또 재산과 소유를 팔아 각 사람의 필요를 따라 나눠 주고 날마다 마음을 같이 하여 성전에 모이기를 힘쓰고 집에서 떡을 떼며 기쁨과 순전한 마음으로 음식을 먹고 하나님을 찬미하며 또 온 백성에게 칭송을 받으니 주께서 구원받는 사람을 날마다 더하게 하시니라"(행 2:44~47)

우리 그리스도인이 배워야 할 교훈은 내 것을 내 것이라 하지 않을 수 있는 청지기의 본분과 사랑의 능력이다. 청지기의 본분을 실천하고 사랑의 빛을 발산하기 위해서는 내 것에 대한 자기부인의 십자가가 필요하다. '긍정의 힘'으로 조금 더 벌고 조금 더 성공해서 좋은 일을 하겠다는 것은 자기 욕심의 또 다른 포장이다. 여기서 우리는 바다와 육지를 두루 다녀 교인 한 명을 전도하고도 그들을 자신들보다 배나 더 지옥 자식이 되게 한다고 주님께 책망받았던 서기관들과 바리새인들의 경우를 기억해야 한다(마 23:15).

각 지파 중에서 족장된 한 사람씩을 택하여 가나안 땅을 탐지하라고 하나님께서 모세에게 명령하셨다(민 13:2). 그래서 여호수아와 갈렙을 포함한 열두 명의 정탐꾼이 미지의 땅 가나안을 향해 정탐을 떠났다. 그리고 그들이 가나안 땅을 정탐하고 돌아와서 이스라엘 회중 앞에서 가나안 땅에 대해 보고했을 때, 이스라엘 민족 한 세대의 운명이 결정되었다.

여호수아와 갈렙을 제외한 열 명의 정탐꾼의 보고는 이스라엘 백성을 절망하게 했다.

"당신이 우리를 보낸 땅에 간즉 과연 젖과 꿀이 그 땅에 흐르고 이것은 그 땅의 실과니이다 그러나 그 땅 거민은 강하고 성읍은 견고하고 심히 클 뿐 아니라 거기서 아낙 자손을 보았으며 아말렉인은 남방 땅에 거하고 헷인과 여부스

인과 아모리인은 산지에 거하고 가나안인은 해변과 요단 가에 거하더이다 그와 함께 올라갔던 사람들은 가로되 우리는 능히 올라가서 그 백성을 치지 못하리라 그들은 우리보다 강하니라 하고 이스라엘 자손 앞에서 그 탐지한 땅을 악평하여 가로되 우리가 두루 다니며 탐지한 땅은 그 거민을 삼키는 땅이요 거기서 본 모든 백성은 신장이 장대한 자들이며 거기서 또 네피림 후손 아낙 자손 대장부들을 보았나니 우리는 스스로 보기에도 메뚜기 같으니 그들의 보기에도 그와 같았을 것이니라"(민 13:27~33)

이에 반해 여호수아와 갈렙은 정탐꾼의 보고를 듣고 절망하며 울부짖는 백성 앞에서 담대한 신앙을 고백하였다.

"그 땅을 탐지한 자 중 눈의 아들 여호수아와 여분네의 아들 갈렙이 그 옷을 찢고 이스라엘 자손의 온 회중에 일러 가로되 우리가 두루 다니며 탐지한 땅은 심히 아름다운 땅이라 여호와께서 우리를 기뻐하시면 우리를 그 땅으로 인도하여 들이시고 그 땅을 우리에게 주시리라 이는 과연 젖과 꿀이 흐르는 땅이니라 오직 여호와를 거역하지 말라 또 그들은 우리 밥이라 그들의 보호자는 그들에게서 떠났고 여호와는 우리와 함께 하시느니라 그들을 두려워 말라 하

나"(민 14:6~9)

하나님께서는 열 명의 정탐꾼이 하는 비관적 보고를 듣고 절망한 이스라엘을 향해 단호하게 가데스 바네아에서 다시 광야로 들어갈 것을 명령하셨고, 그들에게 결단코 가나안을 허락하지 않으시겠다고 맹세하셨다.

"나의 영광과 애굽과 광야에서 행한 나의 이적을 보고도 이같이 열 번이나 나를 시험하고 내 목소리를 청종치 아니한 그 사람들은 내가 그 조상들에게 맹세한 땅을 결단코 보지 못할 것이요 또 나를 멸시하는 사람은 하나라도 그것을 보지 못하리라"(민 14:22~23)

오늘날 많은 목회자가 이 사건을 통해 '긍정의 힘'을 호소한다. 그러면서 여호수아와 갈렙을 제외한 열 명의 정탐꾼이 가졌던 비관적 생각을 예로 들면서 부정적으로 생각하면 '매사에 일이 잘 안 된다.'라고 설교한다. 지금 교회 안에 긍정적으로 생각하고 긍정적 입술로 시인해야 꿈을 이루고 형통할 수 있다는 기가 막힌 가르침들이 만연해 있다.

여기서 명심해야 할 것은 하나님께서 주신 약속의 말씀을 믿고 신뢰하고 순종하는 것과 자신이 스스로 소원의 내용을

정하고, 그 소원이 이루어질 것이라고 긍정적으로 생각하고 긍정적 입술로 시인하는 것은 그 차원이 다르다는 것이다. 믿음은 하나님께서 주신 약속을 신앙하는 것이지 자기 소원을 입술로 시인하는 염불이 아니다.

약속의 땅 가나안은 그들의 조상 아브라함과 이삭과 야곱 때로부터 하나님께서 주시겠다고 약속하셨던 것이지, 하나님의 약속과 상관없이 이스라엘 백성 스스로 "하나님! 가나안 땅을 가지고 싶으니 그 땅을 우리에게 주실 줄 믿습니다."라고 했던 땅이 아니다. 그러므로 오늘날 내가 꿈꾸고 있는 부요와 성공이 하나님께서 주신 약속의 말씀인지, 아니면 내가 소원하는 것을 두고 "주실 줄 믿습니다."라고 생떼를 쓰는 것인지 깊이 생각해 보아야 한다.

내가 살고 싶은 좋은 별장, 내가 가지고 싶은 좋은 자동차, 내가 결혼하고 싶은 좋은 배필, 내가 들어가고 싶은 좋은 대학과 직장 등등이 과연 하나님께서 성경 속에서 믿음의 선진들에게 주셨던 약속들인가? 아니면 내 마음의 소원들인가? 신약 성경 어디에도 물질을 주고, 성공을 준다는 약속의 말씀은 없다. 오히려 신약 성경은 우리가 하나님께 택함을 받아 사랑받은 것의 증거로 고난이 있을 것이라고 예언하고 있다.

"너희가 세상에 속하였으면 세상이 자기의 것을 사랑할 터이나 너희는 세상에 속한 자가 아니요 도리어 세상에서 나의 택함을 입은 자인 고로 세상이 너희를 미워하느니라" (요 15:19)

참된 믿음의 사람은 "긍정으로 생각하고 입술로 시인한 마음의 꿈은 이루어진다."고 말하는 사람이 아니라, 극한 고난과 핍절 가운데서도 다음과 같이 말하는 사람이다.

"무명한 자 같으나 유명한 자요 죽는 자 같으나 보라 우리가 살고 징계를 받는 자 같으나 죽임을 당하지 아니하고 근심하는 자 같으나 항상 기뻐하고 가난한 자 같으나 많은 사람을 부요하게 하고 아무것도 없는 자 같으나 모든 것을 가진 자로다"(고후 6:9~10)

결국, 참된 믿음의 사람은 유명한 자가 되고 부자가 되어 많은 사람에게 영향력을 끼치는 사람이 아니라 무명하며 아무것도 가진 것이 없는 절망적 고난과 가난 속에서도 많은 사람을 예수 그리스도의 사랑으로 부요하게 하는 사람이다.

주님께서 우리 그리스도인에게 요구하시는 긍정적인 생각은 보이지 않는 영원하고도 중한 영광의 소망인 영생을 바라보며 생명수가 흐르는 약속된 천국의 소망을 부여잡고, 고난과 핍박으로 매일 도살할 양같이 여김을 받는 것과 같은 절박한 삶 속에서도(롬 8:35~36) 천국의 영생 소망을 잃지 않고 고난과 핍박을 이길 수 있다는 믿음의 담대함이지(롬 8:37), 이 땅에서 잠시 잠깐의 부와 성공에 불과한 인생의 꿈을 이룰 수 있다는 신념이 아니다.

고난과 핍박 가운데서도 하나님께서 믿는 자에게 약속하신 천국 영생의 소망을 긍정적으로 신앙하는 그리스도인들은 오늘 이 시간도 무너질 육체의 장막집을 건설하기 위해 향방 없는 허공을 치는 싸움을 하는 것이 아니라 의와 경건과 믿음과 사랑과 인내와 온유를 이루기 위한 믿음의 선한 싸움을 싸워나가야 한다(딤전 6:11~12).

하나님께서 아브라함을 부르셔서 밤하늘의 뭇 별을 바라보게 하셨다. 그리고 그와 그의 자손에게 보이는 가나안 땅을 주실 것을 약속하셨다.

"롯이 아브람을 떠난 후에 여호와께서 아브람에게 이르시되 너는 눈을 들어 너 있는 곳에서 동서남북을 바라보라 보이는 땅을 내가 너와 네 자손에게 주리니 영원히 이르리라 내가 네 자손으로 땅의 티끌 같게 하리니 사람이 땅의 티끌을 능히 셀 수 있을진대 네 자손도 세리라 너는 일어나

그 땅을 종과 횡으로 행하여 보라 내가 그것을 네게 주리라"(창 13:14~17)

결국, 아브라함에게 약속되었고, 아브라함이 바라보아야 하는 꿈은 '씨'와 '기업의 땅 가나안'이다. 그러나 아브라함은 이 '씨'와 '기업'에 대한 약속의 축복을 자기 당대에 소유하지 못하고 멀리서 보고 환영하였을 뿐이다.

"이 사람들은 다 믿음을 따라 죽었으며 약속을 받지 못하였으되 그것들을 멀리서 보고 환영하며 또 땅에서는 외국인과 나그네로라 증거하였으니 이같이 말하는 자들은 본향 찾는 것을 나타냄이라"(히 11:13~14)

믿음의 선진들이 약속을 받고 멀리서 보고 환영하였던 '씨'와 '기업'에 대한 꿈은 이 땅의 사라질 육체의 장막집이 아니라 영원한 본향, 천국이다. 따라서 본향을 향한 그리스도인의 꿈은 오로지 예수 그리스도께서 가져오실 나라로 성취된다.

주님께서는 이 땅에 하나님의 나라를 가져오시면서 "너희 눈은 봄으로, 너희 귀는 들음으로 복이 있도다."(마 13:16)라고 하셨다. 그러므로 아브라함이 멀리서 보고 환영하였던

'씨'와 '기업'의 약속된 축복은 예수 그리스도께서 가져오신 하나님의 나라와 그 기업의 백성인 이방인 교회 시대로 성취되었다.

"내 사랑하는 형제들아 들을지어다 하나님이 세상에 대하여는 가난한 자를 택하사 믿음에 부요하게 하시고 또 자기를 사랑하는 자들에게 약속하신 나라를 유업으로 받게 아니하셨느냐"(약 2:5)

아직도 아브라함의 꿈은 끝나지 않았다.

"저희가 이제는 더 나은 본향을 사모하니 곧 하늘에 있는 것이라 그러므로 하나님이 저희 하나님이라 일컬음 받으심을 부끄러워 아니하시고 저희를 위하여 한 성을 예비하셨느니라"(히 11:16)

다가올 이 한 성의 시대, 즉 하늘로서 거룩한 성 새 예루살렘이 임하여 올 때, 아브라함의 꿈의 그 종국적 성취가 이루어질 것이다.

"또 내가 새 하늘과 새 땅을 보니 처음 하늘과 처음 땅이 없어졌고 바다도 다시 있지 않더라 또 내가 보매 거룩한 성 새 예루살렘이 하나님께로부터 하늘에서 내려오니 그 예비한 것이 신부가 남편을 위하여 단장한 것 같더라"(계 21:1~2)

이제 오래전 아브라함이 바라보았던 '씨'와 '기업'의 꿈은 예수 그리스도의 재림과 함께 택하신 자들을 이 땅끝에서 저 땅끝까지 사방에서 모으시는 것으로 성취될 것이다.

"그때에 인자의 징조가 하늘에서 보이겠고 그때에 땅의 모든 족속들이 통곡하며 그들이 인자가 구름을 타고 능력과 큰 영광으로 오는 것을 보리라 저가 큰 나팔 소리와 함께 천사들을 보내리니 저희가 그 택하신 자들을 하늘 이 끝에서 저 끝까지 사방에서 모으리라"(마 24:30~31)

그날에 죽은 자들은 썩지 아니할 것으로 다시 살고, 살아있는 우리는 홀연히 다 변화하여 최강의 대적 사망을 이기고 생명의 아들로 이 땅에 나타날 것이다.

"보라 내가 너희에게 비밀을 말하노니 우리가 다 잠잘 것이 아니요 마지막 나팔에 순식간에 홀연히 다 변화하리니 나팔 소리가 나매 죽은 자들이 썩지 아니할 것으로 다시 살고 우리도 변화하리라 이 썩을 것이 불가불 썩지 아니할 것을 입겠고 이 죽을 것이 죽지 아니함을 입으리로다 이 썩을 것이 썩지 아니함을 입고 이 죽을 것이 죽지 아니함을 입을 때에는 사망이 이김의 삼킨 바 되리라고 기록된 말씀이 응하리라"(고전 15:51~54)

예수를 믿는다는 이유 하나 때문에 자기들의 모든 재산까지 빼앗기는 고난 가운데서도 신실한 믿음을 지켰던 히브리 교회는 인생의 부요와 성공의 꿈을 꾸었던 것이 아니라 '예수 그리스도 다시 오심의 꿈'을 소망하며 자신들의 '영구한 산업인 생명 앞에 영광 중에 나타날 위대한 꿈'을 긍정하고 시인함으로 이 땅의 모진 핍박의 세월을 인내하였다.

"전날에 너희가 빛을 받은 후에 고난의 큰 싸움에 참은 것을 생각하라 혹 비방과 환난으로써 사람에게 구경거리가 되고 혹 이런 형편에 있는 자들로 사귀는 자 되었으니 너희가 갇힌 자를 동정하고 너희 산업을 빼앗기는 것도 기쁘게 당한 것은 더 낫고 영구한 산업이 있는 줄 앎이라 그러므로 너희 담대함을 버리지 말라 이것이 큰 상을 얻느니라 너희에게 인내가 필요함은 너희가 하나님의 뜻을 행한 후에 약

속을 받기 위함이라 잠시 잠깐 후면 오실 이가 오시리니 지체하지 아니하시리라"(히 10:32~37)

이제 그날에 아브라함의 위대한 믿음의 꿈은 약속의 말씀대로 역사 위에 성취될 것이다. 신앙은 '긍정의 힘'으로 내 속에 '잠재된 거인'을 깨워 부와 성공을 쟁취하는 것이 아니라 내 속에 잠재된 또 다른 '죄악의 나'를 못 박는 것이다.

사도 바울은 자기 속에 있는 또 다른 죄악 된 자신과의 피나는 싸움을 하였다.

"내 속 곧 내 육신에 선한 것이 거하지 아니하는 줄을 아노니 원함은 내게 있으나 선을 행하는 것은 없노라 내가 원하는바 선은 하지 아니하고 도리어 원치 아니하는바 악은 행하는도다 만일 내가 원치 아니하는 그것을 하면 이를 행하는 자가 내가 아니요 내 속에 거하는 죄니라 그러므로 내가 한 법을 깨달았노니 곧 선을 행하기 원하는 나에게 악이 함께 있는 것이로다 내 속 사람으로는 하나님의 법을 즐거워하되 내 지체 속에서 한 다른 법이 내 마음의 법과 싸워 내 지체 속에 있는 죄의 법 아래로 나를 사로잡아 오는 것을 보는도다"(롬 7:18~23)

사도 바울은 여기서 절망하지 않고 담대하게 죄에 대한 승리를 선언하였다. 그리고 교회에게도 몸의 행실을 죽이고 승리할 것을 독려하였다.

"이는 그리스도 예수 안에 있는 생명의 성령의 법이 죄와 사망의 법에서 너를 해방하였음이라"(롬 8:2)

"육신을 좇지 않고 그 영을 좇아 행하는 우리에게 율법의 요구를 이루어지게 하려 하심이니라"(롬 8:4)

"너희가 육신대로 살면 반드시 죽을 것이로되 영으로써 몸의 행실을 죽이면 살리니"(롬 8:13)

죄와 사망의 법인 율법의 정죄에서 해방되는 진정한 자유를 누리기 위해서는 육체의 소욕대로가 아니라 성령의 소욕대로 살아야 한다. 그래서 정과 욕심을 십자가에 못 박고 성령으로 행해야 한다.

"육체의 소욕은 성령을 거스리고 성령의 소욕은 육체를 거스리나니 이 둘이 서로 대적함으로 너희의 원하는 것을 하지 못하게 하려 함이니라 너희가 만일 성령의 인도하시

는 바가 되면 율법 아래 있지 아니하리라"(갈 5:17~18)

"그리스도 예수의 사람들은 육체와 함께 그 정과 욕심을 십자가에 못 박았느니라 만일 우리가 성령으로 살면 또한 성령으로 행할지니"(갈 5:24~25)

전적으로 타락하고 전적으로 부패한 우리 속에는 '잠재된 거인'이 있는 것이 아니라 잠재된 '죄악의 나'가 있다. 그러므로 잠재된 거인을 일깨워 세우고자 하는 꿈은 육에 속한 욕망의 꿈이다. 우리가 긍정으로 꿈꾸는 이 세상에 속한 모든 부요와 성공은 하나님과 원수된 정욕과 자랑이다(요일 2:15~17).

오늘날 '긍정의 힘'이라는 복음 아닌 복음에 열광하는 신앙인은 성경이 말씀하는 신앙의 본질이 무엇인가를 알아야 한다. 신앙의 본질은 내 속에 잠재된 자아를 긍정의 힘으로 일깨워 내는 것이 아니라 내 속에 잠재된 '죄악의 나'를 끄집어내어 예수 그리스도의 십자가에 못 박는 것이다.

사도 바울은 날마다 자기 속에 잠재된 '죄악의 나'를 못 박고 성령으로 살고 성령으로 행하며 자신 속에서 회복되는 주의 형상을 꿈꾸었다. 그리고 성도들을 양육할 때도 그들 안에 인생의 꿈과 비젼이 아니라 주의 형상이 회복되기를 갈망하며 해산의 수고를 아끼지 않았다.

"나의 자녀들아 너희 속에 그리스도의 형상이 이루기까지 다시 너희를 위하여 해산하는 수고를 하노니"(갈 4:19)

행복한 인생을 살기 위해서는 긍정적 사고가 필요하다. 염려 많은 세상 가운데서 긍정적인 생각은 고달픈 인생의 피난처가 되어 활력을 주기도 한다. 그러나 신앙의 본질은 얼마나 행복한 인생을 사는가에 있지 않고 죄 많은 이 세상 가운데서 얼마나 하나님 말씀대로 열매를 결실하는 것인가에 있다. 비록 긍정적 사고가 문제 많은 이 세상 가운데서 우리로 잠시 행복하게 살아가도록 도움은 주겠지만 죄악이 만연한 이 세상 가운데서, 유혹 많은 이 세상 가운데서 부패한 우리의 본성으로 하여금 하나님의 말씀대로 열매 맺게 하지는 못한다.

하나님께서는 이스라엘 백성에게 젖과 꿀이 흐르는 가나안 땅을 주신다고 하셨지 풍성한 무화과나무와 풍성한 포도 열매와 풍성한 밭의 소산과 중다한 소와 양을 기를 수 있는 큰 외양간과 우리를 주신다고 약속하시지 않았다. 마찬가지로 오늘 우리에게도 영생을 주신다고 하셨지 좋은 집, 좋은 차, 좋은 대학, 좋은 직장, 좋은 배필을 주신다고 약속하신 것이 아니다. 큰 집 짓고, 잘 살고, 높은 자리에 오르게 해서 영향력을 발휘하게 해 주신다고 약속하시지도 않으셨다. 오히려 미움받고 고난받을 것을 예언하셨다.

그리스도인에게 필요한 것은 긍정의 힘이 아니라 죄악 된 세상을 이기는 성령의 능력이다. 그리스도인은 열매 맺는 신앙의 삶을 살아야 한다. 이것이 가장 그리스도인 다움이다. 그리고 그리스도인이 믿음으로 구원받았음의 증거이다.

오늘 이 시간 올바른 신앙의 삶을 살아가기 위해 우리가 살펴보고 살펴보아야 하는 것은 우리의 사고가 긍정적인가 부정적인가가 아니라 디모데전서 6장 11~12에서 처럼 영생을 취하기 위해 믿음의 선한 싸움을 하는 자에게 나타나는 의와 경건과 믿음과 사랑과 인내와 온유의 열매가 얼마나 결실되고 있는가이다. 이 열매를 결실하기 위해서 신앙인에게는 긍정의 힘이 필요한 것이 아니라 육체의 소욕을 제어할 성령의 능력이 필요하다. 그러므로 우리는 이 목적을 위해 성령을 구하고 찾고 두드려야 한다(눅 11:13).

사도 바울은 죄인을 구원하는 위대한 믿음의 의미를 하박국서에서 인용하였다.

"그러나 의인은 믿음으로 말미암아 살리라"(합 2:4후)

하박국 선지자는 믿음의 인내를 통해 자신의 삶에 다가오는 절망적 생의 고난을 넘어 나타날 하나님의 구원을 기다리며 환영하였다.

"비록 무화과나무가 무성치 못하며 포도나무에 열매가 없으며 감람나무에 소출이 없으며 밭에 식물이 없으며 우리에 양이 없으며 외양간에 소가 없을지라도 나는 여호와를 인하여 즐거워하며 나의 구원의 하나님을 인하여 기뻐하리로다"(합 3:17~18)

하박국 선지자가 믿음의 인내로 열망하였던 것은 꿈의 성취나 인생 문제 해결이 아니라 하나님의 구원이었다. 그러므로 하박국 선지자가 소유했던 믿음은 욕심 많은 우리의 마음이 디자인한 꿈을 이루게 하는 것이 아니라 하나님의 구원을 기뻐하며 하나님의 구원을 바라보며 하나님의 구원을 기다리며 생의 절망적인 고난을 인내하게 한다.

하나님의 구원을 믿음으로 인내하며 하박국 선지자는 자신의 인생에 이제 곧 닥치게 될 절망적 가난을 두려워하지 않았다. 그것은 의인을 살리는 믿음이 절망적인 인생 문제와 관련 있는 것이 아니라 하나님의 구원과 관계가 있기 때문이다. 그러므로 참된 믿음의 사람은 무엇을 먹을까 무엇을 마실까 무엇을 입을까 하는 생의 염려로부터 자유로워진다. 우리는 이 믿음의 선물을 통해서 하나님의 구원을 소망하며 하나님의 구원을 기다린다.

하박국서에서 "믿음"의 어원적 의미는 '충실성'과 '진실성'이다. 그러므로 하박국서가 증언하는 의인을 살리는 믿음은 구원의 한 분 하나님을 향한 적극적이고도 확고한 신뢰이다. 이 믿음을 통해 소유하게 될 하나님의 구원은 이 세상의 금은보화와 비교할 수 없는 중하고도 영원한 영광이기에 믿음의 사람은 생의 고난을 잠시 잠깐의 경한 것으로 여긴다.

> "우리의 잠시 받는 환난의 경한 것이 지극히 크고 영원한 영광의 중한 것을 우리에게 이루게 함이니 우리의 돌아보는 것은 보이는 것이 아니요 보이지 않는 것이니 보이는 것은 잠깐이요 보이지 않는 것은 영원함이니라"(고후 4:17~18)

종국에 나타날 하나님의 구원은 우리의 죽을 육체에 나타날 예수의 생명이다. 그래서 우리는 하나님의 구원이라는 이 보배를 소유했다는 하나의 사실 때문에 절망적 고난의 삶을 기쁨으로 인내하게 된다.

"우리가 이 보배를 질그릇에 가졌으니 이는 능력의 심히 큰 것이 하나님께 있고 우리에게 있지 아니함을 알게 하려 함이라 우리가 사방으로 우겨 쌈을 당하여도 싸이지 아니하며 답답한 일을 당하여도 낙심하지 아니하며 핍박을 받아도 버린 바 되지 아니하며 거꾸러뜨림을 당하여도 망하지 아니하고 우리가 항상 예수 죽인 것을 몸에 짊어짐은 예수의 생명도 우리 몸에 나타나게 하려 함이라 우리 산 자가 항상 예수를 위하여 죽음에 넘기움은 예수의 생명이 또한 우리 죽을 육체에 나타나게 하려 함이니라"(고후 4:7~11)

바로 이 삶이 믿음으로 인내하는 삶이며 믿음으로 승리하는 삶이다. 인내로써 믿음의 여정을 승리한 후에 우리는 하나님의 영원한 생명에 이르게 된다. 그날에 우리의 몸은 욕됨과 연약함과 죽음과 썩어짐에서 해방되어 신령한 몸의 영광에 이르게 된다.

"하늘에 속한 형체도 있고 땅에 속한 형체도 있으나 하늘에 속한 자의 영광이 따로 있고 땅에 속한 자의 영광이 따로 있으니 해의 영광도 다르며 달의 영광도 다르며 별의 영광도 다른데 별과 별의 영광이 다르도다 죽은 자의 부활도 이와 같으니 썩을 것으로 심고 썩지 아니할 것으로 다시 살며 욕된 것으로 심고 영광스러운 것으로 다시 살며 약한 것으로 심고 강한 것으로 다시 살며 육의 몸으로 심고 신령한 몸으로 다시 사나니 육의 몸이 있은즉 또 신령한 몸이 있느니라"(고전 15:40~44)

영원한 믿음의 비밀을 간직한 하박국서에서 우리는 참된 믿음의 의미를 발견하게 된다. 참된 믿음이란 비록 무화과나무가 무성치 못하고 포도나무에 열매가 없으며 감람나무에 소출이 없고 밭에 식물이 없으며 우리와 외양간에 단 한 마리의 가축조차도 없는 절망적 가난의 현실 앞에서도 구원의 한 분 하나님만으로 기뻐하는 삶이다. 그러므로 참된 믿음의 삶은 절망적 가난의 현실을 역전시키는 것이 아니라 그 상황에서조차도 하나님의 위로와 하나님의 구원을 감사하는 삶이다.

참된 믿음은 단순한 교리의 내용이 아니며, 또한 가난을 극복하고 부요를 창출하는 긍정의 힘이 아니라, 그 어떤 고난의 상황 속에서도 또한 절박하게 핍절한 삶의 현실 속에서도 인내하고 기뻐하며 감사하는 생활 그 자체로서 날마다 하나님을 의뢰하고 매 순간 하나님과 동행하는 삶이다. 그래서 내일의 의식주를 걱정해야 할 정도로 절망적인 가난 앞에서도 공중의 참새를 먹이시고 들의 백합화를 입히시는 하나님의 돌보심을 기뻐하고 신뢰하며 그분의 나라와 의를 구하는 삶이다(마 6:25~34). 바로 이 믿음이 의인을 구원하는 믿음이다.

믿음은 긍정과 함께 있는 것이 아니다. 꿈과 함께 있는 것도 아니다. 참된 믿음은 행함과 함께 있다(약 2:22). 행함이 없는 믿음은 죽은 믿음이다(약 2:14). 지금 교회는 긍정의 꿈이 없어서 망하는 것이 아니라 행함이 없어 망한다.

에베소 교회는 주님으로부터 촛대가 옮겨지는 심판 앞에 직면해 있었다(계 2:5). 이유는 그들에게 꿈과 긍정적 믿음이 없어서가 아니라 처음 사랑의 행위가 없었기 때문이다(계 2:4~5). 그러므로 에베소 교회가 회복해야 하는 것은 꿈과 긍정적 믿음이 아니라 처음 사랑의 행위이다.

사데 교회 교인들 또한 재림의 주님을 영접하지 못할 절망적 상황에 있었다(계 3:3). 이유는 그들에게 꿈과 긍정적 믿음이 없어서가 아니라 행위의 온전함인 흰옷을 입고 있지 않았기 때문이다(계 3:2, 4). 그러므로 사데 교회가 회복해야 하는 것은 꿈과 긍정적 믿음이 아니라 행위의 온전함인 흰옷을 입는 것이다.

라오디게아 교회는 스스로 신앙의 부요한 자로 자처했지만, 하나님 앞에서 민망할 정도로 심각하게 곤고하고 가련하고 가난하고 눈멀고 벌거벗었다(계 3:17). 그들이 벌거벗

없다는 것은 스스로 부요하여 부족한 것이 없다고 하는 자기들의 기준에서가 아니라 하나님의 기준에서 절망적인 가난 가운데 있음을 의미한다. 벌거벗은 라오디게아 교회의 절망적 가난을 극복하기 위해 필요한 것은 꿈과 긍정적 믿음이 아니라 흰옷, 즉 행위의 온전함이다. 결국, 라오디게아 교회가 하나님의 기준에서 절망적 가난을 극복하는 유일한 길은 처음 사랑의 행위를 회복하는 것이다.

지금 교회에게 필요한 것은 조엘 오스틴의 긍정의 힘, 여의도 삼겹살 오겹살 복 바람의 "꿈이 있는 자는 망하지 않는다"는 가르침이 아니라 행위의 온전함인 처음 사랑의 행위를 회복하라는 성령이 교회들에게 하시는 말씀이다(계 2:5, 7; 3:4~5, 18, 22).

14 주님의 예언과 거짓 선지자의 예언, 성령과 다른 영

주님께서는 "주여! 주여!"는 열심히 하지만 하나님의 뜻을 행하지 않는 사람들의 말로를 예언하셨다.

"나더러 주여 주여 하는 자마다 천국에 다 들어갈 것이 아니요 다만 하늘에 계신 내 아버지의 뜻대로 행하는 자라야 들어가리라 그 날에 많은 사람이 나더러 이르되 주여 주여 우리가 주의 이름으로 선지자 노릇 하며 주의 이름으로 귀신을 쫓아내며 주의 이름으로 많은 권능을 행치 아니하였나이까 하리니 그때에 내가 저희에게 밝히 말하되 내가 너희를 도무지 알지 못하니 불법을 행하는 자들아 내게서 떠나가라 하리라"(마 7:21~23)

하나님의 나라에 들어가고 들어가지 못하고는 대학에 들어가고 못 들어가고, 직장에 입사하고 못 하고, 돈을 벌고 못 벌고, 성공하고 실패하고의 예언보다 훨씬 중요하고 심각한, 영원한 예언이다.

주님께서 하신 예언의 기준은 예수를 믿고 믿지 않고가 아니라, 예수를 믿되, 즉 "주여! 주여!"는 하되 하나님의 뜻을 행하는가 행하지 않는가이다. 그리고 예언의 결국도 해결받고 받지 못하고 응답받고 받지 못하고가 아니라, 하나님의 나라에 들어가고 들어가지 못하고이다.

반면에 오늘 교회가 주님의 이름으로 성령의 이름으로 남발하는 예언은 하나같이 기도를 열심히 하고 하지 않고를 기준으로 해결 받고 받지 못하고, 응답받고 받지 못하고이다. 그래서 처방책이라는 것이 늘상 열심히 기도해서 해결받고 응답받자이다. 마치 무당이 인생 문제 만난 답답한 방문객에게 부적하나 적어 주면서 "지성으로 기도하면 잘될 거야!" 하는 수준이다.

주님은 그 어떤 경우에도 부와 가난, 성공과 실패를 기준으로 예언하지 않으셨다. 부와 가난, 성공과 실패는 이 땅 안에서의 성패이다. 주님은 항상 예언의 결국을 주인이신 당신이 이 땅에 다시 오셨을 때, 영생과 영벌이라고 하셨다. 그리고 이 영벌을 바깥 어두움 가운데서 슬피 울며 이를 가는 것, 마귀와 그의 사자들을 위해 예비된 영영한 불못에 들어가는 것이라고 하셨다. 그러나 오늘 교회가 남발하고 열광하는 예언은 모두 하나같이 "이 땅에서 잘될 것이다!"이고, "이 땅에서 큰일을 하게 될 것이다!"이고 "이 땅에서 크게 쓰임 받을 것이다!"이다. 모든 예언의 결국이 이 땅에서 잘되고 못 되고이다.

　주님의 관심사는 우리에게 '꿈이 있는가? 없는가?' 가 아니다. '긍정의 마인드가 있는가? 없는가?' 도 아니다. 오로지 '하나님의 뜻을 행하고 있는가? 없는가?' 이다. 그리고 하나님의 뜻을 행하는 자에게 약속하신 보상도 이 세상 안에서의 형통한 진로가 아니라, 이 세상 밖에서의 결국이다.

　이 시대의 비극은 꿈과 해결과 응답과 역전을 예언하며 긍정의 힘을 무당의 부적처럼 남발하는 거짓 선지자들에게는 "주여! 주여!" 하는 사람들이 문전성시를 이루고 인산인해를 이루지만, 하나님의 뜻을 행하지 않으면 하나님 나라에 들어갈 수 없다고 예언하는 참 선지자에게는 율법주의 공로주의 행위구원론자라고 매도하며 비난한다는 것이다. 그 결과 인생의 길흉화복을 점쳐 주며 사이비 복음을 부적처럼 판매하는 거짓 선지자들의 예배당 건물이 큰 성 바벨론으로 지어져 가고 있다.

　주님께서는 부자 되는 법, 성공하는 법, 형통하는 법, 역전하는 법, 꿈을 이루는 법, 해결 받는 법, 응답받는 것과 관련해서는 한마디도 예언하지 않으셨다. 그런데도 우리는 성령으로 꿈을 꾸고, 성령으로 기도하고, 성령으로 응답을 받는다고 야단들이다. 그래서 성령이 주시는 꿈과 환상을 통해 미래의 소원을 마음으로 그리고 입술로 시인하고 믿음으로 확신하면 먼 훗날 소원이 반드시 성취된다고 믿는다. 이유는 꿈이 있는 자는 망하지 않는다고 배우고 그것을 확신하기 때문이다. 과연 이 땅의 부요와 성공을 꿈꾸며 그 부요와 성공과 영향력으로 하나님의 일을 크게 할 것이라는 서원만 하면 그 꿈이 성령이 주시는 꿈인가?

성령은 하나님의 영이고 또한 그리스도의 영이다(행 16:7; 롬 8:9; 고후 3:18; 벧전 1:11). 우리가 그리스도의 사람으로 일컬어질 수 있는 것은 성령이 우리 속에 내주하시기 때문이다. 그러므로 사도 바울은 그리스도의 영이 없으면 그리스도의 사람이 아니라고 하였다.

"만일 너희 속에 하나님의 영이 거하시면 너희가 육신에 있지 아니하고 영에 있나니 누구든지 그리스도의 영이 없으면 그리스도의 사람이 아니라"(롬 8:9)

성령, 즉 그리스도의 영을 소유했다는 것은 그리스도와 합한 사람이 되었다는 것이다.

"주와 합하는 자는 한 영이니라"(고전 6:17)

우리가 성령으로 꿈꾸고 성령으로 기도하고 성령으로 응답받는다는 것은 그리스도의 영으로 꿈꾸고 그리스도의 영으로 기도하고 그리스도의 영으로 응답받는다는 것이다. 그러므로 성령으로 꿈꾸고 성령으로 기도하고 성령으로 응답받는다는 것은 그리스도가 꿈꾸는 것을 꿈꾸고 그리스도가 기도하는 것을 기도하고 그리스도가 응답받는 것을 받는다는 것이다. 그것은 그리스도와 우리는 성령, 즉 그리스도의 영으로 하나가 되었기 때문이다. 그런데 과연 예수 그리스도께서 꿈꾸시고, 기도하시고, 응답받은 것이 이 땅의 영광이었던가? 과연 그리스도께서 지금 우리가 기도하고 있는 제목을 꿈꾸시고 응답받기 위해 기도하셨는가? 결단코 아니다.

그리스도께서는 이 땅에서 좋은 집을 마음에 그리면서 입술로 시인한 적도 없으시고 세상의 물질과 성공을 꿈꾸며 입술로 시인한 적도 없으시다. 이 땅에서 예수 그리스도께서는 오로지 하나님의 뜻만을 생각하셨고 오로지 하나님의 뜻을 이루시기 위해서 사셨고 일하셨다. 그리고 종국에는 하나님의 뜻을 철저하고 완전하게 이루시기 위해 멸시와 천대와 모욕을 당하시고 십자가에서 죽으셨다. 그러므로 성령으로 살고 성령으로 행하는 그리스도와 합한 사람은 주님께서 죽으신 십자가에 자신의 정과 욕심을 못 박아야 한다(갈 5:24~25). 바로 이것이 예수 그리스도의 십자가에 죽으심과 함께하는 믿음의 세례이다(롬 6:4).

오늘날 성령으로 꿈꾸고 기도하고 응답받는다며 미래의 좋은 집을 꿈꾸고 미래의 성공을 꿈꾸고 미래의 물질적 부를 꿈꾸는 사람들, 그들이 과연 그리스도의 영을 받은 사람들일까? 단언하건대 긍정적 사고로 좋은 집을 입술로 시인하고 미래의 성공과 부를 입술로 시인하는 사람들, 그들은 그리스도의 영을 받은 성령의 사람들이 아니라 다른 영을 받은 사람들이다. 이들은 절대로 정결한 처녀로 예수 그리스도에게 중매될 수 없는 다른 영을 소유한 부정한 여인들이다. 오늘날 많은 교인이 이처럼 부정한 여인들이 된 것은 뱀의 후손인 거짓 선지자들의 미혹 때문이다(요 8:44; 고후 11:2~4).

오늘 우리는 '나'를 부인하기 위해 살지 않고 '나'를 최고로 잘살게 하고 최고로 형통하게 하려고 살아간다. 즉, 하나님의 뜻대로 자신을 잘 죽이기 위해 신앙하지 않고 탐욕의 자아를 잘 살리기 위해 신앙한다.

지금 정과 욕심을 십자가에 못 박지 못한 신앙인들이 다른 영으로 말미암은 다른 복음들, 즉 꿈 복음, 비전 복음, 승리 복음, 만사형통 복음, 문제 해결 복음, 축복 응답 복음들에 열광적으로 아멘 아멘하며 다른 예수인 꿈 예수를 배우고, 비전 예수를 배우고, 형통 예수를 배우고, 문제 해결 예수를 배우고, 축복 응답 예수를 배우고 있다. 이들이 바로 넓은 신앙의 대로를 활보하다가 멸망의 문으로 들어갈 자들이다.

　이럴 때일수록 성령으로 살고 성령으로 행하는 그리스도의 사람들은 때가 가까움을 알고 정과 욕심을 십자가에 못 박고 십자가의 좁은 길을 통해 자기를 부인하는 신앙의 삶을 살아야 한다.

　사도 베드로는, 새 하늘과 새 땅을 바라보는 교회는 예수 그리스도 앞에 흠도 점도 없이 나타나기 위해 힘써야 한다고 했다.

> "우리는 그의 약속대로 의의 거하는바 새 하늘과 새 땅을 바라보도다 그러므로 사랑하는 자들아 너희가 이것을 바라보나니 주 앞에서 점도 없고 흠도 없이 평강 가운데서 나타나기를 힘쓰라"(벧후 3:13~14)

　사도 바울은 흠도 점도 없이 나타나기 위해 힘쓰는 삶과 관련해서 교회에게 다음과 같이 권고했다.

> "형제들아 내가 이 말을 하노니 때가 단축하여진 고로 이

후부터 아내 있는 자들은 없는 자같이 하며 우는 자들은 울지 않는 자같이 하며 기쁜 자들은 기쁘지 않은 자같이 하며 매매하는 자들은 없는 자같이 하며 세상 물건을 쓰는 자들은 다 쓰지 못하는 자같이 하라 이 세상의 형적은 지나감이니라"(고전 7:29~31)

"종말로 형제들아 무엇에든지 참되며 무엇에든지 경건하며 무엇에든지 옳으며 무엇에든지 정결하며 무엇에든지 사랑할 만하며 무엇에든지 칭찬할 만하며 무슨 덕이 있든지 무슨 기림이 있든지 이것들을 생각하라 너희는 내게 배우고 받고 듣고 본 바를 행하라 그리하면 평강의 하나님이 너희와 함께 계시리라"(빌 4:8~9)

제2부

교회 밖의 거짓 그리스도:
이것만 알아도, 이것만 가르쳐도 신천지에서 나온다

1 이긴 자

신천지는 자신들의 총회장인 교주를 유일한 '이긴 자'로서 추앙한다. 그래서 그들은 그들 종파의 본산지인 과천에 세워졌던 일곱 목자가 치리하던 장막 성전이 멸망자들인 장로교 목사들에 의해 배도를 하고 그 장막에서 한 때 노무자 일을 하였던 현재의 총회장인 교주가 계시록 2장과 3장에 있는 일곱 교회의 유일한 '이긴 자'가 되어 새 하늘과 새 땅을 개국하고 구원의 깃발을 내걸었다고 한다. 그래서 그 '이긴 자'에게로 모여드는 14만 4천명이 하늘에서 내려올 순교자들의 영을 덧입고 영생불사하게 된다는 황망한 교리를 신봉한다. 그들은 자칭 일곱 목자가 다스리던 과천에 있는 장막 성전을 계시록 2장과 3장에 있는 일곱 교회의 나타난 실상이라고 주장하면서 그들의 총회장 교주가 그 과천의 장막 성전을 '이기고 나온' 유일한 사도 요한격의 구원자라고 한다.

신천지의 총회장 교주는 계시록 2장과 3장에 있는 '이긴 자'(계 2:7, 11, 17, 26; 3:5, 12, 21)를 오직 하나의 단수 개념으로만 이해한다. 그래서 자신이 계시록 2장과 3장의 '이 긴 자'라고 한다. 과연 그럴까? 과연 '이긴 자'가 자신 한 사람만을 지칭하는가?

계시록 2장 3장에서 말씀하는 '이긴 자'의 의미를 이해하기 위해서는 먼저 구약에서 '이긴 자'처럼 단수로 표기된 '남은 자'에 대해서 살펴보아야 한다.

이사야 선지자는 그들이 기다리는 구원의 하나님이 아름답고 영화로운 여호와의 싹으로서 이 땅에 나타나는 날, 시온에 남아 있는 자에게 하나님의 구원의 천막이 더위를 피하는 그늘이 되고 풍우를 피하여 숨는 곳이 될 것을 예언하였다.

"그날에 여호와의 싹이 아름답고 영화로울 것이요 그 땅의 소산은 이스라엘의 피난한 자를 위하여 영화롭고 아름다울 것이며 시온에 남아 있는 자, 예루살렘에 머물러 있는 자 곧 예루살렘에 있어 생존한 자 중 녹명된 모든 사람은 거룩하다 칭함을 얻으리니 이는 주께서 그 심판하는 영과 소멸하는 영으로 시온의 딸들의 더러움을 씻으시며 예루살렘의 피를 그중에서 청결케 하실 때가 됨이라 여호와께서 그 거하시는 온 시온 산과 모든 집회 위에 낮이면 구름과 연기, 밤이면 화염의 빛을 만드시고 그 모든 영광 위에 천막을 덮으실 것이며 또 천막이 있어서 낮에는 더위를 피하는 그늘을 지으며 또 풍우를 피하여 숨는 곳이 되리라"(사 4:2~6)

여기서 '남은 자'는 하나님께서 이 땅에 오시는 주의 날에 구원받을 사람들을 지칭한다. '남은 자'가 단수라고 해서 여호와의 싹이 아름답고 영화로울 주의 날에 구원 얻을 사람이 단 한 명뿐이라는 말이 아니다. 여기서 '남은 자'는 한 명을 지칭하는 단수가 아니다.

본문을 보면 단수로 표기된 '남은 자'는 주의 날에 거룩하다 칭함을 얻을 녹명된 '모든 사람'(복수), 하나님에 의해 더러움을 씻음 받고 청결케 될 시온의 딸들(복수)이다(사 4:3~4). 그러므로 '남은 자'는 문자대로 여자들만 구원받는다는 의미도 아니며, 또한 단수로 표기되었다고 해서 한 사람만을 가리키는 것이 아니라, 구원받을 모든 사람을 총칭한다.

이사야 4장 2~6절 말씀은 예수 그리스도가 이 땅에 오셔서 당신께서 구원하시기로 예정하신 모든 사람(행 13:48)을 당신의 의로서 즉, 칭의의 은혜로 죄 사함 받게 하시고(롬 3:20~24) 거룩하게 하시는 구원의 날(고후 6:2)을 예언하고 있다.

"그러므로 율법의 행위로 그의 앞에 의롭다 하심을 얻을 육체가 없나니 율법으로는 죄를 깨달음이니라 이제는 율법 외에 하나님의 한 의가 나타났으니 율법과 선지자들에게 증거를 받은 것이라 곧 예수 그리스도를 믿음으로 말미암아 모든 믿는 자에게 미치는 하나님의 의니 차별이 없느니라 모든 사람이 죄를 범하였으매 하나님의 영광에 이르지 못하더니 그리스도 예수 안에 있는 구속으로 말미암아 하나님의 은혜로 값없이 의롭다 하심을 얻은 자 되었느니라"
(롬 3:20~24)

"가라사대 내가 은혜 베풀 때에 너를 듣고 구원의 날에 너를 도왔다 하셨으니 보라 지금은 은혜받을 만한 때요 보라 지금은 구원의 날이로다"(고후 6:2)

하나님께서는 온 시온 산과 모든 집회 위에 화염의 빛을 만드시고 그 모든 영광 위에 천막을 덮으셔서 시온에 남아 있는 자, 곧 예루살렘에 있어 생존한 자 중 녹명된 모든 사람, 곧 시온의 딸들에게 친히 구원의 천막이 되셨다. 그래서 구원받은 자를 위해 더위를 피하는 그늘이 되시고, 풍우를 피하여 숨는 곳이 되셨다.

여기서 천막은 실제 천막이 아니라, 하나님의 구원을 상징하며, 하나님의 구원의 은혜가 베풀어지는 시온 산 또한 실제 지명이 아니라 구원받은 당신의 몸 된 교회를 상징한다. 결국, 약속된 구원은 이 땅에서 예수 그리스도를 주로 시인함으로 빼내심을 얻고 부르심을 받은 사람들의 모임, 곧 교회시대로 성취되었다.

이사야 선지자는 예수님이 이 땅에 오시기 약 7백여 년 전부터 이미 구원의 하나님이 당신의 몸 된 교회를 깨끗하게 하시고 거룩하게 하시는 구원의 날을 예언하고 있다.

다시 살펴보지만, 시온에 남아 있는 자, 곧 약속의 구원에 참여할 남은 자가 단수로 표기되었다고 해서 과연 한 명만을 지칭하는가? 아니다. 계속해서 이사야 10장 20~23절에서 '남은 자'를 향한 하나님의 구속 섭리를 예언한 내용에서도 '남은 자'는 단 한 사람만을 의미하는 단수의 개념이 아니다.

"그날에 이스라엘의 남은 자와 야곱 족속의 피난한 자들이 다시는 자기를 친 자를 의뢰치 아니하고 이스라엘의 거룩하신 자 여호와를 진실히 의뢰하리니 남은 자 곧 야곱의 남은 자가 능하신 하나님께로 돌아올 것이라 이스라엘이여 네 백성이 바다의 모래 같을지라도 남은 자만 돌아오리니 넘치는 공의로 훼멸이 작정되었음이라 이미 작정되었은즉

주 만군의 여호와께서 온 세계 중에 끝까지 행하시리라"(사 10:20~23)

온 세계 중에서 끝까지 행하시기로 작정하신 하나님의 구원 섭리는 비록 "하나님! 하나님!" 하는 이스라엘 백성의 수가 바닷가의 모래와 같이 많다 할지라도 '남은 자'만 돌아오게 하신다.

여기서 남은 자는 단수로 표기되었다고 해서 딱 한 사람만을 의미하는 것이 아니다. 21절에서 야곱의 남은 자는 20절에서 야곱 족속의 피난한 자들로서 복수이다. 마찬가지로 계시록 2장과 3장의 단수로 표기된 '이긴 자'는 한 사람을 지칭하는 것이 아니라, "주여! 주여!" 하는 교회 가운데서 "회개하고 지켜 행하라"(계 2:5, 10, 16, 25; 3:2~3, 11, 15)는 주님의 말씀에 순종하는 자, 곧 하나님의 뜻을 행하는 자들, 곧 복수를 지칭한다.

"주여! 주여!" 하는 에베소 교회 가운데서 이긴 자는 처음 행위를 회복하라(계 2:5)는 하나님의 뜻을 행하는 신앙인들이며, "주여! 주여!" 하는 서머나 교회에서 이긴 자는 환난 가운데서도 끝까지 죽도록 충성하라(계 2:10)는 하나님의 뜻을 행하는 신앙인들이며, "주여! 주여!" 하는 버가모 교회에서 이긴 자는 발람의 교훈과 니골라당의 교훈을 싸워서 이기라(계 2:16)는 하나님의 뜻을 행하는 신앙인들이며, "주여! 주여!" 하는 두아디라 교회에서 이긴 자는 교회 안에 있는 자칭 선지자 이세벨을 용납하지 말고 주님이 오실 때까지 믿음의 삶을 굳게 잡으라(계 2:25)는 하나님의 뜻을 행하는 신앙인들이며, "주여! 주여!" 하는 사데 교회에서 이긴 자는 행위의 온전함을 회복하라(계 3:2~3)는 하나님의 뜻을 행하는 신앙인들이며, "주여! 주여!" 하는 빌라델비아 교회에서 이긴 자는 믿음의 인내를 끝까지 지키라(계 3:11)는 하나님의 뜻을 행하는 신앙인들이며, "주여! 주여!" 하는 라오디게아 교회에서 이긴 자는 차든지 덥든지 열심을 내라(계 3:15)는 하나님의 뜻을 행하는 신앙인들이다.

예를 들어 올림픽을 앞두고 올림픽 위원회에서 입상하는 사람에게 포상금을 준다고 하였을 때, "입상하는 사람"은 단수로 표기하지만, 실제로 한 사람을 말하는 것이 아니라, 모든 종목에서 메달을 획득한 모든 선수(들), 곧 복수를 지칭한다. 그러므로 계시록 2장 3장의 일곱 교회에서 '이긴 자'는 완전 수 7이 상징하는 지상의 모든 교회 가운데서 하나님의 뜻을 행하고 하나님의 말씀을 지켜 행하는 모든 신실한 신앙인들을 지칭한다.

2 또 다른 보혜사

그동안 많은 이단이 자신들의 교주를 '또 다른 보혜사'라고 주장해 왔다. 신천지 또한 예외 없이 자신들의 총회장 교주를 또 다른 보혜사라고 한다. 그들은 보혜사保惠師의 한자가 '보호할 보保' '은혜 혜惠' '스승 사師'로서 보혜사는 은혜로 보호하는 스승이라고 한다. 이처럼 그들이 보혜사를 은혜로 보호하는 스승이라는 의미에 초점을 맞추는 이유는 그들의 교주 총회장을 그들의 스승으로 정당화하기 위함이다.

신천지는 사도 요한이 예수님을 '대언자'라고 하였던 요한1서 2장 1절을 인용하여 자신들의 교주가 사도 요한 격 사명자로서 하나님의 대언자라고 한다. 그러면서 요한일서 2장 1절의 대언자에 해당하는 헬라어 '파라클레토스'가 '보혜사'이기 때문에 사도 요한 격 사명자로서 하나님의 대언자인 자신들의 교주가 요한복음 14장 16절과 26절에서 예수님께서 지칭하신 '또 다른 보혜사'라고 주장한다.

신천지는 육체 인간이신 예수님이 하나님의 영을 덧입었

듯이 자신들의 교주는 보혜사 성령을 덧입은 육체로서 예수님과 같은 구원자가 된다는 논리를 전개한다. 결국, 그들은 자신들의 교주를 예수님과 같은 동등의 스승으로 만들어 하나님의 영이 예수님에게 임하여 예수님이 하나님이 되듯이 육체 인간 자신들의 교주에게 보혜사 성령이 임하여 자신들의 교주가 '또 다른 보혜사'가 된다는 배를 잡고 웃을 논리를 하나님의 계시라고 주장한다.

신천지는 자기 종파의 이름 앞에 예수교라고 붙여서 자신들의 주인은 예수님이라고 말은 하지만, 예수님이 하나님의 영을 입었듯이 사도 요한 격의 사명자이고 대언자이고 스승인 자신들의 교주에게 보혜사 성령이 임하여 예수님과 동격의 구원자가 된다는 논리를 전개하고 있기 때문에 자연스럽게 자신들 집단의 주인은 보혜사 성령을 입은 자신들의 총회장이 교주가 되는 것이다.

신천지는 하나님께서 시편 2편에서 교훈을 아들에게 배우라고 하셨고, 4복음서에 보면 이말 그대로 사람들이 하나님의 영이 임한 예수님께 선생이라고 했고 듣고 물었듯이 하나님의 영, 보혜사 성령이 임한 자신들의 교주인 또 다른 보혜사에게 듣고 배우라는 황당한 논리를 전개한다.

신천지는 요한복음 8장 28절, 17장 8절과 14절을 인용, 자의로 해석해서 하나님의 말씀을 예수님께서 우리에게 대언해 주셨듯이 지금은 또 다른 보혜사, 곧 스승인 자기들의 교주가 하나님의 말씀을 대언하는 대언자라는 웃지 못할 논리를 전개한다. 이처럼 그들은 하나님의 성령이 육체이신 예수 그리스도에게 임하여 예수님이 하나님의 대언자로서 스승이신 보혜사이듯이 진리의 성령이 육체 인간 자신들의 교주에게 임하였기 때문에 그들의 교주가 하나님의 대언자로서 또 다른 보혜사가 된다고 한다.

과연 신천지의 총회장 교주가 '또 다른 보혜사' 인가? 아니다. 요한복음 14장 16~17절과 26절 말씀을 유심히 살펴보면, '진리의 성령'이 바로 '또 다른 보혜사' 이고, '또 다른 보혜사' 가 바로 하나님께서 예수 그리스도의 이름으로 보내시는 성령이시다. 즉 '진리의 성령' = '또 따른 보혜사' 이다.

"내가 아버지께 구하겠으니 그가 또 다른 보혜사를 너희에게 주사 영원토록 너희와 함께 있게 하시리니 저는 진리의 영이라 세상은 능히 저를 받지 못하나니 이는 저를 보지도 못하고 알지도 못함이라 그러나 너희는 저를 아나니 저는 너희와 함께 거하심이요 또 너희 속에 계시겠음이라"(요 14:16~17)

"보혜사 곧 아버지께서 내 이름으로 보내실 성령 그가 너

희에게 모든 것을 가르치시고 내가 너희에게 말한 모든 것
을 생각나게 하시리라"(요 14:26)

신천지의 주장대로 요한복음 14장 16~17절과 26절 말씀은 진리의 영이 육체 인간에게 임하여 그 육체 인간이 보혜사가 되는 복잡한 과정을 말씀하는 것이 아니라, '진리의 영' 그 자체가 '또 다른 보혜사' 이시고, '또 다른 보혜사' 는 하나님께서 예수 그리스도의 이름으로 보내시는 '성령' 이시다.

이처럼 요한복음 14장 16~17절, 26절에서 '또 다른 보혜사' 는 신천지 총회장 교주가 아니라 '진리의 영', 곧 '성령' 이시기 때문에 제자들 속에 계셔서 제자들과 함께 거하시고 그들에게 주님께서 말한 모든 것을 생각나게 하시고 가르치신다.

'또 다른 보혜사' 이신 '진리의 성령' 은 이미 구약 시대부터 선지자들의 배후에서 그리고 선지자들 속에서 역사하셔서 성경을 기록하게 하셨다.

"이 구원에 대하여는 너희에게 임할 은혜를 예언하던 선지자들이 연구하고 부지런히 살펴서 자기 속에 계신 그리스도의 영이 그 받으실 고난과 후에 얻으실 영광을 미리 증거하여 어느 시, 어떠한 때를 지시하시는지 상고하니라 이

섬긴 바가 자기를 위한 것이 아니요 너희를 위한 것임이 계시로 알게 되었으니 이것은 하늘로부터 보내신 성령을 힘입어 복음을 전하는 자들로 이제 너희에게 고한 것이요 천사들도 살펴보기를 원하는 것이니라"(벧전 1:10~12)

요한복음 14장 16~17절에서 예수님께서는 아버지께 구하여 또 다른 보혜사를 제자들 속에 계시게 하겠다고 약속하셨다. 그런데 신천지의 주장대로 자신들의 총회장 교주가 '또 다른 보혜사'라면 어떻게 아무리 몸무게가 70kg은 족히 나갈 그들의 교주가 우리 사람 속에 있을 수 있겠는가? 그리고 무엇보다도 또 다른 보혜사이신 진리의 성령은 이미 2천 년 전부터 제자들 속에 계시고 제자들과 함께 거하신다고 말씀하셨는데 그러면 2천 년 전에 제자들 속에 계시고 제자들과 함께 거하셨던 또 다른 보혜사가 자신들의 총회장 교주란 말인가?

사도 요한은 그의 서신에서 진리의 영, 곧 보혜사이신 성령께서 이미 2천 년 전부터 제자들 곧, 교회들 가운데 거하셔서 교회를 진리로 가르치신다고 하였다. 그래서 그는 기름 부음을 받은 교회, 곧 '또 다른 보혜사'이신 '진리의 성령'을 받은 우리는 기름 부음이 안에 있기 때문에, 즉 '또 다른 보혜사'이신 '진리의 성령'이 우리 안에 계시기 때문에 아무도 우리를 가르칠 필요가 없다고 하였다.

"너희는 거룩하신 자에게서 기름 부음을 받고 모든 것을 아느니라"(요일 2:20)

"너희는 주께 받은바 기름 부음이 너희 안에 거하나니 아무도 너희를 가르칠 필요가 없고 오직 그의 기름 부음이 모든 것을 너희에게 가르치며 또 참되고 거짓이 없으니 너희를 가르치신 그대로 주 안에 거하라"(요일 2:27)

요한복음 14장 26절에서는 또 다른 보혜사가 제자들에게 모든 것을 가르치고 모든 것을 생각나게 하신다고 하였고, 요한일서 2장 27절에서는 기름 부음이 모든 것을 우리에게 가르친다고 말하고 있다. 여기서 '기름 부음'은 우리 속에 거하시는 보혜사 성령의 또 다른 상징의 호칭이다.

요한복음 14장 26절에서 '또 다른 보혜사'이신 '진리의 성령'이 우리 속에 계시는 것과 요한일서 2장 27절에서 '기름 부음'이 우리 안에 거하는 것은 같은 의미이다. 즉 제자들 속에 계실 '또 다른 보혜사'이신 성령은 우리 안에 거하시는 '기름 부음'이다. 그러므로 '또 다른 보혜사'는 신천지의 총회장 교주가 아니라, 제자들 속에 계시는, 우리 안에 거하시는, '기름 부음', 곧 성령이시다.

요한복음 14장 16~17절과 26절, 요한일서 2장 20절과 26절을 종합해서 다시 한 번 정리해 보면 신천지의 주장대로 보혜사 성령이 그들의 총회장 교주 육체에 임하여 그들의 교주가 또 다른 보혜사가 된다는 의미가 아니라, '또 다른 보혜사'가 곧 '진리의 성령'이시고, '기름 부음'이시다. 그러므로 또 다른 보혜사이신 성령, 곧 기름 부음은 신천지 총회장 교주의 육체에 임해 있는 것이 아니라, 이미 2천 년 전부터 제자들 속에, 곧 교회 속에 거하셨고, 지금도 하나님을 아바 아버지라 부르고 예수 그리스도를 '주'로 시인하는 구원받은 사람들 속에 계신다(롬 8:15; 고전 12:3).

또 다른 보혜사이신 진리의 성령께서 예수를 주로 시인하는 모든 사람 안에 거하실 수 있는 것은 하나님의 영은 충만한 영이시고 능력이시기 때문이다. 그래서 요한계시록은 이 하나님의 영이 충만함을, 그리고 완전한 능력이심을 상징하기 위해 일곱 영으로 표현하고 있다.

여기서 일곱 영의 일곱은 실제 숫자 7을 의미하는 것이 아니라, 하나님의 충만함, 하나님의 완전함을 상징한다. 그러나 신천지는 계시록에 나와 있는 대부분의 숫자를 실제 숫자로 이해하여 자신들의 조직 구성을 하면서 일곱 영의 직책을 두고 있다. 그것은 계시록 4장 1~11절에서 하나님의 보좌 주위에 일곱 영이 있기 때문에 하늘에 있는 하나님의 보좌 구성이 이 땅에서 이루어진 자신들의 조직 또한 하늘의 하나님 보좌 구성과 같이 그들의 총회장 교주 밑에 일곱 명의 직분자가 있어야 한다고 착각했기 때문이다. 여기서 그치지 않고 그들은 계시록 4장 1~11절의 하나님 보좌 주위에 있는 24장로를 본떠서 자신들의 조직에도 24명의 직분자까지 두어 24장로라고 명명하고 있다.

이처럼 그들은 항상 계시록에 나와 있는 모든 숫자를 단수면 단수, 숫자면 숫자 그대로 이해하는 어리석음을 보이고 있다. 그래서 '이긴 자'도 표현이 단수라고 되어 있다고 무조건 자기 교주 한 사람이라고 우기는가 하면, 마지막에 구원 얻을 사람의 숫자도 자기들 교단에 입교한 144,000명이라고 한다. 그래서 그들은 그토록 144,000명을 채우기에 광분하고 있는 것이다. 그러나 그들이 계시록에 나와 있는 모든 숫자를 그대로 이해해야 한다면 '거룩한 성 새 예루살렘'(계 21:9~21)도 성경에 기록된 그대로 정확하게 동서남북으로 난 네 방향의 문을 똑같은 재료로 만들고, 장과 광과 고도 정확하게 12,000스다디온이 되게 하고, 성곽도 정확하게 144규빗으로 만들어 그들 모두 그와 같은 치수로 지어진 건물 안에 들어가서 살아야 하지 않겠는가?

신천지 총회장 교주는 마태복음 3장 16절, 요한복음 1장

32절의 말씀을 인용하여 예수님은 육체였지만, 성령이 임해서 대언하고 보호하고 가르치는 보혜사가 되었다고 한다. 그러면서 자신이 또 다른 보혜사임을 주장하기 위해 황당한 논리를 전개한다.

계시록 1장 1~2절을 보면 천사로부터 요한이 하나님의 말씀을 받고, 계시록 10장에서는 요한이 천사로부터 책을 받아먹는다. 이처럼 천사의 영이 예수님의 일을 요한에게 알려 주었고, 요한은 천사의 영을 통해 예수님의 것을 받아 성도들에게 계시록 10장과 같이 전했으니, 예수님이나, 사도 요한 격 사명자인 자신이나 모두 똑같은 대언자라고 한다. 그래서 그는 사도 요한 격 사명자인 자신이 성령을 받은 예수님과 동등한 구원자임을 주장하기 위해 성령을 천사라고 하기도 한다. 그야말로 후안무치한 막말 수준이다. 그는 자신이 요한계시록을 유일하게 대언하는 사도 요한격 사명자라고 한다.

요한계시록에서 사도 요한은 천사로부터 하나님의 말씀, 곧 작은 책을 받아먹는다. 신천지 총회장 교주가 성령을 천사라고 하는 이유는 다음과 같다.

하나님의 말씀을 대언한 예수님에게는 성령이 강림했다. 그러므로 예수님과 동일하게 사도 요한격 하나님의 대언자인 자신에게 하나님의 말씀인 작은 책을 전달한 천사를 성령과 동일시하는 것이다. 즉 그는 하나님의 말씀을 받은 대언자이신 예수님에게 성령이 임했기 때문에 사도 요한격 사명자인 자신에게 하나님의 말씀을 전달한 천사의 영도 성령이라는 것이다. 그야말로 어리석은 짝 맞추기식 성경 해석의 전형이다. 어떻게 하나님의 성령이 피조물인 천사와 동등일 수 있는가?

  이와 같은 뒤죽박죽 논리에 사로잡힌 신천지는 성령이 그 한자의 의미로 하면 거룩할 성, 신령 령으로서 거룩한 신령이기 때문에 성령은 하나님만을 가리키는 것이 아니라, 하늘의 거룩한 영들을 통칭하는 말이라고 한다. 이처럼 그들은 천사도 영이기 때문에 거룩한 신령의 의미를 지닌 성령 또한 천사라고 주장한다. 이 해괴한 논리를 고집하기 위해 그들은 계시록 17장 1~3절 말씀과 계시록 21장 9~10절 말씀을 인용한다.

> "또 일곱 대접을 가진 일곱 천사 중 하나가 와서 내게 말하여 가로되 이리 오라 많은 물 위에 앉은 큰 음녀의 받을 심판을 네게 보이리라 땅의 임금들도 그로 더불어 음행하였고 땅에 거하는 자들도 그 음행의 포도주에 취하였다 하고 곧 성령으로 나를 데리고 광야로 가니라 내가 보니 여자가 붉은빛 짐승을 탔는데 그 짐승의 몸에 참람된 이름들이

가득하고 일곱 머리와 열 뿔이 있으며"(계 17:1~3)

"일곱 대접을 가지고 마지막 일곱 재앙을 담은 일곱 천사 중 하나가 나아와서 내게 말하여 가로되 이리 오라 내가 신부 곧 어린 양의 아내를 네게 보이리라 하고 성령으로 나를 데리고 크고 높은 산으로 올라가 하나님께로부터 하늘에서 내려오는 거룩한 성 예루살렘을 보이니"(계 21:9~10)

계시록 17장 1~3절을 보면, 1절에서는 일곱 천사 중 하나가 나오고 3절에서는 성령이 나온다. 그리고 계시록 21장 9~10절 말씀도 9절에서는 천사가 말하지만 10절에서는 성령이 등장한다. 이 두 구절을 가지고 신천지는 천사의 말은 성령의 말이기 때문에 앞뒤 가리지 않고 '성령 = 천사'라는 등식 부호를 메긴다. 과연 성령은 천사인가? 아니다.

계시록 17장 1~3절을 주의 깊게 살펴보면, 1절에서는 천사가 사도 요한에게 말을 하지만, 3절에서는 성령이 말을 하는 것이 아니라 사도 요한을 데리고 광야로 갔다. 따라서 사도 요한에게 말을 하는 천사와 사도 요한을 광야로 데리고 가는 성령은 같은 존재가 아니다. 마찬가지로 계시록 21장 9~10절도 유심히 살펴보면, 9절에서 말하는 자는 천사이지만, 10절에서 사도 요한을 데리고 크고 높은 곳으로 올라가는 분은 성령이다. 이처럼 천사와 성령은 같은 인칭 주어가 아니다. 따라서 천사와 성령은 같은 존재가 아니라 별개이다.

계시록 14장 6~13절 말씀도 살펴보면 천사가 말하는 내용이 이어지다가 하늘에서 음성이 나고 성령이 그러하다고 말씀하시는 부분이 있다.

> "또 보니 다른 천사가 공중에 날아가는데 땅에 거하는 자들 곧 여러 나라와 족속과 방언과 백성에게 전할 영원한 복음을 가졌더라 그가 큰 음성으로 가로되…… 또 다른 천사 곧 둘째가 그 뒤를 따라 말하되…… 또 다른 천사 곧 셋째가 그 뒤를 따라 큰 음성으로 가로되…… 또 내가 들으니 하늘에서 음성이 나서 가로되 기록하라 지금 이후로 주 안에서 죽는 자들은 복이 있도다 하시매 성령이 가라사대 그러하다 저희 수고를 그치고 쉬리니 이는 저희의 행한 일이 따름이라 하시더라"(계 14:6~13)

신천지는 이 구절도 인용하여 천사와 성령은 같다고 주장한다. 그들의 주장에 따르면 천사의 음성은 곧 성령의 음성이 된다는 것이지만, 계시록 14장 13절에서 "성령이 가라사대 그러하다……"는 앞 절에 있는 "기록하라"는 천사의 명령이 하나님의 영이신 성령의 음성, 곧 하나님의 음성임을 보증하는 것이다. 선지자들의 말이 그들의 입에 둔 하나님의 말씀(렘 1:9)이듯이 천사들을 통한 명령이 하나님의 음성의 권위를 가짐을 말하는 것이다. 그러므로 계시록 14장 6~13절의 문맥 전체를 살펴보면, 13절 후반부의 "성령이 가라사대"에서 "성령"은 13절 전반부에서 사도 요한에게 "지금 이후로 주 안에서 죽는 자들은 복이 있도다"라고 말한 천사, 그리고 6절의 영원한 복음을 가지고 공중에 날아가는 다른 천사, 8절에서 큰 성 바벨론의 심판을 경고하는 둘째 천사, 9절에서 짐승과 그의 우상에게 경배하거나 이마나 손에 표를 받지 말라고 경고하는 셋째 천사와 결코 같은 존재가 될 수가 없다.

이처럼 신천지의 교훈은 단어의 문자적 의미만 고집하면서 문맥 안에서의 의미는 전혀 고려하지 않은 채 아주 손쉽게 단어와 단어를 연결하고 짝을 맞추어 등식 부호를 붙이는 아주 저급한 수준의 성경해석임에도 그들은 이와 같은 황당한 자의적 해석을 계시를 받은 영해로 자랑을 한다.

결론적으로 성령의 음성은 천사의 음성이 아니라 예수 그리스도의 음성이다. 그러므로 요한계시록 2장과 3장에서는 예수님이 교회의 사자에게 편지하시는 것으로 시작하면서 편지의 끝은 성령이 교회들에게 하시는 말씀으로 결론 내리고 있다.

에베소 교회의 사자에게 편지하시는 분은 오른손에 일곱 별을 붙잡고 일곱 금 촛대 사이에 다시니는 예수님이지만 편지의 끝에서는 성령이 교회들에게 하시는 말씀을 들으라고 하셨다(계 2:1, 7). 서머나 교회의 사자에게 편지하시는 분은 처음이요 나중이요 죽었다가 살아나신 예수님이지만 편지의 끝에서는 성령이 교회들에게 하시는 말씀을 들으라고 하셨다(계 2:8, 11). 버가모 교회의 사자에게 편지하시는 분은 좌우에 날 선 검을 가진 예수님으로 시작하시만 편지의 끝에서는 성령이 교회들에게 하시는 말씀을 들으라고 하셨다(계 2:14, 22). 두아디라 교회의 사자에게 편지하시는 분은 그 눈이 불꽃 같고 그 발이 빛난 주석 같은 하나님의 아들 곧 예수님이지만 편지의 끝에서는 성령이 교회들에게 하시는 말씀을 들으라고 하셨다(계 2:18, 29). 사데 교회의 사자에게 편지하시는 분은 하나님의 일곱 영과 일곱 별을 가지신 예수님이지만 편지의 끝에서는 성령이 교회들에게 하시는 말씀을 들으라고 하셨다(계 3:1, 6). 빌라델비아 교회의 사자에게 편지하시는 분은 다윗의 열쇠를 가지신 예수님이지만, 편지의 끝에서는 성령이 교회들에게 하시는 말씀을 들으라고 하셨다(계 3:1, 7). 라오디게아 교회의 사자에게 편지하시는 분은 아멘이시며 충성되고 참된 증인이시며 하나님의 창조의 근본이신 예수님이지만 편지의 끝에서는 성령이 교회들에게 하시는 말씀을 들으라고 하셨다(계 3:14, 22).

여기서 우리는 성령의 음성은 예수 그리스도의 음성이고, 성령 하나님과 예수 그리스도는 동격인 하나님임을 알 수 있다. 그러므로 신천지가 성령을 천사들이라고까지 말을 하고, 성령의 음성을 천사의 음성이라고까지 말하는 것은 성경이 자증하는 삼위일체 교리를 전혀 알지 못하기 때문이다.

성부와 성자와 성령은 하나이신 하나님이시다. 그러므로 주님께서는 부활하신 후, 승천하시기 전에 제자들에게 모든 족속을 제자 삼아 세례를 줄 때, 성부와 성자와 성령의 이름으로 세례를 주라고 말씀하였다(마 28:19~20). 그리고 사도 바울도 성부와 성자와 성령 하나님의 이름으로 교회를 축복하였던 것이다(고후 13:13).

> "그러므로 너희는 가서 모든 족속으로 제자를 삼아 아버지와 아들과 성령의 이름으로 세례를 주고 내가 너희에게 분부한 모든 것을 가르쳐 지키게 하라 볼지어다 내가 세상 끝날까지 너희와 항상 함께 있으리라 하시니라"(마 28:19~20)

> "주 예수 그리스도의 은혜와 하나님의 사랑과 성령의 교통하심이 너희 무리와 함께 있을지어다"(고후 13:13)

성령께서는 삼위 하나님 가운데 또 다른 보혜사이신 성령 하나님이시다. 지금 주님께서는 비록 이 땅을 떠나가셨지만, 우리 가운데 또 다른 보혜사이신 성령 하나님을 거하게 하셔서 우리와 영원히 함께하시는 임마누엘의 하나님이 되신다. 이미 성령께서는 2천 년 전부터 제자들 속에 계시면서 성자 하나님이신 예수 그리스도가 이 땅을 떠나간 이후에 모든 구속 사역을 교회 가운데서 이루어 가신다. 보이지 않는 하나님의 영 곧 예수 그리스도의 영(롬 8:9)이신 또 다른 보혜사 성령께서는 그 어떤 경우에도 신천지의 총회장 교주가 아니므로, 지구상의 모든 교회 곧 각 사람의 속에 거하실 수 있는 것이다.

신천지의 주장대로 성령이 천사라고 한다면, 천사가 하나님과 예수 그리스도 곧 성부 하나님과 성자 하나님과 동격의 위치에 있다는 것인데, 히브리서 기자는 히브리 교회에게 편지하면서 천사는 숭배 받을 대상이 아니라, 오히려 구원 얻을 교회를 위해 섬기라고 보내어진 부리는 영이라고 하였다(히 1:13~14).

초대교회 안에는 오늘날과 달리 천사 숭배 사상이 있었다. 그래서 히브리 교회 안에는 천사와 예수 그리스도를 거의 동일하게 숭배하는 사람들이 있었던 것으로 추정된다. 이 때문에 히브리서 기자는, 하나님께서 천사 중 누구에게도

"너는 내 아들"이라고 말씀하시지 않았다고 강한 반어법으로 강조한 후, 맏아들이신 예수 그리스도가 이 땅에 다시 오실 때에 모든 천사는 저에게 경배하게 될 것이며, 하나님께서 만유의 후사로 삼으신 분은 예수 그리스도이시지 천사가 아니며, 지금도 하나님의 우편에 앉아 계시는 분은 천사 중 하나가 아니라 예수 그리스도이심을 분명히 했다. 그래서 예수 그리스도만이 교회로부터 숭배 받으셔야 하는 하나님의 영광의 광채시고 본체의 형상이심을 말씀(히 1:1~8)하신 후, 결론을 맺기를 모든 천사는 부리는 영으로서 구원 얻을 후사들을 위해 섬기라고 보내졌기 때문에 천사를 숭배하지 말라고 명령하였던 것이다(히 1:13~14).

"옛적에 선지자들로 여러 부분과 여러 모양으로 우리 조상들에게 말씀하신 하나님이 이 모든 날 마지막에 아들로 우리에게 말씀하셨으니 이 아들을 만유의 후사로 세우시고 또 저로 말미암아 모든 세계를 지으셨느니라 이는 하나님의 영광의 광채시요 그 본체의 형상이시라 그의 능력의 말씀으로 만물을 붙드시며 죄를 정결케 하는 일을 하시고 높은 곳에 계신 위엄의 우편에 앉으셨느니라 저가 천사보다 얼마큼 뛰어남은 저희보다 더욱 아름다운 이름을 기업으로 얻으심이니 하나님께서 어느 때에 천사 중 누구에게 네가 내 아들이라 오늘날 내가 너를 낳았다 하셨으며 또다시 나는 그에게 아버지가 되고 그는 내게 아들이 되리라 하셨느뇨 또 맏아들을 이끌어 세상에 다시 들어오게 하실 때에 하나님의 모든 천사가 저에게 경배할지어다 말씀하시며 또 천사들에 관하여는 그는 그의 천사들을 바람으로, 그의 사역자들을 불꽃으로 삼으시느니라 하셨으되 아들에 관하여는 하나님이여 주의 보좌가 영영하며 주의 나라의 홀은 공평한 홀이니이다"(히 1:1~8)

"어느 때에 천사 중 누구에게 내가 네 원수로 네 발등상 되게 하기까지 너는 내 우편에 앉았으라 하셨느뇨 모든 천사들은 부리는 영으로서 구원 얻을 후사들을 위하여 섬기라고 보내심이 아니뇨"(히 1:13~14)

초대교회는 성령을 성부 하나님, 성자 하나님과 함께 교회에게 세례를 베푸시는 하나님으로, 교회를 축복하시는 하나님으로 신앙 고백하였다(마 28:19~20, 고후 13:13). 그러므로 초대교회는 감히 하나님이신 성령을 피조물인 천사와 동일시하지 않았다. 따라서 신천지의 "성령 = 천사"라는 주장은 성경 어디에도 없는 망령된 해석이다.

신천지는 계시록 4장에 등장하는 영들에게는 각각의 사명이 있다고 한다. 그래서 영은 비록 같은 영이지만 각각 자기가 맡은 사명, 곧 직책이 다르다고 한다. 그러므로 천천만만의 천사 중 보혜사 성령이 있다는 비성경적 주장을 한다. 그래서 초림 당시 예수님이 요한복음 5장 43절의 말씀처럼 하나님의 이름으로 오셨기 때문에 요한일서 2장 6절에서처럼 하나님의 대언자가 되었듯이 예수의 이름으로 오신 요한복음 14장 26절의 보혜사 성령은 예수님의 대언자가 되는데, 그들의 교주가 예수님의 대언자인 보혜사 성령이 될 수 있는 것은 성령은 영이지만, 이 영이 함께 하는 육체가 보혜사가 되기 때문이라고 한다. 그러면서 이 보혜사는 직책, 곧 사명이라고도 주장한다.

도대체 요한복음 14장 16~17절과 26절의 말씀 어디에 그들의 논리대로 영이신 성령이 사람의 육체에 임하여 사명자 보혜사가 된다는 말이 있는가? 그 말씀 어디에도 진리의 성령이 육체에 임하여 그 육체가 보혜사가 된다는 정신 나간 복잡한 말은 한마디도 없다. 분명히 요한복음 14장 16~17절은 '진리의 성령'이 바로 '또 다른 보혜사'이심을 분명히 하고 있다. 그리고 요한복음 14장 26절에서는 진리의 성령이신 또 다른 보혜사, 곧 '그'가 제자들을 가르치신다. 그러므로 진리의 성령, 그분이 바로 또 다른 보혜사이신 '그'이시다.

신천지는 영이신 성령이 육체인 자기 교주에게 임하여 자기 교주가 사명자인 또 다른 보혜사가 된다는 웃지 못할 궤변을 정당화하려고 고린도전서 6장 17절의 말씀을 인용한다. 그들은, 성령이 없는 자가 성령을 받으면 그 사람은 성령과 하나가 되기 때문에 보혜사 성령을 받은 그들의 교주가 보혜사 성령과 하나가 되어서 또 다른 보혜사가 된다는 것이다. 그러나 그들이 인용한 고린도전서 6장 17절의 "주와 합하는 자는 한 영"이라는 말의 의미는 하늘에 있는 천사의 영들과 인간의 육체가 합한다는 논리를 말하는 것이 아니다.

사도 바울은 "주와 합하는 자는 한 영"이라는 고린도전서 6장 17절의 말씀에 앞서서 육체적 관계를 통한 육적 결합을 언급하면서 그 결합 관계를 그리스도와 성도로 유추시켜 영적 결합이라는 명제를 도출시키고 있다. 그래서 구원받은 사람들은 죄와 하나가 되어 살지 말고 거룩한 삶을 살아서 하나님께 영광 돌릴 것을 말하고 있다. 결론적으로 사도 바울은 거룩한 삶이 그리스도와 하나 된 삶이며, 성령과 하나 된 삶임을 말하고 있다.

"너희 몸이 그리스도의 지체인 줄을 알지 못하느냐 내가 그리스도의 지체를 가지고 창기의 지체를 만들겠느냐 결코 그럴 수 없느니라 창기와 합하는 자는 저와 한몸인 줄을 알지 못하느냐 일렀으되 둘이 한 육체가 된다 하셨나니 주와 합하는 자는 한 영이니라 음행을 피하라 사람이 범하는 죄마다 몸 밖에 있거니와 음행하는 자는 자기 몸에게 죄를 범하느니라 너희 몸은 너희가 하나님께로부터 받은 바 너희 가운데 계신 성령의 전인 줄을 알지 못하느냐 너희는 너희의 것이 아니라 값으로 산 것이 되었으니 그런즉 너희 몸으로 하나님께 영광을 돌리라"(고전 6:15~20)

구원받은 교회는 죄악 된 삶을 멀리하고 하나님의 말씀대로 성령의 인도대로 거룩한 삶을 살아야 한다. 구원받았다고 하면서 창기와 음행하는 자가 있다면 그와 같은 음행의 죄로 말미암아 창기와 같이 음행한 자가 된다. 이것은 결코 창기와 음행한 남자가 창기가 되는 것도 아니고, 창기의 영이 음행한 자에게 임해서 음행한 그 남자가 창기로 불린다는 의미도 아니다.

사도 바울이 고린도전서 6장 17절을 통해서 말하고 있는 것은 주와 합한 자는 한 영이 되어서 실제로 주님과 같이 되거나 주님이 된다거나 주님이 될 수 있다는 해괴한 논리를 가르치고 있는 것이 아니다. 그는 그리스도와 같이 합한 자는 성령 안에서 거룩한 삶을 살아야 결과적으로 한 영으로서 주와 하나 된 자가 됨을 말하고 있다.

음행하는 자는 창기와 같은 자가 된다. 따라서 이 말씀은 주와 합한 자는 음행의 죄를 범하지 말라는 것이다. 그러므로 구원받은 교회가 음행의 죄를 물리치면 결과적으로 한 영으로 주와 합한 자가 된다는 것이지 무슨 영이 어디에 임하여 그 육체가 그 영의 이름으로 불린다는 그런 해괴한 말이 아니다. 그러므로 고린도전서 6장 17절의 말씀은 그 어떤 경우에도 천천만만의 영 가운데 보혜사 성령이라는 영이 있어서 그들의 교주 육체와 하나가 된다는 그래서 그들의 교주가 또 다른 보혜사가 된다는 황당한 교리를 주장하기 위해 자기 멋대로 인용해서는 안 된다.

신천지는 그들 교주의 육체에 임한 진리의 성령으로 말미암아 그들의 교주가 또 다른 보혜사가 되었다고 하면서 그들의 교주에게 임한 성령을 진리의 성령, 보혜사 성령이라고 한다. 그들은 영과 육의 합일을 주장하면서 진리의 성령, 보혜사 성령이 자신들의 교주에게 임하였고, 주와 합하는 자는 한 영이기 때문에 그들의 교주가 또 다른 보혜사라고 한다.

이처럼 신천지는, (어떤) 이름을 가진 영이 인간 육체에 임하면 그 육체가 그 영의 이름으로 불린다는 해괴한 논리를 주장할 때는, 예수님이 제자들에게 성령을 받으라 하셨고

(요 20:22) 사도행전 2장 1~4절 말씀처럼 성령이 제자들에게 임했다고 주장한다. 그러나 정작 그들의 교주는 자신만이 받은 보혜사라는 이름을 가진, 진리라는 이름을 가진 성령이 예수님의 제자들에게는 오지 않았다고 주장한다. 이유는 그들에게 만약 성령이 임했다면, 진리의 말씀에 대해 알게 되었을 것이지만, 그래서 요한계시록도 다 풀어서 주었을 것이지만, 아직 교회가 요한계시록에 대해 알지 못하는 것을 보았을 때, 제자들에게는 진리의 성령이 오지 않았다는 것이다.

사도 요한은 요한계시록을 기원후 96년경에 저술한 것으로 알려진다. 이때는 모든 주의 제자들이 순교를 했을 때이다. 그런데 제자들이 생존해 있는 동안 기록되지도 않은, 세상에 나오지도 않은 요한계시록을 제자들이 풀이를 못했다고 제자들에게는 진리의 성령이 없다고 하면서 또 한편으로는 주님이 말씀하신 성령을 제자들이 받았다고도 하는 신천지의 짝 맞추기식 성경해석은 횡설수설이다. 그들이 인정한 대로, 그리고 성경이 증언하는 대로 과연 성령이 제자들에게 임했다면, 사도행전 2장 1~4절에서 120여 명의 제자에게 임했던 성령은 그들의 궤변대로라면 어떤 이름의 성령이란 말인가? 횡설수설하는 그들도 분명히 인정했듯이 주님께서 제자들에게 성령을 받으라고 하셨고, 제자들이 성령을 받았다면 도대체 제자들이 받았던 성령은 하늘에서 어떤 이름을 가진 성령이란 말인가?

신천지는 로마서 8장 9절의 말씀을 인용해서 그리스도의 영이 없는 사람은 그리스도인이 아니라고 말은 한다. 그렇다면 신천지 교인 개개인에게는 그들 교주에게 임한 영이 임해야 하지 않겠는가? 그것은 그리스도의 영이 있어야 그리스도인이 되는 것처럼 그들 교주에게 임한 영이 동일하게 신천지 교인 모두에게도 임해야 하기 때문이다. 그런데 정작 그들은 자신들의 교주에게 임한 영은 천천만만의 영들 가운데 예수의 이름으로 보내는 보혜사 성령이고, 보혜사 성령은 그들의 교주에게만 임했다고 한다. 그러나 그들의 뒤죽박죽 교리대로라면 신천지인들 각자에게도 그들 교주의 영, 곧 보혜사 영이 임했다고 해야 할 것이고, 진리라는 이름을 가진 성령이 임했다고 해야 할 것이다. 그런데 그들은 진리의 성령, 곧 보혜사라는 이름을 가진 영이 자신의 교주에게만 임했다고 주장을 하니 이 무슨 말인지 알고 보면 도저히 앞뒤가 맞지 않은 모순의 극치이다.

무식해도 무식한 정도가 아니고, 도저히 입에 담을 수 없을 정도로 참담하기 그지없는 무식한 발언을 생명의 계시라고 쏟아내는 그들의 짝 맞추기식 성경해석은 정말이지 하나님의 말씀의 칼을 가지고 대적하기에도 너무나 유치한 수준이다. 어쩌다가 사정이 이렇게 되어서 하나님의 말씀의 칼인 복음의 보검寶劍을 가지고 어린아이의 플라스틱 가짜 장난감 칼과 칼싸움을 하는 형국이 되었는지 참담하기 그지없다.

예수님은 보혜사, 곧 진리의 성령이 오셔서 자칭 또 다른 보혜사인 신천지의 총회장 교주를 증언할 것이라고 말씀했던 것이 아니라, 자신 곧 예수님에 대해서 증언하실 것이라고 말씀하셨다.

> "내가 아버지께로서 너희에게 보낼 보혜사 곧 아버지께로서 나오시는 진리의 성령이 오실 때에 그가 나를 증거하실 것이요"(요 15:26)

예수님은 하나님 아버지께로 가시려는데 제자들은 오히려 근심이 가득했다(요 16:6). 이는 예수님의 떠나가심에 대한 제자들의 불안과 근심일 것이다. 그러나 예수님은 자신이 떠나가는 것이 제자들에게 유익이라고 말씀하셨다(요 16:7). 그것은 하나님께서 그들에게 보혜사, 곧 진리의 성령을 보내 주실 것이기 때문이다.

약속의 또 다른 보혜사 곧 진리의 성령은 이미 2천 년 전에 마가 다락방에서 기도하던 120명의 제자들 속에 강림하셔서 예수님이 그들 가운데 있을 때도 불안해하고 근심했던 제자들을, 그리고 비겁하기까지 했던 제자들을 강하고 담대하게 변화시켜 목숨 바쳐 하나님의 복음을 전하게 했다. 이처럼 그들이 적대적인 온 세상을 향해 죽음도 두려워하지 않고 복음의 진리를 전할 수 있었던 것은 주님께서 제자들에게 약속하셨던 '또 다른 보혜사' 곧, '진리의 성령'이 그들 속에 거했기 때문이다.

지금도 주님이 약속하신 또 다른 보혜사 진리의 성령은 교회 개개인 속에 계시면서 그들로 하나님을 아바 아버지라 부르게 하고, 성령의 소욕대로 육체의 정과 욕심을 십자가에 못 박게 하며, 예수 그리스도의 형상에 이르러 가게 하신다. 그리고 성령은 종국에 우리의 죽을 몸을 살려낼 것이다(롬 8:11~14).

신천지는 요한복음 5장 43절의 말씀처럼 예수님이 하나님의 이름으로 오셨기 때문에 하나님의 이름으로 오신 예수님 안에 하나님이 계셨고, 예수님과 하나님이 하나가 되셨다고 주장한다. 그러면서 세례요한은 엘리야의 심령으로 왔으므로 세례요한이 곧 엘리야라고 한다. 이와 같은 논리를 따라 영은 육, 즉 사명자를 들어 역사한다고 했는데, 그렇다면 세례요한이 죽고 난 다음에 변화 산에 모세와 함께 영광으로 변형되신 예수님 앞에 나타난 엘리야는 어떤 존재인가? 그리고 그들의 주장대로라면 영이 임한 육체는 죽지 말아야 하는데, 세례요한은 왜 죽었다는 말인가?

신천지는 말하기를 그들의 교주에게는 보혜사 성령이 임해 있기 때문에 칼에 찔려도 죽지 않는다고 한다. 그렇다면 하나님의 영이 육체 예수에게 임하여 육체 예수가 곧 하나님이 되었듯이, 엘리야의 영이 육체인 세례요한에게 임하여 세례요한이 엘리야가 되었다면 세례요한은 죽을 수도 없을 뿐더러 죽지도 말아야 하고, 무엇보다도 배도할 수도 없고 배도하지도 말아야 한다. 그것은 엘리야야 말로 구약의 모든 선지자를 대표하는 선지자 중의 선지자이기 때문이다. 그런데도 신천지는 세례요한을 배도자라고 주장한다.

분명히 성경은 엘리야가 죽음을 보지 않고 살아 있는 육체 그대로 승천했다고 말한다.

> "여호와께서 회리바람으로 엘리야를 하늘에 올리고자 하실 때에 엘리야가 엘리사로 더불어 길갈에서 나가더니……두 사람이 행하며 말하더니 홀연히 불수레와 불말들이 두 사람을 격하고 엘리야가 회리바람을 타고 승천하더라"(왕하 2:1, 11)

신천지의 주장대로 세례요한의 육체에 엘리야의 영이 임

하였다면 엘리야가 승천할 때의 그 육체는 도대체 어디에 있다는 말인가? 신령한 몸으로 변한 엘리야는 세례요한의 육체에 들어간 것이 아니라 세례요한이 죽고 난 다음 예수님께서 변화 산에서 영광의 형체로 변화되실 때, 모세와 함께 바로 그 자리에 나타났다(마 17:1~8). 나타난 엘리야는 세례요한이 아니라 엘리야 바로 그였다.

3 세례요한

　신천지는 마태복음 14장 1~12에서 세례요한이 어린 여자의 춤 값으로 목숨을 잃은 것을 보았을 때, 그의 죽음을 순교라고 볼 수 없다고 한다. 그러면 초대교회 당시에 동료 교우들과 함께 아무런 저항도 해보지 못하고 원형 경기장에 끌려가서 맹수의 밥이 되었던 초대교회 성도들은 순교한 것이 아니란 말인가? 중요한 것은 '어떤 수단으로, 어떤 방법으로, 어떤 과정으로 죽임을 당했는가' 하는 것이 아니라 '왜 죽임을 당했는가' 하는 것이다. 얼마든지 죽음을 피할 수 있음에도 진리를 위해서 그 죽음을 피하지 않았다면 그것은 명백히 순교이다. 세례요한은 당대의 권력자 헤롯 왕이 범한 불의를 질책하다가 결국에는 죽었다. 당시 어느 누가 감히 헤롯 왕의 불의를 질책할 수 있었겠는가?
　다윗 왕의 죄악을 책망(삼하 12:1~15)했던 나단 선지자처럼 구약 이스라엘 선지자들은 이스라엘 왕들이 범한 불의에 대해서 책망하기를 주저하지 않았다. 세례요한 당시에 이스라엘을 치리하는 왕이 누구였는가? 바로 헤롯 안티파스였다. 세례요한은 선지자의 전통을 따라 헤롯 왕의 불의를 묵과하지 못하고 책망했던 것이다. 그런데 신천지는 세례요한이 자기 할 일은 하지 않고 쓸데없는 일에 참견하다가 개죽음을 당한 것으로 비난한다. 그러나 세례요한은 이스라엘 백성에게 회개를 촉구했던 하나님의 선지자로서 당대 이스라엘을 치리하는 헤롯 왕의 죄악을 당연히 책망해야만 했다. 그래서 헤롯 왕의 죄악을 책망했던 것이고, 결국에는 이것이 원인이 되어 죽음에 이르게 되었다. 그의 죽음은 의로운 죽음이다.

말라기 선지자는 여호와의 크고 두려운 날이 이르기 전에 아비의 마음을 자녀에게로 돌이키게 하고 자녀의 마음을 그들의 아비에게로 돌이키게 하는 선지 엘리야가 나타날 것이라고 하였다.

> "보라 여호와의 크고 두려운 날이 이르기 전에 내가 선지 엘리야를 너희에게 보내리니 그가 아비의 마음을 자녀에게로 돌이키게 하고 자녀들의 마음을 그들의 아비에게로 돌이키게 하리라 돌이키지 아니하면 두렵건대 내가 와서 저주로 그 땅을 칠까 하노라 하시니라"(말 4:5~6)

여기서 하나님으로부터 보냄을 받는 선지 엘리야는 아합왕 당시에 하나님의 선지자로 활동하며 육체를 가지고 있었던 그 엘리야를 말하는 것이 아니다. 신천지는 이 말을 인용하여 오리라 한 엘리야가 세례요한이라는 주님의 마태복음 11장 14절 말씀을 자기들 마음대로 이해하고 해석하여 엘리야의 영이 육체 세례요한에게 임해서 세례요한이 엘리야라는 황당한 주장을 한다. 그러나 신천지의 주장대로 엘리야는 세례요한의 육체에 영으로 임해서 오는 것이 아니다.

주의 길을 예비하는 세례요한에게 엘리야의 영이 아니라 엘리야의 심령과 능력이 임했다.

"저가 또 엘리야의 심령과 능력으로 주 앞에 앞서 가서 아비의 마음을 자식에게, 거스리는 자를 의인의 슬기에 돌아오게 하고 주를 위하여 세운 백성을 예비하리라"(눅 1:17)

엘리야의 심령과 능력으로 이스라엘 백성의 마음을 하나님께로 돌이키게 하려고 약대 털옷을 입고 광야에서 담대하게 회개를 외쳤던 세례요한은 마치 엘리야와 같은 선지자였다. 그것은 그에게 엘리야의 영이 임해서가 아니라 그의 담대한 사역 속에서 엘리야와 같은 심령과 능력이 나타났기 때문이다. 당대의 사람들은 세례요한을 통해 엘리야를 기억

할 수 있었다. 그의 사역은 엘리야의 불꽃같은 사역과 동일하였다.

모세는 임종을 앞두고 모압 평지에서 이스라엘 백성에게 마지막 고별 설교를 하면서 먼훗날 이스라엘 가운데서 자신과 같은 선지자 하나를 하나님께서 일으키실 것이라고 예언하였다.

"네 하나님 여호와께서 너의 중 네 형제 중에서 나와 같은 선지자 하나를 너를 위하여 일으키시리니 너희는 그를 들을지니라"(신 18:15)

"내가 그들의 형제 중에 너와 같은 선지자 하나를 그들을 위하여 일으키고 내 말을 그 입에 두리니 내가 그에게 명하는 것을 그가 무리에게 다 고하리라"(신 18:18)

예언된 모세와 같은 이 선지자는 바로 예수 그리스도이시다. 모세는 이스라엘 백성을 애굽에서 구원했고, 예수 그리스도는 당신의 백성을 죄와 사망에서 구원하셨다. 모세는 이스라엘 백성에게 하나님의 율법을 전달하였고, 예수 그리스도는 하나님의 말을 우리에게 고하셨고 새 계명을 주셨다(요 12:49~50; 13:34). 모세와 예수 그리스도의 사역은 동일했다. 그러나 예수 그리스도가 모세는 아니다.

　세례요한은 마치 엘리야처럼 담대한 심령과 능력으로 이스라엘 백성을 향해 회개하고 하나님께로 돌이킬 것을 외쳤다. 우리는 세례요한의 사역에서 그 옛날 갈멜 산 정상에서 이스라엘 백성을 향해 하나님만을 섬길 것을 담대하게 외치던 엘리야의 모습을 보는 것과 같다. 이런 의미에서 세례요한은 오리라 한 엘리야이다.

　아합 왕 당시 이스라엘 백성은 하나님과 바알을 동시에 섬기면서 하나님을 떠나갔다. 그런 패역한 이스라엘을 하나님 유일신 신앙으로 돌려세우려고 선지자 엘리야는 하나님으로부터 주어진 담대한 심령과 능력으로 일생을 헌신하였다. 우리는 갈멜 산 정상에서 바알의 선지자 450명과 아세라의 선지자 400명을 상대로 오로지 홀로 고군분투하며 하늘에서 불을 끌어내리는 위대한 선지자 엘리야를 기억하고 있다. 그의 불꽃 같은 사역은 하나님과 바알 사이에서 우왕좌왕하며 하나님과 바알을 더불어 섬기는 이스라엘의 마음을 잠시나마 오로지 하나님께로만 돌이키게 하였다. 그의 심령과 능력은 훗날 그의 제자 엘리사에게 전해졌다.

　엘리사는 하나님의 부름을 받고 이 땅을 떠나는 엘리야에게 그의 스승 엘리야가 가졌던 영감의 갑절을 구했다.

"엘리야가 겉옷을 취하여 말아 물을 치매 물이 이리저리 갈라지고 두 사람이 육지 위로 건너더라 건너매 엘리야가 엘리사에게 이르되 나를 네게서 취하시기 전에 내가 네게 어떻게 할 것을 구하라 엘리사가 가로되 당신의 영감이 갑절이나 내게 있기를 구하나이다"(왕하 2:8~9)

이후 엘리사는 그가 구하였던 갑절의 영감, 곧 엘리야의 심령과 능력으로 스승 엘리야를 뒤이어서 남은 자신의 일생을 오로지 하나님을 떠난 이스라엘 백성의 강퍅한 심령을 하나님께로 돌이키게 하려고 헌신하였다. 그는 갑절의 영감, 곧 엘리야의 심령과 능력으로 이스라엘의 마병과 병거(왕하 13:14)로서 가장 많은 기적을 일으켰다. 그는 죽은 이후에도 자신의 유골에 닿은 죽은 자를 살려 내는 기적을 베풀었다(왕하 13:21).

세례요한은 하나님을 떠난 이스라엘 백성의 마음을 하나님께로 돌이키기 위해 엘리야의 심령과 능력으로 담대하게 요단 강 가에서 당대에 철옹의 도성과 같았던 이스라엘의 특권화한 종교 지도자들을 뱀과 독사의 새끼들로 정죄하며 그들에게 임박한 하나님의 심판을 경고하였다(마 3:1~10). 그는 패역한 이스라엘 백성을 향해 강력하게 회개를 촉구함으로 이 땅에 오시는 하나님의 길을 예비하였다.

세례요한의 담대한 심령과 능력의 사역이야말로 패역한 이스라엘 백성의 완악한 마음 밭을 회개의 복음으로 갈아엎어 그들의 심령의 대로에 하나님이 오시는 길을 예비했다. 그의 강력한 회개의 외침이야말로 백성의 죄악된 심령의 골짜기를 돋우어지게 했으며, 교만한 마음의 산을 낮아지게 했으며, 고르지 않은 심령의 길을 평탄하게 했으며, 험한 심령의 골짜기를 평지로 만들었다(사 40:3~5). 이처럼 그는 엘리야의 담대한 심령과 능력으로 이스라엘 백성의 마음을 하나님께 돌이키게 하였던 것이다.

　우리는 바로 그의 사역 속에서 그 옛날 위대한 선지자 엘리야의 모습을 기억할 수 있다. 엘리야의 심령과 능력이 그의 제자 엘리사에게 임했듯이 세례요한에게도 임했다. 그는 엘리야와 같이 자신의 담대한 심령과 능력의 사역을 통해 자신이 바로 오리라 한 엘리야임을 증언했다.

　'오리라 한 엘리야'에 관한 이해를 위해 다음의 예를 생각해 보자. 세계 축구계를 평정하고 있는 메시를 향해 마라도나의 환생이라고들 한다. 그러나 그는 환생한 마라도나가 아니다. 단지 마라도나처럼 그라운드에서 신기에 가까운 기술을 선보일 뿐이다. 사람들은 그라운드를 누비는 그의 신기에 가까운 기술을 보며 마라도나를 떠올린다. 그렇다고 메시가 마라도나인가? 아니다. 그러나 메시가 마라도나는 아니지만 그는 마라도나가 가졌던 신기에 가까운 드리블과 슈팅력을 통해 마치 경기장에 돌아온 마라도나 같은 것이다. 마찬가지로 선지 엘리야를 보낸다는 예언의 말씀은 엘리야가 가졌던 심령과 능력으로 이스라엘 백성에게 회개의 세례를 베푸는 세례요한의 사역 안에서 성취되는 것이지 엘리야의 영이 세례요한의 육체에 임해서 세례요한이 엘리야가 되고, 엘리야가 세례요한이 된다는 황당한 의미가 아니다.

　엘리야의 영이 세례요한의 육체에 임하여 엘리야가 세례요한이 되고, 세례요한이 엘리야가 되었다면, 세례요한은 결단코 육체의 죽음을 보아서는 안 된다. 그리고 더더군다나 배도해서도 안 되고 배도할 수도 없다. 그것은 엘리야 선지자가 구약 역사상 가장 위대한 선지자 중 한 사람이었을 뿐만 아니라, 죽음을 보지도 않고 배도하지도 않았기 때문이다. 그런데 신천지는 세례요한이 엘리야의 영을 입었다고 하면서 세례요한을 배도자라고 하니 이 얼마나 모순된 주장인가? 이와 같은 황당한 주장을 신천지가 늘어놓는 이유는 세례요한의 육체에 엘리야의 영이 임해서 엘리야가 세례요한이 되고 세례요한이 엘리야가 되듯이 보혜사라는 이름을 가진 성령, 곧 진리의 성령이 그들 교주의 육체에 임하여 그들의 교주가 보혜사가 되고, 보혜사가 곧 자신들의 교주라는 웃지 못할 괴변을 고집하기 위함이다.

신천지는 요한복음 14장 16~17절과 26절의 말씀을 자의로 해석해서 보혜사의 사명을 가지고 예수님의 이름으로 오시는 진리의 성령이 그들의 교주 속에 거하고, 그 결과 그들의 교주가 또 다른 보혜사가 된다고 정신없이 복잡하게 말을 하지만, 그 구절의 말씀 어디에 진리의 성령이 대언자를 택해서 사람들에게 가르친다고 말하는가. 다시 요한복음 14장 16~17절과 26절 말씀을 유심히 살펴보면 그 구절의 말씀은 너무도 간단하고 명료하게 보혜사가 곧 진리의 성령이시고, 그 진리의 성령이 우리 각 사람, 곧 교회 속에 거하셔서 가르치신다는 의미이다. 이는 사도 요한이 요한일서 2장 27절에서 말한바 "기름 부음", 곧 성령이 우리 안에 내주하셔서 가르치신다는 의미이다.

보혜사와 성령은 직임과 영, 사명자와 영, 육체와 영으로 분리되는 것이 아니라, 성령이 곧 보혜사이고 진리의 성령이며, 이 진리의 성령을 사도 요한은 우리 속에 거하셔서 우리를 가르치시는 기름 부음이라고 했다. 그러므로 '또 다른 보혜사' 이신 진리의 성령은 신천지의 교주 한 사람의 육체를 들어서 역사하는 것이 아니라, 주의 이름을 부르며 하나님을 아바 아버지라 부르는 구원받은 한 사람 한 사람 모두를 들어서 역사하신다.

신천지는 영이란 육체가 없는 존재라는 의미에서 영이며,

영은 곧 천사이고, 계시록에서 천천만만의 영은 천천만만의 천사를 의미하며, 그중에서 보혜사란 이름을 가진 성령이 자신들의 교주 육체에 임한다고 믿지만, 그러나 성령은 성부 하나님과 성자 하나님과 함께 교회에게 세례를 주시고, 예배를 받으시고 교회를 축복하신다(마 28:19; 고후 13:13).

신천지의 엉터리 주장대로 보혜사라는 이름을 가진 성령이 천천만만의 영, 천천만만의 천사들 가운데 한 영이라면, 또 설령 천천만만의 영들 가운데서 제일가는 대표 영이라고 하더라도 그들의 궤변에 의하면 보혜사 성령은 천사 중 하나라는 말인데, 그렇다면 어떻게 그에게 피조물이 영광을 돌릴 수 있는가? 다시 한 번, 천사숭배를 금지하며 하나님의 아들 예수 그리스도와 천사는 동등 될 수 없으며, 천사는 부리는 영으로서 구원 얻을 후사를 위해 섬기라고 보냄을 받았다는 히브리서 기자의 말에 유념해야 한다(히 1:1~14).

하나님은 천지에 충만하시다. 그러므로 요한계시록에서 하나님의 영을 일곱 영이라고 표현한 것이다. 다시 말하지만 일곱 영이라는 말의 의미는 영이 일곱으로 구성되었다는 말이 아니다. 히브리인에게 7은 하나님의 완전, 하나님의 충만, 하나님의 능력을 상징하는 숫자이다. 따라서 일곱 영은 하나님의 충만한 완전한 능력의 성령을 의미한다.

하나님께서 천지에 충만하심같이 삼위 하나님의 한 분이

신 성령 하나님 또한 천지에 충만하시다. 그러므로 시편 기자는 "내가 주의 신을 떠나 어디로 가며 주의 앞에서 어디로 피하리이까"(시 139:7)라고 하였다. 여기서 주의 신은 하나님의 영이신 성령이시다. 하나님의 성령을 구약에서는 하나님의 신이라고 호칭했다. 이처럼 성령 하나님은 천지에 충만하시므로 구원받은 교인 한 사람 한 사람에게 내주하시는 것이다.

신천지는 구원의 과정을 "배도 – 멸망 – 구원"의 순서로 나열한다. 이 공식을 따라 하나님의 말씀을 짜깁기한다. 신천지의 총회장 교주는, 세례요한을 배도자로, 서기관들과 바리새인들을 멸망자로, 그리고 세례요한에 의해서 세례를 받은 예수님을 구원자라고 공식화하여 자신이 과거 멸망자인 장로교 목사에 의해 멸망한 배도자들인 일곱 교회 목자가 치리하던 과천의 장막성전을 이기고 나온 구원자라는 웃지 못할 어설픈 논리를 전개한다. 그들은 헤롯 왕의 죄악을 책망하다가 옥에 갇힌 세례요한이 자신의 제자들을 예수님에게 보내어 예수님이 과연 구약에서 예언한 이스라엘의 메시아가 맞는가를 질문하는 마태복음 11장 2~15절의 말씀을 자의로 해석해서 그들의 황당한 주장을 마치 대단한 지식이라도 되는 양 설파한다.

신천지는 옥에 갇힌 세례요한이 제자들을 보내어 예수님에게 묻기를 "오실 그이가 당신입니까? 아니면 다른 이를 기다려야 합니까?"라는 마태복음 11장 2~3절 말씀을 가지고 세례요한이 이처럼 자신이 증언한 메시아를 의심하고 있기 때문에 배도했다고 한다. 그러면서 그들은 주님께서도 세례요한이 보낸 제자들로부터 질문을 받으신 후, 당신으로 말미암아 실족하지 않는 자가 복이 있다(마 11:6)고 하셨기 때문에 세례요한은 실족, 즉 배도한 것이 틀림이 없다고 한다.

여기에 더하여 신천지는 세례요한의 제자들이 떠난 후 주님께서 제자들에게 "너희가 무엇을 보려고 광야에 나갔더냐? 바람에 흔들리는 갈대냐?"라고 하셨던 마태복음 11장 7절 말씀을 인용하며 전후 문맥의 앞뒤를 가리지 않고 세례요한은 바람에 흔들리는 갈대, 곧 배도자라고 주저 없이 말한다. 계속해서 그들은 주님께서 세례요한을 배도자로 보셨기 때문에 "천국에서는 극히 작은 자라도 저보다 크다"(마 11:11)고 하시며 그를 폄하하셨다고 한다. 그러면서 세례요한의 때부터 지금까지 천국이 침노를 당하고 침노하는 자마다 천국을 빼앗았듯이(마 11:12) 결국, 세례요한은 멸망자에 의해 침노를 받아 배도하고 멸망했다고 한다.

정말로 앞뒤 분간 못 하는 황당한 주장이다. 어린아이들은 도로를 걷다가도 신호등을 구분 못 하며, 또한 좌우로 달려오는 차를 어른들만큼 식별하지 못한다. 그들의 성경해석은 이처럼 앞뒤 문맥을 가릴 줄 모르는 유치한 어린이 수준이다. 과연 마태복음 11장 2~15절의 말씀이 이와 같은 그들의 허황된 주장을 정당화하고 있는가? 아니다.

우리는 먼저 이 본문의 말씀을 이해하기 전에, 세례요한을 포함하여 그 당시 이스라엘 백성이 가졌던 메시아관을 살펴보아야 한다. 그러할 때, 왜 세례요한이 옥에 갇힌 후, 제자들을 예수님에게 보내어 "오실 그이가 당신입니까? 아니면 다른 이를 기다릴까요?"라고 다소 예수님의 메시아 되심을 신뢰하지 못하는 듯한 질문을 했던가를 이해할 수 있다.

오늘 우리 교회가 재림하시는 예수님께서 이 땅에 다시 오시기 전에 반드시 전쟁과 천지개벽이 일어날 것으로 알고 있듯이 당시 구약 이스라엘 백성도 자신들이 기다리는 메시아가 이 땅에 오시기 전에 어마어마한 전쟁과 천지개벽이 일어날 것으로 믿고 있었다. 이유를 살펴보기 위해서는 구약 선지자들의 예언 몇 부분을 살펴보아야 한다.

먼저 이사야 선지자는 그들이 기다리는 메시아 곧 전능한 하나님이신 한 아기가 그들 가운데서 나는 날, 당신의 백성 이스라엘을 구원하시기 위해 그들에게 멍에를 지우고 채찍으로 다스리던 압제자의 막대기를 그 옛날 사사 기드온이 미디안 군대를 섬멸하였던 것과 같이 섬멸하시고 이스라엘 나라를 창성하게 하셔서 그들에게 탈취물을 나누는 때의 즐거움과 같은 구원을 허락하신다고 예언하였다.

"전에 고통하던 자에게는 흑암이 없으리로다 옛적에는 여호와께서 스불론 땅과 납달리 땅으로 멸시를 당케 하셨더니 후에는 해변 길과 요단 저편 이방의 갈릴리를 영화롭게 하셨느니라 흑암에 행하던 백성이 큰 빛을 보고 사망의 그늘진 땅에 거하던 자에게 빛이 비취도다 주께서 이 나라를 창성케 하시며 그 즐거움을 더하게 하셨으므로 추수하는 즐거움과 탈취물을 나누는 때의 즐거움같이 그들이 주의 앞에서 즐거워하오니 이는 그들의 무겁게 멘 멍에와 그 어깨의 채찍과 그 압제자의 막대기를 꺾으시되 미디안의 날과 같이 하셨음이니이다 어지러이 싸우는 군인의 갑옷과 피 묻은 복장이 불에 섶같이 살라지리니 이는 한 아기가 우리에게 났고 한 아들을 우리에게 주신 바 되었는데 그 어깨에는 정사를 메었고 그 이름은 기묘자라, 모사라, 전능하신 하나님이라, 영존하시는 아버지라, 평강의 왕이라 할 것임이라 그 정사와 평강의 더함이 무궁하며 또 다윗의 위에 앉아서 그 나라를 굳게 세우고 자금 이후 영원토록 공평과 정의로 그것을 보존하실 것이라 만군의 여호와의 열심이 이를 이루시리라"(사 9:1~7)

이 예언을 문자적으로만 이해하면 전능한 하나님이신 한 아기가 이스라엘 가운데 태어나는 날, 그래서 이스라엘이 고대하는 구원자 메시아가 이 땅에 임하시면 이스라엘을 압제하는 로마 군대를 섬멸하셔서 이스라엘 나라를 영원까지 굳게 세우시고 그들에게 무궁한 평강을 허락하신다. 그러므로 이스라엘 백성은 이 예언의 말씀을 문자적으로 이해하여 구원자 메시아가 이 땅에 오시면 어지러이 싸우는 군인의 갑옷과 피 묻은 복장이 불의 섶같이 살라지는 큰 전쟁이 일어날 것으로 생각하였다.

스가랴 선지자 역시 구원자 메시아가 이 땅에 오셔서 이스라엘의 대적 원수들을 멸절하시는 큰 전쟁이 있을 것으로 예언하였다.

"대저 드라빔들은 허탄한 것을 말하며 복술자는 진실치 않은 것을 보고 거짓 꿈을 말한즉 그 위로함이 헛되므로 백성이 양같이 유리하며 목자가 없으므로 곤고를 당하나니 내가 목자들에게 노를 발하며 내가 숫염소들을 벌하리라 만군의 여호와가 그 무리 곧 유다 족속을 권고하여 그들로 전쟁의 준마와 같게 하리니 모퉁이 돌이 그에게로서, 말뚝이 그에게로서, 싸우는 활이 그에게로서, 권세 잡은 자가 다 일제히 그에게로서 나와서 싸울 때에 용사같이 거리의 진흙 중에 대적을 밟을 것이라 여호와가 그들과 함께한즉 그들이 싸워 말 탄 자들로 부끄러워하게 하리라 내가 유다 족속을 견고하게 하며 요셉 족속을 구원할지라"(슥 10:2~5)

"그날에는 내가 예루살렘으로 모든 국민에게 무거운 돌이 되게 하리니 무릇 그것을 드는 자는 크게 상할 것이라 천하 만국이 그것을 치려고 모이리라 여호와가 말하노라 그날에 내가 모든 말을 쳐서 놀라게 하며 그 탄 자를 쳐서 미치게 하되 유다 족속은 내가 돌아보고 모든 국민의 말을 쳐서 눈이 멀게 하리니 유다의 두목들이 심중에 이르기를 예루살렘 거민이 그들의 하나님 만군의 여호와로 말미암아 힘을 얻었다 할지라 그날에 내가 유다 두목들로 나무 가운데 화로 같게 하며 곡식단 사이에 횃불 같게 하리니 그들이 그 좌우에 에워싼 모든 국민을 사를 것이요 예루살렘 사람은 다시 그 본 곳 예루살렘에 거하게 되리라 여호와가 먼저 유다 장막을 구원하리니 이는 다윗의 집의 영광과 예루살렘 거민의 영광이 유다보다 더하지 못하게 하려 함이니라 그날에 여호와가 예루살렘 거민을 보호하리니 그중에 약한 자가 그날에는 다윗 같겠고 다윗의 족속은 하나님 같고 무리 앞에 있는 여호와의 사자 같을 것이라 예루살렘을 치러 오는 열국을 그날에 내가 멸하기를 힘쓰리라"(슥 12:3~9)

"그때에 여호와께서 나가사 그 열국을 치시되 이왕 전쟁
날에 싸운 것같이 하시리라 그날에 그의 발이 예루살렘 앞
곧 동편 감람 산에 서실 것이요 감람 산은 그 한가운데가
동서로 갈라져 매우 큰 골짜기가 되어서 산 절반은 북으로,
절반은 남으로 옮기고 그 산 골짜기는 아셀까지 미칠지라
너희가 그의 산 골짜기로 도망하되 유다 왕 웃시야 때에 지
진을 피하여 도망하던 것같이 하리라 나의 하나님 여호와
께서 임하실 것이요 모든 거룩한 자가 주와 함께 하리라"
(슥 14:3~5)

위의 본문들을 문자적으로 이해하면, 이스라엘이 고대하였던 구원자 메시아는 이 땅에 오셔서 이스라엘의 대적을 멸절하시고 전쟁에서 승리하신다. 그래서 이스라엘 백성은 구원자 메시아가 오시는 날을 큰 전쟁의 날로 생각하였다.

요엘 선지자 역시 여호와의 날, 곧 성령이 이스라엘 백성 개개인에게 부어지는 날을 피와 불과 연기가 난무한 천지개벽의 날로 예언했다.

"그 후에 내가 내 신을 만민에게 부어 주리니 너희 자녀
들이 장래 일을 말할 것이며 너희 늙은이는 꿈을 꾸며 너희
젊은이는 이상을 볼 것이며 그때에 내가 또 내 신으로 남종

과 여종에게 부어 줄 것이며 내가 이적을 하늘과 땅에 베풀리니 곧 피와 불과 연기 기둥이라 여호와의 크고 두려운 날이 이르기 전에 해가 어두워지고 달이 핏빛같이 변하려니와 누구든지 여호와의 이름을 부르는 자는 구원을 얻으리니 이는 나 여호와의 말대로 시온 산과 예루살렘에서 피할 자가 있을 것임이요 남은 자 중에 나 여호와의 부름을 받을 자가 있을 것임이니라"(욜 2:28~32)

이처럼 이사야 선지자와 스가랴 선지자와 요엘 선지자의 예언을 문자적으로 이해하면 구원자 메시아가 이 땅에 오시는 날은 전무후무한 큰 전쟁의 날이고 천지개벽의 날이다. 그러나 그들이 기다리던 구원자 메시아가 이 땅에 오셨을 때, 그들이 소란스럽게 기대했던 그들을 압제하는 원수와 결전을 치르는 큰 전쟁은 일어나지 않았고 천지개벽도 일어나지 않았다.

예수님 당시 유대인들은 이와 같은 선지자들의 예언을 문자적 성취로 이해했기 때문에 전쟁의 메시아를 기다렸던 것이고, 제자들조차도 십자가 수난의 예루살렘을 향해 올라가시는 주님의 목전에서 그토록 자리 논쟁, 곧 논공행상을 하였던 것이다(마 20:20~21). 그것은 예루살렘에 입성하시는 예수님께서 이후 예루살렘에서 로마 군대를 몰아내시고 그들을 복속시킨 후에 이스라엘을 강대한 제국이 되게 하실 것으로 믿었기 때문이다.

이처럼 구원자 메시아가 임하시는 날을 큰 전쟁의 날로 기대하였던 이스라엘 백성의 메시아관에서 완벽히 자유롭지 못한 세례요한은 자신이 옥에 갇혔음에도 이 땅에 임하신 메시아에 의해서 아무런 일이 일어나지 않는 상황을 다소 의아해할 수밖에 없었을 것이다. 이유는 자신의 사역을 예언했던 말라기 선지자가, 엘리야가 와서 곧 세례요한 자신이 엘리야의 심령과 능력으로 이스라엘 백성을 하나님께로 돌이키게 하려고 회개를 촉구하지만, 그들이 듣지 않는다면 하나님 당신께서 속히 와서 땅을 심판하실 것을 예언했기 때문이다.

> "보라 여호와의 크고 두려운 날이 이르기 전에 내가 선지 엘리야를 너희에게 보내리니 그가 아비의 마음을 자녀에게로 돌이키게 하고 자녀들의 마음을 그들의 아비에게로 돌이키게 하리라 돌이키지 아니하면 두렵건대 내가 와서 저주로 그 땅을 칠까 하노라 하시니라(말 4:5~6)

지금 세례요한 자신은 옥에 갇혔고, 더는 이스라엘 백성을 하나님께로 돌이키게 하려고 회개의 세례를 전파할 수 없는 상황임에도 자신이 증언한 메시아 곧 하나님은 심판받아야 할 이스라엘을 향해 아무런 재앙도 내리시지 않았다. 그로서는 다소 의문이 생길 수 있었다. 선지자들의 예언을 문자적 성취로 이해한다면 구원자 메시아가 이 땅에 임하시는 날은 큰 전쟁의 날이고 천지개벽의 날이기 때문이다. 제자들조차도 삼 년간이나 예수님에게서 하나님 나라의 비밀을 교육받았음에도 유대인들이 가졌던 메시아관에서 자유롭지 못했는데 옥에 갇힌 세례요한이 당연히 잠시나마 약간의 의구심을 가질 수 있음은 지극히 당연한 현상이다.

  제자들은 주님께서 승천하시고 성령이 그들에게 주어지면 천지개벽이 일어날 것으로 어쩌면 기대하였는지도 모른다. 그래서 아마도 그들은 사도행전 1장 4~6절에서처럼 승천을 앞두고 그들에게 성령 세례를 당부하시는 주님에게 "이스라엘 나라를 회복하심이 이때니이까?"라고 물었던 것 아니겠는가? 그러나 시간이 흘러 사도 베드로는 하나님의 구원, 곧 이스라엘의 회복이 그와 같은 조국 이스라엘의 육적인 부국강병으로 성취되는 것이 아니라, 복음이 전파되고 죄인들이 예수 그리스도의 이름을 믿음으로 의로워져서 구원받는 사람들의 수가 흥왕하는 것으로 성취됨을 온전히 이해하게 되었다. 그래서 그는 베드로전서 2장 9절에서 예수 그리스도를 믿음으로 구원받은 사람들을 '거룩한 나라'라고 말하였던 것이다.

구원받은 사람들이 하나님의 교회이고 나라이다. 결국, 이스라엘 나라의 회복은 예수 그리스도를 믿는 믿음의 사람들을 통해 성취되었다. 이 얼마나 생각하지도 못했던 '하나님의 나라'인가.

이처럼 주님의 직계 제자들조차도 예루살렘의 회복과 구원, 곧 약속된 하나님의 나라가 큰 전쟁과 천지개벽과 함께 이루어지는 것으로 알았기 때문에 약속된 하나님의 나라, 곧 이스라엘의 회복이 복음 전파를 통해서 구원 얻는 자의 수가 더해지는 것으로 성취되는 것을 주님께서 승천하시는 시간까지도 온전히 이해하지 못했다. 그러므로 당연히 옥에 갇혔던 세례요한은 비록 자신이 예수님을 '세상 죄를 지고 가는 어린양'으로 증언하고 그분에게 세례를 주었다 할지라도 자신이 옥에 갇혀 있는 지금 세상에는 어떤 전쟁도 천지개벽도 일어나지 않고 있는 상황을 온전히 이해하기가 쉽지 않았음은 분명하다.

결국, 세례요한이 예수님에게 약간의 의구심을 갖고 질문하였던 것은 당시 유대인들이 기대하고 가졌던 하나님의 나라에 대한 이해와 예수님이 전파한 하나님의 나라가 가지는 특성이 일치하지 않았기 때문이다. 그래서 주님께서는 세례요한의 제자들에게 당신께서 회복하시고 일으키시는 이스라엘 나라, 곧 하나님의 나라는 그와 같은 큰 전쟁과 천지개벽으로 나타나는 것이 아니라, 소경이 보며 앉은뱅이가 걸으며, 문둥이가 깨끗함을 받으며, 귀머거리가 들으며, 죽은 자가 살아나며, 가난한 자에게 복음이 전파되는 것으로 나타나고 성취되는 것임을 설명하셨던 것이다(마 11:5).

세례요한이 예수님이 전파하시는 하나님의 나라와 유대인의 한 사람으로서 자신이 기대했던 하나님 나라의 속성이 불일치함에서 비롯된 사실 때문에 어리둥절해할 수밖에 없었던 것은 무엇보다도 자신의 출현을 예언했던 말라기 선지자가 메시아가 이 땅에 오시는 날, 곧 의로운 태양이 떠오르는 날, 하나님의 큰 불심판이 온 땅에 임하여서 악인들이 재로 변할 것을 예언했기 때문이다.

"만군의 여호와가 이르노라 보라 극렬한 풀무불 같은 날이 이르리니 교만한 자와 악을 행하는 자는 다 초개 같을 것이라 그 이르는 날이 그들을 살라 그 뿌리와 가지를 남기지 아니할 것이로되 내 이름을 경외하는 너희에게는 의로운 해가 떠올라서 치료하는 광선을 발하리니 너희가 나가서 외양간에서 나온 송아지같이 뛰리라 또 너희가 악인을 밟을 것이니 그들이 나의 정한 날에 너희 발바닥 밑에 재와 같으리라 만군의 여호와의 말이니라"(말 4:1~3)

세례요한은 자신이 이 땅에 임하신 구원자 메시아를 증언하였음에도, 그리고 무엇보다도 이스라엘 백성의 마음을 하나님께로 돌이키게 하고자 메뚜기와 석청을 먹으며 엘리야처럼 약대 털옷을 입고 회개의 세례를 베풀었지만, 이스라엘은 돌이키지 않았고 자신은 옥에 갇혀 있다. 주님께서도 세례요한의 사역을 평가하시면서 이스라엘 백성이 피리를 불어도 춤추지 않았고 애곡하여도 가슴을 치지 않았다고 하셨다(마 11:16~18). 그렇다면 당연히 말라기 선지자의 예언대로 하나님께서는 이스라엘 땅에 저주를 내리셔야 했다. 당연히 하늘에서 교만한 자와 악을 행하는 자를 초개와 같이 살라 버리는 극렬한 풀무불이 이스라엘 땅에 떨어져야 했다. 그러나 아무 일도 일어나지 않았던 것이다.

예수님을 삼 년간이나 따라다녔던 제자들조차도 십자가 수난을 위해 예루살렘으로 입성하시는 주님을 이스라엘의 원수 로마를 굴복시키기 위해 시온에 등장하시는 것으로 이해하였으니, 불의에 항거하다 죽음을 피할 수 없게 된 세례요한으로서는 당연히 다소간에 의문을 주님에게 던질 수밖에 없었을 것이다. 그것은 절대로 불신도 아니며, 더더욱 배도는 아니다.

세례요한과 제자들을 포함해서 유대인들이 가지고 있던, 그리고 유대인들이 기대하였던 하나님의 나라는 큰 전쟁과

천지개벽 이후에 등장하는 나라였지만, 주님께서 가져오신 하나님의 나라는 성령의 역사와 함께 임한 나라이다. 그래서 성령을 통해 하나님의 통치가 나타나는 바로 그곳이 하나님의 나라가 임한 곳이다.

"그러나 내가 하나님의 성령을 힘입어 귀신을 쫓아내는 것이면 하나님의 나라가 이미 너희에게 임하였느니라"(마 12:28)

"바리새인들이 하나님의 나라가 어느 때에 임하나이까 묻거늘 예수께서 대답하여 가라사대 하나님의 나라는 볼 수 있게 임하는 것이 아니요 또 여기 있다 저기 있다고도 못하리니 하나님의 나라는 너희 안에 있느니라"(눅 17:20~21)

하나님의 능력인 성령을 통해 하나님의 통치가 임하는 곳이 바로 하나님의 나라이다. 그러므로 주님께서는 당시 모든 유대인이 가지고 있던 하나님의 나라 개념 때문에 당신께서 가져오신 하나님 나라의 특성을 온전히 이해하지 못한 세례 요한의 제자들에게 성령의 능력과 함께 하나님의 통치가 임한 하나님의 나라에 관해서 설명하셨던 것이다(마 11:4~5).

하나님 나라의 특성과 관련해서 그 의미를 완전히 이해하지 못했다고 해서 배도한 것은 아니다. 신천지는 예수님께서 세례요한을 바람에 흔들리는 갈대로 폄하하셨다고 말하지만, 주님께서는 세례요한을 바람에 흔들리는 갈대라고 평가하신 것이 아니다. 주님께서는 당신으로 말미암아 실족하지 말 것을 제자들에게 말씀하시면서(마 11:6) 세례요한을 평가하셨다. 주님의 평가에 의하면 세례요한은 선지자보다 나은 자이며, 여자가 낳은 자 중에 가장 큰 자이다(마 11:9, 11). 이 결론을 향해 주님께서는 마태복음 11장 2~11절에서 다음과 같이 제자들에게 단계적으로 질문해 가셨다.

먼저 주님께서는 제자들에게 "너희가 광야에 바람에 흔들리는 갈대를 보러 갔더냐"(마 11:7)고 물으셨다. 이 질문의 의미는 제자들이 광야에 보러 간 것이 바람에 흔들리는 갈대가 아니라는 것을 전제한다. 그렇다. 세례요한은 바람에 흔들리는 갈대가 아니다. 세례요한이 만약 신천지의 주장대로 바람에 흔들리는 갈대였다면 주님께서는 이후에 그에게 가장 높은 점수의 평가를 하지 않으셨을 것이다. 그리고 말씀을 끝맺으셨을 것이다.

계속해서 주님께서는 제자들에게 "광야에 부드러운 옷을 입은 사람을 보러 갔더냐(마 11:8)고 물으셨다. 이 질문 또한 제자들이 광야에 보러 나간 것은 부드러운 옷 입은 사람이 아니라는 것을 전제한다. 그렇다. 세례요한은 부드러운 옷을 입은 사람이 아니다. 그는 먹지도 않고 마시지도 않았다 (마 11:18). 그리고 부드러운 옷을 입은 사람은 광야에 있는 것이 아니라 왕궁에 있다(마 11:8).

이제 마지막으로 주님께서는 제자들에게 그렇다면 그들이 바람에 흔들리는 갈대를 보러 간 것도 아니고, 부드러운 옷을 입은 사람을 보러 갔던 것도 아니라면 무엇 때문에 나갔던가? 선지자를 보러 나갔던 것인가? 그렇다. 주님께서는 제자들이 광야에 보러 간 것은 선지자였다고 말씀하셨다(마 11:9). 그것도 "여자가 낳은 자 중에 가장 큰 자"(마 11:11)였다고 결론을 내리셨다.

주님의 결론을 종합해 보면 제자들이 광야에 보러 간 것은 모든 선지자보다 나은 자였고, 여자가 낳은 자 중에 가장 큰 자였다. 그런데 주님께서는 이처럼 세례요한을 극찬하신 후, 무엇 때문에 천국에서는 극히 작은 자라도 세례요한보다도 크다(마 11:11)고 하셨던가? 이 말을 빌미 삼아 신천지는 마태복음 11장 12절 말씀을 자기들 멋대로 해석하고 적용해서 세례요한은 멸망자들에게 침노를 당해 배도했기 때문에 천국에서는 작은 자가 되었다고 주장한다. 마태복음 11장 11~12절 말씀의 의미를 깊이 헤아려 보기 위해서는 주님의 다른 말씀을 주의 깊게 살펴보아야 한다. 그러면 답을 얻을 수 있다.

주님께서는 제자들에게 그들의 눈과 귀가 복이 있다고 하셨다.

"제자들이 예수께 나아와 가로되 어찌하여 저희에게 비유로 말씀하시나이까 대답하여 가라사대 천국의 비밀을 아는 것이 너희에게는 허락되었으나 저희에게는 아니 되었나니 무릇 있는 자는 받아 넉넉하게 되되 무릇 없는 자는 그 있는 것도 빼앗기리라 그러므로 내가 저희에게 비유로 말하기는 저희가 보아도 보지 못하며 들어도 듣지 못하며 깨닫지 못함이니라 이사야의 예언이 저희에게 이루었으니 일렀으되 너희가 듣기는 들어도 깨닫지 못할 것이요 보기는 보아도 알지 못하리라 이 백성들의 마음이 완악하여져서 그 귀는 듣기에 둔하고 눈은 감았으니 이는 눈으로 보고 귀로 듣고 마음으로 깨달아 돌이켜 내게 고침을 받을까 두려워함이라 하였느니라 그러나 너희 눈은 봄으로, 너희 귀는 들음으로 복이 있도다 내가 진실로 너희에게 이르노니 많은 선지자와 의인이 너희 보는 것들을 보고자 하여도 보지 못하였고 너희 듣는 것들을 듣고자 하여도 듣지 못하였느니라"(마 13:10~17)

하나님께서는 허물진 백성이 되고 행악의 종자가 되고 행위가 부패한 자식이 된 이스라엘 백성(사 1:4)을 회개하게 하시려고 당신의 종 이사야 선지자를 파송하시면서 비록 이사야 선지자가 이스라엘 백성에게 하나님의 말씀으로 회개를 촉구한다고 할지라도 이미 낙관적인 구원관과 무조건적인 축복관에 사로잡힌 이스라엘 백성이 결단코 하나님의 말씀을 듣고 돌이키지 않을 것을 미리 말씀하셨다.

"내가 또 주의 목소리를 들은즉 이르시되 내가 누구를 보내며 누가 우리를 위하여 갈꼬 그때에 내가 가로되 내가 여기 있나이다 나를 보내소서 여호와께서 가라사대 가서 이 백성에게 이르기를 너희가 듣기는 들어도 깨닫지 못할 것이요 보기는 보아도 알지 못하리라 하여 이 백성의 마음으로 둔하게 하며 그 귀가 막히고 눈이 감기게 하라 염려컨대 그들이 눈으로 보고 귀로 듣고 마음으로 깨닫고 다시 돌아와서 고침을 받을까 하노라"(사 6:8~10)

주님께서는 이사야 선지자 당시를 기억하게 하시면서 마태복음 13장 10~17절에서 당대의 이스라엘 백성이 이 땅에 나타난 그들의 메시아, 이 땅에 임한 하나님의 나라, 이 땅에 성취된 약속의 구원이신 예수 그리스도의 말씀을 듣지 않는 강퍅함을 책망하시면서 듣는 제자들의 눈과 귀가 복이 있다고 말씀하셨던 것이다. 그리고 많은 선지자와 의인이 너희 보는 것들을 보고자 했지만 보지 못했고, 너희 듣는 것들을 듣고자 했지만 듣지 못했다고 말씀하셨다.

이 말씀에서 우리는 많은 선지자와 의인보다도 주님의 말씀을 듣던 당대의 제자들이 더 복되다는 말의 의미가 무엇인가를 생각해 보아야 한다. 주님의 말씀을 듣던 당대의 사람들이 많은 선지자와 의인보다 어떤 의미에서 더 복된 것인가? 이유는 이렇다.

복된 것의 기준은 나타난 하나님의 구원, 나타난 하나님의 나라이신 예수 그리스도를 보느냐 보지 못하느냐, 그분의 말씀을 듣느냐 듣지 못하느냐의 차이이다. 즉 주님 당대의 제자가 많은 선지자와 의인보다 신앙이 탁월하다거나 하나님으로부터 더 많은 사랑을 받아서 복된 것이 아니라, 예수님과의 관계적 측면에서 주님 당대의 제자들은 많은 선지자와 의인보다 복된 것이다.

많은 선지자와 의인이 약속된 메시아, 약속된 하나님의 나라, 약속된 구원을 예언은 하였지만, 정작 그들이 예언한 메시아를 통해 나타나는 하나님의 나라, 하나님의 구원을 주님 당대의 제자들처럼 보지 못하고 듣지 못했다. 그러나 주님을 보고 주님의 말씀을 듣던 당대의 제자들은 예수 그리스도로 말미암아, 이 땅에 나타난 하나님의 나라 예수 그리스도로 말미암아 이 땅에 나타난 하나님의 구원에 참여하였다. 그러므로 그들은 이 구원의 나라를 멀리서 보고 환영하였던 많은 선지자와 의인보다 복된 것이다. 그만큼 그들이 참여한 구원의 나라가 가지는 구속사적 의미는 탁월한 것이다.

믿음의 족장 아브라함과 이삭과 야곱조차도 이 약속의 성취를 멀리서 보고 환영할 수 있었을 뿐이다.

"이 사람들은 다 믿음을 따라 죽었으며 약속을 받지 못하였으되 그것들을 멀리서 보고 환영하며 또 땅에서는 외국인과 나그네로라 증거하였으니 이같이 말하는 자들은 본향 찾는 것을 나타냄이라 저희가 나온바 본향을 생각하였더면 돌아갈 기회가 있었으려니와 저희가 이제는 더 나은 본향을 사모하니 곧 하늘에 있는 것이라 그러므로 하나님이 저희 하나님이라 일컬음 받으심을 부끄러워 아니하시고 저희를 위하여 한 성을 예비하셨느니라"(히 11:13~16)

많은 선지자와 의인은 예수님 당시의 제자들이 보고 들었던 복된 하나님의 구원을, 영광된 하나님의 나라를 그토록 보고자 해도 보지 못했고 듣고자 해도 듣지 못했고 심지어 믿음의 조상 아브라함과 이삭과 야곱조차도 하나님이 준비하신 한 성, 곧 하나님이 준비하신 하나님의 나라, 곧 하나님이 준비하신 예수 그리스도로 말미암는 구원을 멀리서 보고 환영했을 뿐이다.

"너희 조상 아브라함은 나의 때 볼 것을 즐거워하다가 보고 기뻐하였느니라"(요 8:56)

결국, 천국에서는 극히 작은 자라도 세례요한보다 크다(마 11:11)는 말씀은 세례요한이 실족하고 배도한 것을 의미하는 것이 아니라, 예수 그리스도로 말미암아 이 땅에 임한 하나님의 나라, 이 땅에 나타난 하나님의 구원에 참여한 자들의 복이 너무나 놀랍도록 탁월하고 영광스러움을 강조하는 것이다.

이와 같은 의미에서 세례요한은 비록 천국에서는 극히 작은 자보다 나을 것이 없었지만, 또한 모든 선지자보다 낫고 여자가 나은 자 중에 가장 클 수 있었다. 그것은 그가 가장 가까이에서 하나님의 나라 하나님의 구원이신 예수 그리스도를 친히 증언했기 때문이다. 물론 그렇다고 그가 모든 선지자와 의인보다, 그리고 나아가서 믿음의 조상 아브라함과 이삭과 야곱보다도 신앙의 면에서, 직분의 면에서. 사역의 면에서 더 탁월하다는 것은 아니다.

결국, 크다 작다는 의미는 실족과 배도와 멸망을 전제하는 것이 아니라, 약속된 하나님의 나라, 약속된 하나님의 구원이신 예수 그리스도를 얼마나 가까이서 보고 얼마나 가까이서 들으며, 얼마나 가까이서 증언하는가 하는 관계적 차원에서 정의된다. 이 의미를 좀 더 살펴보자.

구약의 선지자들은 어렴풋하고 희미한 계시 속에서, 도래할 하나님의 나라 나타날 하나님의 구원의 때를 부지런히 연구하고 살폈다.

"이 구원에 대하여는 너희에게 임할 은혜를 예언하던 선지자들이 연구하고 부지런히 살펴서 자기 속에 계신 그리스도의 영이 그 받으실 고난과 후에 얻으실 영광을 미리 증거하여 어느 시, 어떠한 때를 지시하시는지 상고하니라"(벧전 1:10~11)

이처럼 구약의 선지자들이 그토록 연구하고 부지런히 살핀 하나님에 대한 헌신은 자기들을 위한 것이 아니라, 오늘 이 시간 구원받은 교회를 위한 것이었다고 사도 베드로는 말했다.

"이 섬긴 바가 자기를 위한 것이 아니요 너희를 위한 것임이 계시로 알게 되었으니 이것은 하늘로부터 보내신 성령을 힘입어 복음을 전하는 자들로 이제 너희에게 고한 것이요 천사들도 살펴보기를 원하는 것이니라"(벧전 1:12)

물론 초대교회 당시 구원받은 성도들이 이처럼 오래전부터 나타날 하나님의 구원이신 예수 그리스도의 때를 연구하고 부지런히 살핀 선지자보다 신앙이 탁월하다는 것은 아니다. 이 말씀의 의미도 예수 그리스도로 말미암는 하나님의 나라 하나님의 구원에 직접 참여하게 된 우리가 그만큼 복되고 영광스러움을 강조하는 말씀이다.

구약의 선지자와 의인은 보고자 해도 보지 못하고 듣고자 해도 듣지 못하고 단지 멀리서 보고 환영하였을 뿐이다. 그리고 그들은 예수 그리스도 안에서 구원받은 우리를 섬겼다. 또한, 모든 선지자보다 낫고 여자가 낳은 자 중에 가장 큰 자인 세례요한은 하나님의 나라에서 구원받은 우리보다도 더 크지 못하다. 그것은 모든 선지자와 의인이 멀리서 보고 환영했고, 그토록 보고자 했고, 그토록 듣고자 했으며, 그토록 부지런히 살폈지만, 볼 수 없었고 들을 수 없었고 소유할 수 없었던 예수 그리스도로 말미암는 하나님의 구원, 곧 예수 그리스도로 말미암는 하나님의 나라에 우리 교회가 직접 참여했기 때문이다. 그만큼 예수 그리스도로 말미암는 하나님의 나라, 하나님의 구원에 참여함은 가장 놀랍고 복된 것이다.

마지막으로 세례요한이 배도자가 아님을 사도 바울의 증언에서 찾을 수 있다. 사도 바울은 복음을 증언하면서 세례요한을 실족한 자, 배도자, 흔들리는 갈대라고 책망하지 않고 자신의 달려갈 길을 마친 자라고 하였다.

"그 오시는 앞에 요한이 먼저 회개의 세례를 이스라엘 모든 백성에게 전파하니라 요한이 그 달려갈 길을 마칠 때에 말하되 너희가 나를 누구로 생각하느냐 나는 그리스도가 아니라 내 뒤에 오시는 이가 있으니 나는 그 발의 신 풀기도 감당치 못하리라 하였으니"(행 13:24~25)

사도 바울은 자신이 이르러야 할 최후의 목적지, 곧 순교의 영광을 바라보면서 그동안 힘써 싸워왔던 믿음의 여정을 달려갈 길을 마친 여정이라고 회고했다.

"관제와 같이 벌써 내가 부음이 되고 나의 떠날 기약이 가까왔도다 내가 선한 싸움을 싸우고 나의 달려갈 길을 마치고 믿음을 지켰으니 이제 후로는 나를 위하여 의의 면류관이 예비되었으므로 주 곧 의로우신 재판장이 그날에 내게 주실 것이니 내게만 아니라 주의 나타나심을 사모하는

모든 자에게니라"(딤후 4:6~8)

  이처럼 사도 바울에게 있어서 달려갈 길을 마쳤다는 것은 배도했다는 것이 아니라, 믿음을 지키고 부르심의 사명을 마지막 순간까지 온전히 감당했다는 의미이다. 그러므로 세례요한도 사도 바울이 달려갈 길을 마치고 순교의 영광에 이르렀듯이 달려갈 길을 마치고 순교의 영광에 이른 하나님의 증인이다. 그렇다. 세례요한은 달려갈 길을 마친 위대한 선지자이다.

제3부

허탄하고 망령된 설교와 참된 설교

1 교회를 노략질하는 신천지

　지금 교회는 대범하게 활개치고 다니는 신천지 때문에 골머리를 앓고 있다. 교회에 잠입하여 노략질하는 이리와 같이 아주 약삭빠르게 교인들을 빼내어 가는 신천지는 자신들의 노략질 행위를 추수한 영혼을 신천신지에 데려가기 위함이라고 미화한다. 그들은 지금도 호시탐탐 교회 주위를 빙빙 돌면서 미혹할 영혼을 물색하기에 여념이 없다. 한때 그들은 자신들의 정체를 숨기고 은밀하게 야금야금 성도의 영혼을 노략질해 왔다. 그러나 이제 교회의 공적으로 몰리고 나서는 아예 사거리 길에서 당당히 활보하며 주님의 몸 된 교회를 대적하는 방자함을 보이고 있다. 이처럼 그들이 조금도 제재를 받지 않고 공격적인 포교 활동을 하는 이면에는 자신들이 가졌다는 탁월한 성경지식(?)에 대한 자부심 때문일 것이다.

　신천지는 그들의 총회장인 교주가 교회 2천 년 역사 가운데서 유일하게 하나님의 말씀을 받아먹은 대언자로서 그가 가르치는 짝 맞추기식 성경풀이가 이 시대를 향한 유일한 생명의 말씀이라고 믿어 의심치 않는다. 그들은 자신들이 배운 낱말 맞추기식 성경지식을 최고이고 유일한 진리라고 믿는다. 그러나 알 만할 사람이 그들의 교리를 접해보면 그 엉성한 궤변에 참람함을 금할 수 없다. 그들의 짝 맞추기식 성경풀이야 말로 앞뒤가 맞지 않는 공허한 궤변이다.

그럼에도 나름대로 그동안 주님의 몸 된 교회를 위해 최선의 헌신을 하였던 많은 직분자들이 신천지의 짝 맞추기식 성경 공부에 매료되어 생명의 길을 발견하였다고, 생명의 양식을 먹는다고 몰려들 갔다. 조금만 유심히 살펴보면 너무나 단순하고 심지어는 유치하기 그지없는 뻔한 공식에 불과한 그들의 가르침에 왜 그들은 그토록 열광하는 것인가? 심지어 그들은 가족과 원수가 되면서까지 자신이 공식으로 암기한 성경 지식을 목숨 걸고 사수하려 한다.

교회 안에서 나름대로 하나님의 말씀을 사모했던 신실한 많은 성도가 무엇 때문에 신천지의 노략질 거리가 되었는가? 그 이유는 아마도 교회를 지도하는 많은 목사에게도 상당한 책임이 있음을 부인할 수 없다. 그래도 비교적 하나님의 말씀을 갈급해하던 신실한 성도들이 신천지의 해괴한 가르침에 자신들의 삶을 올인하였다. 그것은 곧 어떤 의미에서 그들이 오랫동안 교회를 출석하면서도 담임목사로부터 말씀에의 갈증을 해소 받지 못했음을 어느 정도 반증한다. 간단하게 말하면 자신들이 들었던 담임목사의 설교가 그만큼 하나님의 말씀의 본질과 동떨어져 있었고, 그들의 기준과 그들의 분별력 안에서 신천지의 해괴한 성경풀이보다도 훨씬 수준이 저급하다고 판단했기 때문일 것이다.

신천지 추수꾼들이 산 옮기기 작전이라는 명목으로 어떤 교회의 교인들을 노략질하기 위해서 장기간 그 교회를 출입하였다고 한다. 그렇다면 당연히 그 기간에 그들은 그들이 먹잇감으로 삼은 교회의 담임목사 설교를 충분히 들을 수 있는 시간적 여유가 있었다. 그렇다면 그들은 왜 담임 목사의 설교를 그토록 오랫동안 듣고도 자신들이 신봉하는 신천지 교리를 의심이라도 해보지 않았던 것인가? 만약 담임목사가 잠입한 신천지 추수꾼들을 교화할 수 있을 정도로 가르쳐서 그들로 신천지 교리에 빠졌던 자신들의 어리석은 신앙의 삶을 땅을 치며 통분해할 정도로 변화시킬 수 있었다면, 그들이 장기간 교회에 잠복하면서 교인을 노략질하는 것이 아니라 오히려 신천지를 빠져나올 수도 있지 않았겠는가? 결국, 담임목사의 설교가 추수꾼들이 가지고 있는 그 엉터리 신앙 지식에 대해서 한번쯤이라도 점검해 볼 수 있을 정도의 분별력도 제공해 주지 못했다고 볼 수 있다.

교회에 잠입한 그 많은 추수꾼 가운데 담임목사의 설교를 듣고 자신들이 배운 신천지 교리에 대해 조금이라도 의심하고 회의해 보지 않았다는 사실은 진리의 마지막 보루를 자처하는 교회의 수치가 아닐 수 없다. 결국, 성경 말씀 한 구절 읽어 놓고 세상에서 잘되고 잘사는 예화나 나열하며 복 타령 꿈 타령이나 하고, 오로지 잘되고 잘살기 위한 기도법 응답법 해결법만을 가르쳐 왔던 목사들의 설교 행태가 신천지의 준동을 어느 정도 부추긴 동인이 되었음을 부인할 수 없을 것이다.

지금 교회는 예배당 출입문마다 신천지 추수꾼의 출입을 금하는 팻말을 세워 놓고 그들의 마수에 대항하고 있다. 그러나 그 팻말을 세워 놓는 것으로 신천지를 효과적으로 대처했다고는 장담할 수 없을 것이다. 무엇보다도 자신들의 총회장 교주를 구원자로 신봉하며 자기들 나름대로 치밀한 성경공부 프로그램을 운용하고 있는 그들의 교리체계가 얼마나 잘못된 것인가를 하나님의 말씀으로 분별함이 가장 효과적인 신천지 대처법이 될 것이다. 그래서 "그들의 교주가 이긴 자라고 한다. 대언자라고 한다. 보혜사 성령이라고 한다. 구원자라고 한다."라고만 경고할 것이 아니라, 그런 엉터리 같은 주장을 믿게끔 체계적으로 학습을 시키는 그들의 교리가 너무나 엉터리 같은 궤변임을 하나님의 말씀으로 해부하는 것이 그들의 모래성과 같은 조잡한 교리 체계를 무너뜨리는 효과적인 방법이 될 것이다.

신천지는 배도 멸망 구원이라는 엉성한 교리의 틀을 지탱하기 위해 가장 위대한 선지자인 세례요한을 배도자로 정죄하며 그에게 요단 강에서 세례를 받은 예수님을 배도자의 장막에서 나온 구원자라고 한다. 이는 곧 과천에서 배도한 일곱 목자의 장막성전을 이기고 나왔다는 자신들의 총회장 교주를 구원자로 신봉하기 위함이다. 지금도 그들은 자칭 '이긴 자'이며 '보혜사 성령'인 자신들의 교주가 가르치는 낱말 맞추기식 짜깁기 교훈을 배우고 자칭 진리의 성읍인 신천지 교적부에 이름을 올려야 구원받을 144,000명에 속하게 된다고 하며 오늘 이 시간도 그 숫자를 채우기 위해 혈안이 되어 있다. 그러나 그들이 그토록 생명의 양식을 주는 것으로 철석같이 믿고 있는 총회장 교주는 절대로 '이긴 자'가 아니다. 그리고 자신을 보혜사 성령이라고 주장하는 총회장 교주야말로 성경에 대해 가장 무식한 자이다. 원래 자고로 무식한 자가 간도 크고 용감한 법이다.

아무리 양보하고 양보해서 너그럽고 너그럽게 결론을 내린다 해도, 교인들이 신천지의 어리석고 허술하고 단순한 성경구절 짝 맞추기식 교리에 노략질당한 것은 그들이 담임목사로부터 살진 꼴인 생명의 양식을 공급받지 못했던 것도 큰 이유 중 하나이다. 어쩌면 이와 같은 절망적 현실은 설교

홍수시대에 오히려 하나님의 말씀을 듣지 못하는 기갈의 시대가 임했기 때문이다.

"주 여호와께서 가라사대 보라 날이 이를지라 내가 기근을 땅에 보내리니 양식이 없어 주림이 아니며 물이 없어 갈함이 아니요 여호와의 말씀을 듣지 못한 기갈이라 사람이 이 바다에서 저 바다까지, 북에서 동까지 비틀거리며 여호와의 말씀을 구하려고 달려 왕래하되 얻지 못하리니(암 8:11~12)

아마도 홍수처럼 범람하는 수많은 설교가 이 땅에서 만복의 형통과 해결을 갈망하는 기복주의 신앙인들에게는 듣기 좋고 신바람 나는 교훈이지만, 하나님 편에서는 당신의 말씀을 도둑질하여 평강 타령의 재료로 전락시킨 잘못된 가르침이다.

"만군의 여호와께서 이같이 말씀하시되 너희에게 예언하는 선지자들의 말을 듣지 말라 그들은 너희에게 헛된 것을 가르치나니 그들의 말한 묵시는 자기 마음으로 말미암은 것이요 여호와의 입에서 나온 것이 아니니라 항상 그들이 나를 멸시하는 자에게 이르기를 너희가 평안하리라 여호와의 말씀이니라 하며 또 자기 마음의 강퍅한 대로 행하는 모든 사람에게 이르기를 재앙이 너희에게 임하지 아니하리라 하였느니라 누가 여호와의 회의에 참여하여 그 말을 알아들었으며 누가 귀를 기울여 그 말을 들었느뇨"(렘 23:16~18)

"때가 이르리니 사람이 바른 교훈을 받지 아니하며 귀가 가려워서 자기의 사욕을 좇을 스승을 많이 두고 또 그 귀를 진리에서 돌이켜 허탄한 이야기를 좇으리라"(딤후 4:3~4)

그동안 신천지의 미혹의 마수에 걸려든 교인 중 많은 사람은 그래도 한때 하나님의 나라와 주님의 몸 된 교회를 위해서 뜨겁게 헌신했으며 하나님의 말씀에 대해서 사모하는 열정이 뜨거웠던 사람들이다. 그들은 하나님의 말씀을 깊이 사모하며 좀 더 하나님의 말씀을 분별하고 알고자 하는 열정으로 배움에 목말라 하던 중에 신천지의 짝 맞추기식 성경공부의 미혹에 빠져들었던 것이다. 그러므로 우리는 그들이 신천지에 미혹되었다고 비난하기 전에 신실하게 헌신하고자 하였고, 신실하게 알고자 하였고, 신실하게 배우고자 하였던 길 잃은 양들의 목마름과 굶주림을 채워 주지 못하고 오로지 설교의 시작부터 끝까지 꿈 타령, 복 타령이나 하고 부자 되고 성공하고 잘된다는 예화로 도배하였던 어리석은 목사들에게는 책임이 없는가? 스승 된 예수님께서는 이 땅에서 머리 둘 곳 없이 살아가셨건만 자신들은 넉넉한 사례비, 묵직한 보너스, 갖은 명복의 재정 후원으로 육신의 배나 불렸던 목사들에게는 과연 책임이 없었는지 깊이 생각해 보아야 한다.

여기서 우리는 에스겔 선지자 당대에 하나님께서 이스라엘의 종교지도자들을 준엄하게 책망했던 경고의 말씀을 깊이 유념해야 한다.

"여호와의 말씀이 내게 임하여 가라사대 인자야 너는 이스라엘 목자들을 쳐서 예언하라 그들 곧 목자들에게 예언하여 이르기를 주 여호와의 말씀에 자기만 먹이는 이스라엘 목자들은 화 있을진저 목자들이 양의 무리를 먹이는 것이 마땅치 아니하냐 너희가 살진 양을 잡아 그 기름을 먹으며 그 털을 입되 양의 무리는 먹이지 아니하는도다 너희가 그 연약한 자를 강하게 아니하며 병든 자를 고치지 아니하며 상한 자를 싸매어 주지 아니하며 쫓긴 자를 돌아오게 아니하며 잃어버린 자를 찾지 아니하고 다만 강포로 그것들을 다스렸도다 목자가 없으므로 그것들이 흩어지며 흩어져서 모든 들짐승의 밥이 되었도다 내 양의 무리가 모든 산과 높은 멧부리에마다 유리되었고 내 양의 무리가 온 지면에 흩어졌으되 찾고 찾는 자가 없었도다"(겔 34:1~6)

2 이런 설교조차도 교회의 기복신앙을 부추긴다

지금 교회 안에는 노골적이든 아니면 은근하게 그러나, 아주 그를듯하게 교인들로 하여금 세속적 복을 꿈꾸고 상상하게 하는 자극적인 설교들이 홍수처럼 범람하고 있다.

설교자가 교회에게 예수 그리스도 안에서 받은 복, 그리고 예수 그리스도 안에서 앞으로 받게 될 복에 관해 정확하게 지시해 주지 않는다면, 교인들은 '복' 자만 들어가면, 그 복을 자기들이 이 땅에서 소유하고 싶은 세속적인 복으로 이해하고 꿈꾸게 된다. 마치 생명나무 과실에 집중하지 않으면, 자기 욕심을 따라 먹음직하고 보암직한 선악나무 열매에 미혹됨과 같다.

아래의 설교도 하나님께서 아브라함을 부르시며 복을 약속하시고 본토 친척 아비 집을 떠나게 하시던 창세기 12장 1~4절을 본문으로 설교자가 교인들로 하여금 세속적 복을 꿈꾸게 하는 설교이다. 그 설교문을 요약하면 아래와 같다.

아브라함에게 "내가 너로 큰 민족을 이루고 내가 복을 주어 네 이름을 창대케 하리니 너는 복의 근원이 될지라"고 하셨습니다. 그는 이 말씀대로 순종하여 열국의 아비가 되었고 복의 근원이 되었습니다.

첫째, 철저한 순종의 삶을 살아야 합니다. 아브라함은 "너는 너의 본토, 친척 아비 집을 떠나"라는 하나님의 말씀을 듣고 갈 바를 알지 못했지만 무조건 떠났습니다. 이 말씀은 그동안 섬겼던 우상 숭배와 그 문화 속에서 살던 풍습은 물론 인간관계까지도 떠나라는 말씀이었습니다. 또한 그는 사라가 자기에게 하갈과 이스마엘을 쫓아내라고 했을 때에 고민했으나 하나님께서 "…사라가 네게 이른 말을 다 들으라…"고 하시자 곧바로 떡과 물 한 가죽부대를 하갈의 어깨에 메워주고 이스마엘과 함께 내보냈습니다. 다시 말하면 그는 하나님의 말씀에 무조건 순종했습니다.

둘째, 열심히 예배하는 삶을 살아야 합니다. 아브라함은 평생동안 순례자의 삶을 살았지만 가는 곳마다 여호와를 위하여 반드시 제단을 쌓았습니다. 성도는 삶의 현장에서 언제나 예배가 우선되어야 하고 삶 자체가 바로 예배 중심적이어야 합니다. 왜냐하면 예배는 하나님을 영화롭게 하는 최고의 가치를 지닌 행위이기 때문입니다. 우리는 이 예배를 통해서 하나님을 만나고 그분과 함께 교제하며 그분이 주시는 사랑과 은혜, 복을 받습니다. 그러므로 우리 성도들은 이유 여하를 막론하고 하나님이 요구하시는 대로 예배드리는 삶을 살아야 합니다. 다시 말하면 예배에 생명을 걸어야 합니다.

셋째, 하나님을 위해 모든 것을 포기할 줄 알아야 합니다. 하나님께서는 초자연적인 기사나 이적으로 허락해 주시고 그 아들을 통해서 하늘의 별과 같이, 바닷가의 모래와 같이 창대한 민족을 이루어 주시겠다고 약속하셨습니다. 그런데 어느 날 갑자기 그 아들을 제물로 바치라고 하셨습니다. 인간적으로 생각하면 이 요구는 하나님의 말씀과 뜻에 상반된 것이었습니다. 왜냐하면 하나님께서는 인간을 제물로 드리는 것을 금하셨기 때문입니다. 또한 비윤리적이었습니다. 어떻게 아버지가 아들을 잡아서 제물로 드릴 수 있겠습니까? 그리고 논리적으로 맞지 않았습니다. 그 아들을 통해서 창대한 민족을 이루게 하시겠다고 약속하셨기 때문입니다. 그러나 아브라함은 이런 것 저런 것을 따지거나 계산하지 않았습니다. 무조건 드렸습니다. 이에 하나님께서는 아브라함에게 "이제야 네가 나를 사랑하는 것을 알겠노라"고 말씀하시고 그로 하여금 오늘의 이스라엘 민족을 이루게 하셨습니다. 그렇습니다. 우리는 하나님의 영광을 위해 내가 가장 귀하게 여기는 이 세상의 것을 포기할 수 있어야 합니다.

오늘 교회는 복이라는 말에 열광한다. 복은 믿음의 꿈이 되었고, 교회는 만 가지 '복 꿈'에 빠져 있다. 그러나 성경에서 약속한 그 복이 오늘 우리가 소원하는 이 복이 아니라면 그것은 곧 교회가 기복주의화 되었음을 판단할 수 있는 준

거가 된다.

　오늘 우리는 하나님께서 지시하시고 약속하신 복이 아니라 우리가 사는 이 땅에서 잘되고 싶은 것, 가지고 싶은 것을 하나님이 주신 복으로 생각한다. 그야말로 교회는 어떠하든지 내가 잘되는 것을, 무엇이든지 내가 더 소유하는 것을 복된 삶이라고 생각하는 '복 바람'에 하나님 말씀의 정로를 벗어나 좌로나 우로나 치우쳐 있다.

　오늘 많은 설교가 이미 예수 그리스도 안에서 하늘에 속한 모든 신령한 복을 받은(엡 1:3) 교회에게 이 땅에서 더 많은 다른 복을 받기 위해 이렇게 혹은 저렇게 신앙하라고 교훈하기에 여념이 없다. 이와 같은 설교 행태가 교회를 기복주의화시키고 세속화시키고 이방인으로 만들어 간다. 우리가 받은 구원의 복을 어떻게 이 땅에서의 천만금의 복과 비교할 수 있겠는가?

　주님께서는 우리가 받은 구원의 값어치를 주인에게 일만 달란트를 빚진 종이 아무 조건 없이 탕감받은 은혜로 비유하셨다(마 18:24~34). 당시 노동자 하루 품삯을 한 데나리온으로 보았을 때, 일 달란트는 한 데나리온의 6천 배에 달하는 것으로 추산된다. 따라서 그 종이 주인에게 갚아야 할 일만 달란트의 채무는 대략 16만 5천 년의 품삯이다.

　결국, 종이 주인에게 빚졌던 일만 달란트의 채무는 종과 그 가족 모두가 일평생을 하루도 빠지지 않고 일을 해도 절대로 갚을 수 없는 어마어마한 채무를 상징함과 아울러서 또한 우리 죄인이 하나님께로부터 받은 구원의 은혜가 얼마나 큰 복인가 하는 것을 말해 주고 있다. 이 어마어마한 복이 바로 영생의 복이다. 이 영생의 복을 취하기 위해 주님께서는 또한, 우리의 모든 소유를 다 팔아야 할 것을 밭에 감춰져 있는 진주의 비유(마 13:45~46)를 통해 말씀하셨다. 그러나 오늘 우리 신앙은 모든 소유를 처분하고서 가져야 하는 구원의 은혜를 받았음에도 여전히 이 땅의 소유와 관련된 부스러기를 모으려고 안간힘을 쓰는 기복주의에 함몰되어 있다.

사도 베드로는 우리가 받은 구원을 하늘에 속한 모든 신령한 복인 하나님의 성품에 참여하게 된 것이라고 하였다. 그래서 구원받은 교회에게 더 많은 열매 맺는 삶을 주문하고 있다.

> "그의 신기한 능력으로 생명과 경건에 속한 모든 것을 우리에게 주셨으니 이는 자기의 영광과 덕으로써 우리를 부르신 자를 앎으로 말미암음이라 이로써 그 보배롭고 지극히 큰 약속을 우리에게 주사 이 약속으로 말미암아 너희로 정욕을 인하여 세상에서 썩어질 것을 피하여 신의 성품에 참여하는 자가 되게 하려 하셨으니 이러므로 너희가 더욱

힘써 너희 믿음에 덕을, 덕에 지식을, 지식에 절제를, 절제에 인내를, 인내에 경건을, 경건에 형제 우애를, 형제 우애에 사랑을 공급하라"(벧후 1:3~7)

구원받은 교회가 더 소유해야 할 복은 이 땅의 물질과 성공의 파편들이 아니라 하나님의 성품과 관련된 성령의 열매들이다. 사도 베드로는 계속해서 이와 같은 성령의 열매를 더 많이 결실하는 것만이 우리의 부르심과 택하심을 굳게 하며 영원한 하나님 나라에 넉넉히 들어가는 비결임을 힘주어 말하고 있다.

"이런 것이 너희에게 있어 흡족한즉 너희로 우리 주 예수 그리스도를 알기에 게으르지 않고 열매 없는 자가 되지 않게 하려니와 이런 것이 없는 자는 소경이라 원시치 못하고 그의 옛 죄를 깨끗케 하심을 잊었느니라 그러므로 형제들아 더욱 힘써 너희 부르심과 택하심을 굳게 하라 너희가 이것을 행한즉 언제든지 실족지 아니하리라 이같이 하면 우리 주 곧 구주 예수 그리스도의 영원한 나라에 들어감을 넉넉히 너희에게 주시리라"(벧후 1:8~11)

영생의 약속을 선물 받은 교회는 이 땅의 소유를 팔아서,

즉 이 땅의 소유를 하나님의 뜻대로 사용해서 물질적으로는 더욱더 가난해지기를 힘써야 하고, 영적으로는 하나님의 성품과 관련된 더 많은 성령의 열매를 결실함으로 믿음의 부자가 되어야 한다. 결국, 성령의 열매 맺는 삶이 우리가 필생 동안 추구해야 하는 믿음의 꿈이고 버리기를 힘써야 하는 이 땅에서의 세속적 기준의 복은 배설물이다.

오늘 교회는, 기복주의 신앙을 조장하는 삯삯 목사들에 의해서 버려야 할 것을 더 많이 가지기를 꿈꾸는 웃지 못할, 믿음의 소망에 부풀어 있다. 말들이야 더 많은 물질을 벌어서 더 많은 십일조를 드리고 더 많은 선교를 한다고 한다. 그러나 이미 그는 쳐다보지 말아야 할 선악나무 열매를 쳐다본 것이다. 이유는 이 세상에 있는 일부가 아니라 모든 것이 하나님과 원수 된 육신의 정욕과 안목의 정욕과 이생의 자랑이기 때문이다(요일 2:15~17). 이미 예수 그리스도 안에서 영생이라는 구원의 복을 받은 교회가 추구해야 할, 또한 소유해야 할 다른 복은 이 세상 가운데 없다.

오늘 많은 설교자가 성경이 약속하지 않은 다른 복, 곧 교인들의 마음속에 있는 소원 성취의 갈망을 믿음의 꿈이라고 교육한다. 이와 같은 설교 패턴 안에서 열심 있는 신앙은 오히려 성경이 약속하지 않은 이 땅에 속한 다른 복을 받기 위해 지성을 바치는 이방의 종교적 열정이 된다. 하나님의 말씀이라고, 또한 성경을 인용한다고 해서 모든 설교가 이 시대를 향한 하나님의 음성이 되는 것은 아니다. 오히려 그와 같은 설교는 예수님을 이 세상의 기적적인 배부름과 눈부시게 빠른 형통과 천하 만국 영광으로 유혹했던 사탄의 속삭임이 된다.

이미 구원의 복을 받은 교회에게 이 세상에 속한 다른 복을 받기 위해 이렇게 혹은 저렇게 신앙하라는 설교와 이미 이 세상의 모든 것보다 귀한 구원의 복을 받았기에 이렇게 신앙해야 한다는 설교는 비슷해 보이지만, 그 길은 하늘이 땅에서 높음같이 다르다. 이 미세한 차이는 6이 하나의 차이 때문에 영원히 7이 될 수 없어 멸망의 수가 됨과 같은 이치이다. 이 미세한 차이로 말미암아 교회가 미혹을 받아 기복주의 신앙에 함몰된 것은 이 세상에 속한 정과 욕심, 즉 탐욕을 못 박지 않고 하나님의 말씀을 바라보았기 때문이다.

생명나무는 동산 중앙에 있었지만, 선악나무 또한 동산 중앙에, 그것도 생명나무 곁에 있었다. 탐욕을 못 박지 못한 이와는 욕심의 눈을 가지고 동산 중앙을 바라보았기 때문에 생명나무를 보지 못하고 먹음직하고 보암직한 선악나무를 바라보았다. 이로 말미암아 영원한 멸망이 그들에게 이르렀다.

마찬가지로 오늘 교회도 욕심의 눈으로 하나님의 말씀을 쳐다본 결과 모두가 다 하나같이 잘못된 이해와 해석을 통해 그들의 욕심대로 경건의 말씀을 이익의 재료로 바꾸어 버렸다. 그 결과 교회는 다른 예수와 다른 복음과 다른 영을 용납함으로 그리스도의 정결한 신부로 준비되지 못하고 멸망 받을 음녀, 곧 큰 성 바벨론으로 지어져 가고 있다(고후 11:2~4; 계 17:1, 5, 18).

이 시대를 향해서 설교자들이 하나님의 음성을 바르게 전달하기 위해서는 이 세상에 속한 복을 받기 위해 이렇게 혹은 저렇게 신앙하라고 말할 것이 아니라, 이미 교회는 하늘에 속한 모든 복을 받았기에 세상에 속한 복을 꿈꾸지도 말고 구하지도 말라고 가르쳐야 한다. 나아가서 이미 구원의 은혜를 받은 교회는 이 세상에 속한 모든 것을 나누고 버리라고 설교해야 한다.

위 설교자는 매우 바른 신앙을 훈계하고 있다. 그래서 우리가 철저한 순종의 삶을 살아야 할 것과 열심히 예배하는 삶을 살아야 할 것과 하나님을 위해 모든 것을 포기해야 할 것을 교훈한다. 그러나 위 설교자는 설교 서두에 언급한 믿음의 조상 아브라함이 복의 근원이 되었다는 성경 말씀에서 아브라함이 받은 복이 어떤 의미의 복이며 또한 어떤 의미에서 그는 복의 근원이 되었으며, 그리고 하나님께서 아브라함에게 약속하신 종국적인 복이 무엇인가를 청중에게 명확하게 해석해 주지 않기 때문에, 듣는 청중은 아브람과 관련된 복을 이 세상에 속한 복으로 이해하게 된다.

나아가서 청중은 위 설교자의 교훈대로 철저하게 순종하고 열심히 예배에 참석하고 어느 정도 정확한 십일조와 많은 감사헌금과 선교헌금을 하게 되면 자기의 소원하는 바를 이루고 잘되는 인생, 잘사는 인생, 잘 풀리는 인생을 살게 될 것을 꿈꾸고 확신하게 된다. 그래서 부와 영향력을 소유하게 되는 것을 마치 자신이 아브라함처럼 복의 근원이 된 것으로 착각하게 된다.

우리 자신을 복의 근원으로 생각하게 해 주는 더 많은 물질과 영향력이 과연 아브라함에게 약속된 하나님의 복인가? 아니면 이 세상에 속한 천하 만국의 영광인가? 물론 우리는, 남들보다 잘돼서 많이 헌금하고 많이 선교하면 그것이 곧 하나님으로 말미암아 우리가 복의 근원이 된 것으로 생각들을 한다. 결국, 우리는 복의 근원이 된 아브라함의 복을 구속사적인 관점에서 이해하지 못하고 우리들의 욕심을 따라서 물질과 영향력으로 이해하고 적용하는 어리석은 우를 범하고 있다.

오늘 우리는 많은 물질과 큰 영향력에 집착한다. 그러나 계시록 2장과 3장에서 전 시대와 전 지역의 교회를 예표하고 있는 소아시아의 일곱 교회 가운데서 칭찬받았던 교회인 서머나 교회와 빌라델비아 교회는 환난과 궁핍(계 2:9)과 적은 능력(계 3:8) 가운데서 하나님으로부터 오히려 크고 많은 일을 했다고 칭찬을 받았다.

그러면 아브라함에게 약속된 복이 무엇이며 그는 어떤 의미에서 복의 근원인가? 결론적으로 이야기하면 아브라함이 약속받은 복은 "씨"의 축복을 통한 후손의 번성이고 "기업"의 축복인 가나안 땅을 소유하는 것이다.

"보이는 땅을 내가 너와 네 자손에게 주리니 영원히 이르리라 내가 네 자손으로 땅의 티끌 같게 하리니 사람이 땅의 티끌을 능히 셀 수 있을진대 네 자손도 세리라 너는 일어나 그 땅을 종과 횡으로 행하여 보라 내가 그것을 네게 주리라"(창 13:15~17)

"아브람이 가로되 주 여호와여 무엇을 내게 주시려나이까 나는 무자하오니 나의 상속자는 이 다메섹 엘리에셀이니이다 아브람이 또 가로되 주께서 내게 씨를 아니주셨으니 내 집에서 길리운 자가 나의 후사가 될 것이니이다 여호와의 말씀이 그에게 임하여 가라사대 그 사람은 너의 후사가 아니라 네 몸에서 날 자가 네 후사가 되리라 하시고 그를 이끌고 밖으로 나가 가라사대 하늘을 우러러 뭇 별을 셀 수 있나 보라 또 그에게 이르시되 네 자손이 이와 같으리

라"(창 15:2~5)

"내가 내 언약을 나와 너 사이에 세워 너로 심히 번성케 하리라 하시니 아브람이 엎드린대 하나님이 또 그에게 일러 가라사대 내가 너와 내 언약을 세우니 너는 열국의 아비가 될지라 이제 후로는 네 이름을 아브람이라 하지 아니하고 아브라함이라 하리니 이는 내가 너로 열국의 아비가 되게 함이니라 내가 너로 심히 번성케 하리니 나라들이 네게로 좇아 일어나며 열왕이 네게로 좇아 나리라 내가 내 언약을 나와 너와 네 대대 후손의 사이에 세워서 영원한 언약을 삼고 너와 네 후손의 하나님이 되리라 내가 너와 네 후손에게 너의 우거하는 이 땅 곧 가나안 일경으로 주어 영원한 기업이 되게 하고 나는 그들의 하나님이 되리라"(창 17:2~8)

"여호와의 사자가 하늘에서부터 두 번째 아브라함을 불러 가라사대 여호와께서 이르시기를 내가 나를 가리켜 맹세하노니 네가 이같이 행하여 네 아들 네 독자를 아끼지 아니하였은즉 내가 네게 큰 복을 주고 네 씨로 크게 성하여 하늘의 별과 같고 바닷가의 모래와 같게 하리니 네 씨가 그 대적의 문을 얻으리라 또 네 씨로 말미암아 천하 만민이 복을 얻으리니 이는 네가 나의 말을 준행하였음이니라 하셨

다 하니라"(창 22:15~18)

아브라함은 구원의 복과 관련해서 복의 근원이 되었다. 아브라함의 혈통에서 예수 그리스도가 탄생하셨다. 그래서 오늘 교회는 예수 그리스도를 믿음으로 아브라함의 영적 후손이 되고 아브라함이 하나님으로부터 약속받은 기업의 후사가 되어 약속의 복에 참여하게 되는데 이 약속의 복은 결국, 죄인이 예수 그리스도를 믿음으로 말미암아 약속하신 구원에 참여함이다.

이처럼 아브라함에게 약속하신 하나님의 복은 이 땅에 속한 무병장수와 만사형통의 복이 아니라, 구원의 복이다. 그러므로 아브라함과 관련된 복을 구원과 관련해서 이해하지 않는다면, 위 설교자의 패턴과 같은 설교가 아무리 바른 교훈을 하고 있더라도 결국에 설교를 듣는 청중은 아브라함의 복을 세속적 가치 기준으로 잘못 이해하고 적용한다. 그 결과 하나님께 철저하게 순종하고 열심히 예배하고 어느 정도 많은 십일조 예물과 작정감사헌금을 드리면 이 땅에서 복을 받는다고 믿게 된다.

위 설교자의 설교 패턴이 청중에게 바르게 이해되기 위해서는 먼저 아브라함이 약속받은 복이 구원의 복 이외에 다른 복이 아님을 청중에게 분명하게 주지시켜야 한다. 구원의 복을 받은 우리는 이미 하늘에 속한 모든 신령한 복을 받았기에 이제는 이 땅의 소유와 성취를 꿈꾸지 말고 오로지 하나님의 말씀에 철저하게 순종하고 또한 하나님을 열심히 영화롭게 하며, 나아가서 하나님을 위해 모든 소유를 버리기까지 하나님을 좇는 삶을 살아야 한다.

이 땅에서 더 잘되는 복을 받기 위해 순종의 삶을 살고 열심히 예배하고 철저한 십일조를 드리는 신앙과 이미 이 세상의 모든 것보다 귀한 구원의 복을 받았기에 철저하게 하나님의 말씀에 순종하고 열심히 쉬지 않고 하나님께 예배하며 하나님을 위해 모든 것을 포기하는 신앙은 그 질적인 면에서 확연한 차이가 남을 명심해야 한다.

이제 구원의 복을 받은 우리는 이 세상에 속한 소유의 증식에 마음을 두지 말고, 내게 있는 모든 것을 하나님의 뜻대로 사용하기 위해 믿음 위에 믿음을 더해야 한다.

3 이런 설교가 교회를 이방인으로 만든다

지금 교회 안에서 홍수처럼 범람하고 있는 설교들의 핵심 주제 중의 하나가, 예수 그리스도를 믿는 믿음으로 우리를 둘러 진 치는 한계 상황을 뛰어넘자는 것이다. 그러나 문제는 많은 설교자가 믿음으로 극복하자고 강변하는 한계 상황들은 하나같이 인생의 문제들과 관련되어 있다.

결국, 그들이 교훈하는 큰 믿음은 모두가 다 하나같이 예수 믿지 않는 사람들도 경험하는 불가능한 인생 문제를 해결 받거나 인생의 우환들을 역전시켜서 우리가 계획하고 목적하고 소원하는 결과를 얻어내는 것과 관련 있다. 그들은 우리가 인생의 어려운 문제를 만났을 때 실망하지 않고 악착같이 마음에 소원을 이루기 위해 꿈은 이루어진다며 끈질기게 기도해서 응답을 받는 것이 큰 믿음이라고 한다. 그러나 하나님께서 우리에게 주신 선물인 믿음은 우리로 인생의 소원을 성취하게 하려고 주신 것이 아니라 구원을 받게 하려고 주신 것임을 명심해야 한다.

"허물로 죽은 우리를 그리스도와 함께 살리셨고 (너희가 은혜로 구원을 얻은 것이라) 또 함께 일으키사 그리스도 예수 안에서 함께 하늘에 앉히시니 이는 그리스도 예수 안에서 우리에게 자비하심으로써 그 은혜의 지극히 풍성함을 오는 여러 세대에 나타내려 하심이니라 너희가 그 은혜를 인하여 믿음으로 말미암아 구원을 얻었나니 이것이 너희에게서 난 것이 아니요 하나님의 선물이라"(엡 2:5~8)

하나님의 선물인 믿음이 해결하는 문제는 인생 문제가 아니라 죄의 문제이다. 우리는 하나님의 선물인 믿음을 통해 죄의 문제를 해결 받고 구원에 이른다. 우리는 하나님의 말씀에 불순종함으로 죄인이 되었다. 그러나 우리는 믿음을 통해 하나님으로부터 값없이 의롭다 칭함을 받게 되었다.

"곧 예수 그리스도를 믿음으로 말미암아 모든 믿는 자에게 미치는 하나님의 의니 차별이 없느니라 모든 사람이 죄를 범하였으매 하나님의 영광에 이르지 못하더니 그리스도 예수 안에 있는 구속으로 말미암아 하나님의 은혜로 값없이 의롭다 하심을 얻은 자 되었느니라"(롬 3:22~24)

하나님의 말씀에 불순종하므로 죄인이 되었기에 믿음으로

말미암아 의로워진 우리는 또한, 믿음을 통해서 하나님의 말씀에 순종하게 된다. 즉, 우리는 믿음을 통해 죄의 문제를 해결 받고 나아가서 가난과 실패를 극복하는 것이 아니라 하나님의 말씀에 순종함으로 죄의 세력을 극복한다. 그래서 사도들은 믿음을 통해 예수 그리스도의 말씀에 순종하기를 원했던 것이다.

> "너희는 스스로 조심하라 만일 네 형제가 죄를 범하거든 경계하고 회개하거든 용서하라 만일 하루 일곱 번이라도 네게 죄를 얻고 일곱 번 네게 돌아와 내가 회개하노라 하거든 너는 용서하라 하시더라 사도들이 주께 여짜오되 우리에게 믿음을 더하소서 하니 주께서 가라사대 너희에게 겨자씨 한 알만한 믿음이 있었더면 이 뽕나무더러 뿌리가 뽑혀 바다에 심기우라 하였을 것이요 그것이 너희에게 순종하였으리라"(눅 17:3~6)

죄인 된 인간은 그 어떤 경우에도 하나님의 말씀에 철저하게 순종할 수 없다. 그것은 우리의 죄성을 상징하는 뽕나무의 뿌리가 사람의 힘으로는 도저히 뽑을 수 없을 만큼 굳건하게 우리 마음에 뿌리를 내리고 있기 때문이다. 그러나 우리는 믿음을 통해 우리 마음에 강력하게 뿌리박고 있는 죄를 뽑아서 바다에 심기게 할 수 있다. 그러므로 죄인은 믿음을 통해 하나님께로부터 의롭다 칭함을 받고, 또한 나아가서 이 강력한 죄의 세력을 극복하고 하나님의 말씀에 순종하게 된다.

믿음으로 의로워지고 구원받음을 역설하였던 사도 바울은 또한 구원의 은혜를 받은 우리가 죄의 세력을 극복하고 다시는 죄를 짓지 않는 거룩한 삶을 살아야 함을 강조했다.

"그런즉 우리가 무슨 말 하리요 은혜를 더하게 하려고 죄에 거하겠느뇨 그럴 수 없느니라 죄에 대하여 죽은 우리가 어찌 그 가운데 더 살리요"(롬 6:1~2)

"죄가 너희를 주관치 못하리니 이는 너희가 법 아래 있지 아니하고 은혜 아래 있음이니라"(롬 6:14)

"그런즉 어찌하리요 우리가 법 아래 있지 아니하고 은혜 아래 있으니 죄를 지으리요 그럴 수 없느니라 너희 자신을 종으로 드려 누구에게 순종하든지 그 순종함을 받는 자의 종이 되는 줄을 너희가 알지 못하느냐 혹은 죄의 종으로 사망에 이르고 혹은 순종의 종으로 의에 이르느니라"(롬 6:15~16)

성경은 인간이 도저히 해결할 수 없고 극복할 수 없는 불가능의 문제는 인생 문제가 아니라 죄의 문제라고 분명히 말한다. 그래서 하나님의 말씀은 인생 문제의 해법을 제시하고 있는 것이 아니라 구원의 해법을 제시하고 있다. 그런 의미에서 하나님의 말씀은 죄인 구원을 위한 구속계시로서 예언이 된다.

오늘날 믿음으로 인생 문제를 해결 받자고 외치는 많은 설교자에 의해 구속계시인 하나님의 예언의 말씀이 한갓 인생의 지침서, 그래서 사람의 교훈, 내지 무당의 예언으로 전락하였다. 바로 그들이 하나님의 말씀을 가감한 자들로서 주의 이름으로 선지자 노릇 하지만, 멸망할 거짓 선지자들이다(계 22:18~19; 마 7:22~23). 하나님의 말씀을 가감함은 단어를 더하고 빼는 것이 아니라, 그 의미를 왜곡시켜 하나님의 뜻을 가로막는 것이다.

우리는 너무나 죄성이 마음에 뽕나무의 뿌리처럼 뿌리 깊게 박혀 있어서 하나님의 선물인 믿음을 통해 의롭다 칭함을 받았으면서도 하나님의 말씀에 철저하게 순종하는 거룩한 삶을 온전히 살 수 있는 능력이 없다. 바로 이와 같은 한계 상황에서 탄식했던 사람이 이 땅에서 가장 위대한 신앙인이었던 사도 바울이었다.

"내 속 곧 내 육신에 선한 것이 거하지 아니하는 줄을 아노니 원함은 내게 있으나 선을 행하는 것은 없노라 내가 원하는 바 선은 하지 아니하고 도리어 원치 아니하는 바 악은 행하는도다 만일 내가 원치 아니하는 그것을 하면 이를 행하는 자가 내가 아니요 내 속에 거하는 죄니라 그러므로 내가 한 법을 깨달았노니 곧 선을 행하기 원하는 나에게 악이 함께 있는 것이로다 내 속 사람으로는 하나님의 법을 즐거워하되 내 지체 속에서 한 다른 법이 내 마음의 법과 싸워 내 지체 속에 있는 죄의 법 아래로 나를 사로잡아 오는 것을 보는도다 오호라 나는 곤고한 사람이로다 이 사망의 몸에서 누가 나를 건져내랴"(롬 7:18~24)

이와 같은 절망적인 한계 상황 속에서 사도 바울은 자신으로는 도저히 할 수 없지만, 하나님의 선물인 성령을 통해 율법의 요구를 이룰 수 있음을 선언한다.

"육신을 좇지 않고 그 영을 좇아 행하는 우리에게 율법의 요구를 이루어지게 하려 하심이니라"(롬 8:4)

사도 바울에게 있어서 율법의 요구를 이루는 삶, 곧 영을 좇아 행하는 삶은 바로 영으로써 몸의 행실을 죽이는 삶이다.

바로 이 삶을 구원받은 하나님의 아들들이 살아갈 수 있다.

"만일 너희 속에 하나님의 영이 거하시면 너희가 육신에 있지 아니하고 영에 있나니 누구든지 그리스도의 영이 없으면 그리스도의 사람이 아니라"(롬 8:9)

"너희가 육신대로 살면 반드시 죽을 것이로되 영으로써 몸의 행실을 죽이면 살리니 무릇 하나님의 영으로 인도함을 받는 그들은 곧 하나님의 아들이라"(롬 8:13~14)

사도 바울에게 있어서 하나님의 영으로 인도함을 받는 하나님의 아들들은 인생의 꿈을 디자인하는 사람이 아니라 성령의 소욕을 좇아 몸의 행실을 죽이는 사람이다. 이와 같은 율법의 요구를 이루는 삶, 곧 영을 좇아 행하는 삶을 사도 바울은 갈라디아서에서 성령의 소욕으로 육체의 소욕을 이기는 삶, 즉 정과 욕심을 십자가에 못 박고 성령으로 살고, 성령으로 행하는 삶이라고 하였다.

"내가 이르노니 너희는 성령을 좇아 행하라 그리하면 육체의 욕심을 이루지 아니하리라 육체의 소욕은 성령을 거스리고 성령의 소욕은 육체를 거스리나니 이 둘이 서로 대적함으로 너희의 원하는 것을 하지 못하게 하려 함이니라 너희가 만일 성령의 인도하시는 바가 되면 율법 아래 있지 아니하리라"(갈 5:16~18)

"그리스도 예수의 사람들은 육체와 함께 그 정과 욕심을 십자가에 못 박았느니라 만일 우리가 성령으로 살면 또한 성령으로 행할지니"(갈 5:24~25)

구원받은 사람은 자신의 인간적인 욕구를 만족게 하기 위해서 살지 않고, 성령의 욕구, 즉 성령의 소욕을 만족게 하기 위해서 살아야 한다. 하나님의 뜻이 아닌 것, 성령의 소욕이 아닌 것, 그래서 '나'와 관련된 모든 것은 죄다. 우리가 소원하는 모든 것이 하나님의 나라와 의를 위한 것이 아니면 모두가 육체의 소욕이다. 육체의 소욕, 즉 자신의 욕구를 충족시키기 위해서 살아가는 삶은 성령의 소욕, 즉 하나님의 뜻을 거스르는 삶이다.

믿음으로 구원받은 사람은 자신의 욕구를 성취하기 위해서가 아니라, 성령의 소욕을 성취하기 위해서 살아간다. 그러므로 구원받은 사람, 곧 다시 태어난 중생한 사람은 성령의 소욕, 즉 하나님의 뜻을 이루기 위해 살아간다.

우리를 향하신 성령의 소욕, 즉 성령의 열망인 하나님의 뜻은 우리가 부자 되는 것, 우리가 리더가 되는 것, 우리가 성공하는 것, 우리가 영향력을 소유하는 것이 아니라, 잃어버린 당신의 선한 형상을 회복하는 것이다. 그러므로 사도 바울은 구원의 과정을 그리스도의 형상을 이루는 산고의 과정으로 설명하였던 것이다.

"나의 자녀들아 너희 속에 그리스도의 형상이 이루기까지 다시 너희를 위하여 해산하는 수고를 하노니"(갈 4:19)

아래에서 언급하는 "소원을 이루는 큰 믿음(본문 : 마 15:21~28)"이라는 제하의 설교는 모 기독교 신문에서 선교 120주년 기념 '한국교회 명설교' 난에 선정된 설교이다. 그러나 이 설교는 거창한 수식어에도 불구하고 구속계시인 하나님의 말씀을 인간의 욕구 충족을 위해 이익의 재료로(딤전 6:5) 만든 전형적인 기복주의 설교이다. 이와 같은 설교야말로 하나님 말씀의 본의를 떠나 교회를 이방인으로 만들고 세속화시키는 음행의 포도주와 같은 설교이다.

그 설교 요지는 다음과 같다.

설교본문 : 마태복음 15:21~28
예수께서 거기서 나가사 두로와 시돈 지방으로 들어가시니 가나안

여자 하나가 그 지경에서 나와서 소리 질러 가로되 주 다윗의 자손이여 나를 불쌍히 여기소서 내 딸이 흉악히 귀신들렸나이다 하되 예수는 한 말씀도 대답지 아니하시니 제자들이 와서 청하여 말하되 그 여자가 우리 뒤에서 소리를 지르오니 보내소서 예수께서 대답하여 가라사대 나는 이스라엘 집의 잃어버린 양 외에는 다른 데로 보내심을 받지 아니하였노라 하신대 여자가 와서 예수께 절하며 가로되 주여 저를 도우소서 대답하여 가라사대 자녀의 떡을 취하여 개들에게 던짐이 마땅치 아니하니라 여자가 가로되 주여 옳소이다마는 개들도 제 주인의 상에서 떨어지는 부스러기를 먹나이다 하니 이에 예수께서 대답하여 가라사대 여자야 네 믿음이 크도다 네 소원대로 되리라 하시니 그 시로부터 그의 딸이 나으니라

설교전문

인간의 욕구가 만족되지 못할 때 사람들은 고민하고 괴로워합니다. 안전을 원하지만 사고가 나고 사람들이 자기 존재 가치를 인정해 주지 않아서 소외감을 느끼며 일생을 통해 이루어 보고 싶은 일을 이루지 못합니다. 이는 우리 인간이 유한한 지식과 지혜와 능력으로 한계 상황을 뛰어넘지 못하기 때문입니다. 그러나 우리의 소원을 이루고 인간의 한계 상황을 극복하는 길이 있습니다. 누구든지 예수를 주님으로 믿기만 하면 우리 인간이 못하는 일을 주님께서 이루어 주십니다. 만일 우리가 큰 믿음을 가진다면 주님은 우리의 소원을 이루

어주십니다.

본문의 말씀은 한 가나안 여인이 주님 앞에 큰 믿음을 보임으로써 예수님이 그녀의 소원인 귀신 들린 딸을 깨끗이 고쳐 주신 내용입니다. 그렇다면 어떤 믿음이 소원을 이루는 큰 믿음일까요? 소원을 이루는 큰 믿음은 네 단계로 온전해지는 믿음입니다.

첫째, 예수님 앞으로 나아가는 것입니다. 본문 22절 전반부에 "가나안 여자 하나가 그 지경에 나와서"라고 하였습니다. 믿음이란 하나님의 부름에 응답하는 것입니다. 이사야 55:1말씀에 "너희 목마른 자들아 물로 나아오라 돈 없는 자도 오라 너희는 와서 사 먹되 돈 없이 값없이 와서 포도주와 젖을 사라"고 하였습니다. 또 예수님은 마태복음 11장 28절에서 "수고하고 무거운 짐 진 자들아 내게로 오라 내가 너희를 쉬게 하리라"고 하였습니다. 예수님은 오늘날 문제 있는 사람들을 오라고 부르십니다. 예수님은 교회가 정한 예배 시간에 우리를 부르십니다. 교회가 정한 예배에 참여하는 자가 예수님의 부름에 응답하는 사람입니다. 예수님은 요한복음 4장 23~24절에서 "아버지께 참으로 예배하는 자들은 신령과 진정으로 예배할 때가 오나니 곧 이때라 아버지께서는 이렇게 자기에게 예배하는 자들을 찾으시느니라 하나님은 영이시니 예배하는 자가 신령과 진정으로 예배할지니라"고 하셨습니다.

소원을 이루는 큰 믿음은 힘들고 어려워도 예수님이 계신 곳으로 나아오는 것입니다. 그러므로 히브리서 4장 16절에 "그러므로 우리가 긍휼하심을 받고 때를 따라 돕는 은혜를 얻기 위하여 은혜의 보좌 앞에 담대히 나아갈 것이니라"고 하였습니다.

둘째, 부르짖어 간구하는 것입니다. 본문 22절 중반부 말씀에 "소리질러 가로되 주 다윗의 자손이여"라고 하였습니다. 여인은 예수님을 다윗의 자손이라고 불렀습니다. 다윗의 자손은 메시아의 다른 호칭입니다. 구약성경에 예언하기를 이 땅의 구원자는 다윗의 혈통에서, 그리고 다윗의 동네에서 탄생할 것이라고 하였으니 예수님이 바로 다윗의 자손, 즉 메시아인 것입니다. 각 사람의 소원을 이루어 주실 분은 주님이십니다. 예수님만이 유일한 구원자임을 아는 자는 예수님께 도움을 구합니다.

하나님은 믿는 자의 간구를 들으시고 소원을 이루어 주십니다. 예레미야 33장 2~3절 말씀에 "일을 행하는 여호와, 그것을 지어 성취하는 여호와, 그 이름을 여호와라 하는 자가 이같이 이르노라 너는 내게 부르짖으라 내가 네게 응답하겠고, 네가 알지 못하는 크고 비밀스러운 일을 네게 보이리라" 하셨고, 29장 12~13절 말씀에는 "너희는 내게 부르짖으며 와서 내게 기도하면 내가 너희를 들을 것이요, 너희가 전심으로 나를 찾고 찾으면 나를 만나리라"고 하셨습니다. 그러므로 우리는 기도해야 합니다. 기도하되 믿음으로 간구해야 합니다. 마태복음 21장22절에 "너희가 기도할 때에 무엇이든지 믿고 구하는 것은 다 받으리라 하시니라"고 하셨고 야고보서 1장5~8절에는 "너희 중에 누구든지 지혜가 부족하거든 모든 사람에게 후히 주시고 꾸짖지 아니하시는 하나님께 구하라 그리하면 주시리라 오직 믿음으로 구하고 조금도 의심하지 말라 의심하는 자는 마치 바람에 밀려 요동하는 바다 물결 같으니 이런 사람은 무엇이든지 주께 얻기를 생각하지 말라 두 마음을 품어 모든 일에 정함이 없는 자로다"라고 하였습니다. 소원을 이루는 큰 믿음은 믿음으로 간구하는 것입니다.

셋째로 죄를 자백하고 회개하는 것입니다. 가나안 여인은 예수님 앞에서 "나를 불쌍히 여기소서"라고 하며 매달렸습니다. 그는 문제를 귀신 들린 자기 딸에게서 찾지 않고, 자녀를 돌아볼 책임이 있는 어미 된 자기가 문제라는 생각으로 "나를 불쌍히 여기소서"라고 외친 것입니다. 그렇습니다. 영안이 열리면 자기 죄와 허물이 보입니다. 이런 사람이 죄를 자백하고 회개함으로 은혜를 받습니다.

기도 응답을 가로막는 것은 회개치 않은 죄입니다. 우리 모든 양심에 거리끼는 죄를 자백함으로 죄 사함을 받아 마음의 소원을 이루기 바랍니다.

넷째, 큰 믿음이란, 예수님이 하신 시험에 합격하는 것입니다. 선을 행하다가 낙심치 않은 자가 큰 믿음을 가진 자입니다(갈 6:9). 하나님은 심지가 견고한 자를 평강에 평강으로 인도하십니다(사 26:3).

우리 주 예수 그리스도는 모든 인생들이 안고 있는 문제의 해결사입니다. 온전한 믿음, 큰 믿음의 사람에게는 능치 못함이 없습니다(막 9:23). 소원을 이루는 큰 믿음의 사람은 예수 앞에 나옵니다. 믿음으로 간구합니다(마 21:22). 철저하게 자신의 죄를 회개합니다. 시험 중에도 결코 포기하지 않습니다. 이 같은 큰 믿음으로 소원을 이루시기 바랍니다.

　위 설교자는 우리 각자가 자신의 소원을 이루기 위해서 어떤 한계 상황 속에서도 주님 앞에 큰 믿음을 가지고 기도할 것을 종용하고 있다. 능력 많으신 하나님께 기도로 매어 달리면 소원을 성취할 수 있다고 강변한다. 그러면서 절망하지 않고 불가능의 인생 문제를 기도로 극복하는 것을 큰 믿음이라고 말하고 있다. 그래서 우리가 어떤 절망적인 상황 속에서도 불가능한 인생 문제를 기도로 극복하는 큰 믿음의 소유자가 되어야 한다고 힘주어 말한다.
　위 설교자는 소원 성취와 하나님의 기적적 도우심의 능력이라는 설교의 요지를 설득하기 위해 끈질긴 간청으로 귀신 들린 딸을 치료받은 가나안 여자의 이야기를 인용하고 있다. 그러면서 가나안 여자가 예수님에게 자신의 딸을 치료받기 위해 "그 지경에서 나왔다"는 22절 말씀처럼 우리도 문제 만난 사람을 오라고 부르시는 예수님의 음성에 순종해서 하나님 앞에 불가능한 인생 문제를 들고 나아가자고 선동한다. 그러나 주님께서 "수고하고 무거운 짐 진 자들아 다 내게로 오라 내가 너희를 쉬게 하리라"(마 11:28)고 우리를 부르실 때의 그 짐은 인생 문제 보따리가 아니라 죄의 짐이다.

세례요한은 예수 그리스도를 가리켜 세상 죄를 짊어지고 가는 하나님의 어린 양이라고 했다(요 1:29). 그렇다. 주님께서 우리를 대신해서 짊어지고 가시는 짐은 불가능의 인생 문제가 아니라 우리의 죄이다. 우리가 주님 앞에 나아와서 이 죄의 짐을 내려놓고 회개함으로 하나님의 은혜를 구하면, 하나님께서는 우리의 죄를 없이 하시고 하나님의 안식에 이르게 하신다. 즉 예수 그리스도로 말미암아 우리를 믿음으로 의롭게 하시고 구원하신다. 그러므로 위 설교자가 인용한, 목마르고 돈 없는 자들을 값없는 포도주와 젖의 축복으로 초대하는 이사야 55장 1절 말씀 역시 죄인을 부르시는 하나님의 구원에의 초대이다.

주님께서는 벳새다 들녘에서 오병이어의 기적을 베푸셨다. 잠시 한 끼의 굶주림을 주님께서 베푸신 기적으로 모면한 군중은 계속해서 육신의 배고픔과 목마름을 주님 안에서 해결 받고자 했다. 이때 주님께서는 핍절한 군중을 향해 더 많은 육신의 떡을 제공하셨던 것이 아니라 진정한 양식이며, 진정한 음료인 당신, 즉 하나님의 구원으로 그들을 부르셨다.

"예수께서 가라사대 내가 곧 생명의 뜻이요 내게 오는 자는 결코 주리지 아니할 터이요 나를 믿는 자는 영원히 목마

르지 아니하리라"(요 6:35)

"진실로 진실로 너희에게 이르노니 믿는 자는 영생을 가졌나니 내가 곧 생명의 떡이로다 너희 조상들은 광야에서 만나를 먹었어도 죽었거니와 이는 하늘로서 내려오는 떡이니 사람으로 하여금 먹고 죽지 아니하게 하는 것이니라 나는 하늘로서 내려온 산 떡이니 사람이 이 떡을 먹으면 영생하리라 나의 줄 떡은 곧 세상의 생명을 위한 내 살이로라 하시니라"(요 6:47~51)

"내 살을 먹고 내 피를 마시는 자는 영생을 가졌고 마지막 날에 내가 그를 다시 살리리니 내 살은 참된 양식이요 내 피는 참된 음료로다 내 살을 먹고 내 피를 마시는 자는 내 안에 거하고 나도 그 안에 거하나니 살아 계신 아버지께서 나를 보내시매 내가 아버지로 인하여 사는 것같이 나를 먹는 그 사람도 나를 인하여 살리라 이것은 하늘로서 내려온 떡이니 조상들이 먹고도 죽은 그것과 같지 아니하여 이 떡을 먹는 자는 영원히 살리라"(요 6:54~58)

위 설교자는 주님 앞에 나아가서 인생 문제와 관련한 우리의 소원을 성취하자는 자신의 황당한 설교를 설득하기 위해 가나안 여인이 "주 다윗의 자손이여!"라고 소리쳤던 사실을 강조한다. 그러면서 하나님 앞에 우리의 인생 문제를 해결해 달라고 적극적으로 하나님의 도우심을 구해야 함을 강변한다. 가나안 여인이 자신의 문제를 해결 받기 위해 예수님을 다윗의 자손이라고 인정한 것은 유일한 구원자이신 예수 그리스도가 우리 각 사람의 소원을 들어주시는 분이기 때문이라고 한다. 그러면서 구원자 하나님께로부터 인생 문제를 해결 받기 위해 부르짖는 우리의 기도가 간절해야 함을 강조하기 위해 가나안 여인이 "나를 불쌍히 여기소서!"라며 주님께 끈질기게 매여 달렸음을 상기시킨다. 그리고는 성경에 기록된 간절한 기도와 하나님의 응답이라는 성구들을 자신의 황당한 설교의 논거로서 인용한다. 그러나 위 설교자의 성경 말씀 인용은 매우 잘못된 성경 해석에서 비롯되었다.

위 설교자가 인용한 예레미야 33장 2~3절 말씀에서 우리가 부르짖으면 응답해 주시겠다는 하나님의 크고 비밀스러운 일은 인생 문제의 해법이 아니다. 그것은 하나님께서 2~3절에서 크고 비밀스러운 일의 응답을 약속하신 후, 12~18절에서는 당신께서 유다 집에 관해 이른 선한 말을 성취하는 날, 곧 약속하신 크고 비밀스러운 일의 응답이 주어지는 날이 다윗에게 한 의로운 가지가 나는 날이라고 하셨기 때문이다. 결국, 약속하신 크고 비밀스러운 일은 예수 그리스도 안에서 성취된다.

"일을 행하는 여호와, 그것을 지어 성취하는 여호와, 그 이름을 여호와라 하는 자가 이같이 이르노라 너는 내게 부르짖으라 내가 네게 응답하겠고 네가 알지 못하는 크고 비밀한 일을 네게 보이리라"(렘 33:2~3)

"나 만군의 여호와가 이같이 말하노라 황폐하여 사람도 없고 짐승도 없던 이곳과 그 모든 성읍에 다시 목자의 거할 곳이 있으리니 그 양 무리를 눕게 할 것이라 산지 성읍들과 평지 성읍들과 남방의 성읍들과 베냐민 땅과 예루살렘 사면과 유다 성읍들에서 양 무리가 다시 계수하는 자의 손 아래로 지나리라 여호와의 말이니라 나 여호와가 말하노라 보라 내가 이스라엘 집과 유다 집에 대하여 이른 선한 말을 성취할 날이 이르리라 그날 그때에 내가 다윗에게 한 의로운 가지가 나게 하리니 그가 이 땅에 공평과 정의를 실행할 것이라 그날에 유다가 구원을 얻겠고 예루살렘이 안전히 거할 것이며 그 성은 여호와 우리의 의라 일컬음을 입으리라 나 여호와가 이같이 말하노라 이스라엘 집 위에 앉을 사람이 다윗에게 영영히 끊어지지 아니할 것이며 내 앞에서 번제를 드리며 소제를 사르며 다른 제를 항상 드릴 레위 사람 제사

장들도 끊어지지 아니하리라 하시니라"(렘 33:12~18)

  범죄한 이스라엘은 이제 곧 예레미야 선지자가 예언한 대로 바벨론에 의해서 멸절되고 남은 자들은 포로로 잡혀갈 것이다. 그러나 하나님께서는 멸망한 이스라엘을 다시 회복시키실 것이다. 그래서 포로 되어 간 이스라엘은 고난의 시간이 흐른 후, 고향 땅 예루살렘으로 돌아올 것이다. 그러나 하나님의 구속의 경륜은 여기서 끝나지 않는다.

  예레미야 선지자를 통해 이스라엘에게 약속하신 크고 비밀스러운 일은 종국에 아버지의 품을 떠난, 곧 하나님의 에덴을 떠난 죄인인 우리를 예수 그리스도 안으로 돌아오게 하셔서 당신의 의로 우리를 의롭게 회복하시는 하나님의 구원하심이다. 장차 하나님께서는 죄인들을 예수 그리스도의 의로 구원하실 것이다.

  바로 이 하나님의 구속 계획이 하나님께서 예레미야 선지자를 통해 이스라엘에게 약속하신 크고 비밀스러운 일의 종국적인 성취이다. 그러므로 하나님께서 예레미야 선지자를 통해 이스라엘에게 약속하신 크고 비밀스러운 일은 이스라엘 개개인의 밭농사 목축업의 번영이 아니라, 예수 그리스도 안에서의 영원한 구원이다.

  결국, 위 설교자가 인용한 "너희는 내게 부르짖으며 와서 내게 기도하면 내가 너희를 들을 것이요 너희가 전심으로 나를 찾고 찾으면 나를 만나리라"(렘 29:12~13)는 말씀은 장차 도래할 예수 그리스도 안에서의 완전한 회복, 완전한 구원을 열망하며 기다리라는 약속이지, 이스라엘 백성 개개인의 인생 문제와 관련해서 백일기도 응답, 천번째 기도 응답을 약속하신 것이 아니다.

따라서 위 설교자가 인용한 "너희가 기도할 때에 무엇이든지 믿고 구하는 것은 다 받으리라 하시니라"(마 21:22)라는 주님의 약속 또한 위 설교자가 자의적으로 해석하는 것처럼 인생 문제가 아니라, 하나님의 나라와 구원과 관련된 모든 것이다. 그러므로 하나님께서는 구하고 찾고 두드리는 자에게 인생 문제 해결이 아니라 성령을 주신다(눅 11:9~13).

하나님께서 구원받은 우리에게 예수 그리스도 안에서 허락하시는 모든 것은 하늘에 속한 것이며, 또한 생명과 경건에 관련된 모든 것이다.

"찬송하리로다 하나님 곧 우리 주 예수 그리스도의 아버지께서 그리스도 안에서 하늘에 속한 모든 신령한 복으로 우리에게 복 주시되"(엡 1:3)

"그의 신기한 능력으로 생명과 경건에 속한 모든 것을 우

리에게 주셨으니 이는 자기의 영광과 덕으로써 우리를 부르신 자를 앎으로 말미암음이라"(벧후 1:3)

위 설교자가 인용한 야고보서 1장 5절의 말씀 또한 후히 주시고 꾸짖지 않으시는 하나님께 우리가 조금도 의심하지 말고 믿음으로 구해야 하는 것은 위 설교자의 주장처럼 인생 문제 해법이 아니라 하나님의 지혜이다.

하나님의 지혜는 하늘에 속한 신령한 복이며 또한 생명과 경건에 속한 모든 것의 근원이다. 그러므로 야고보 선생이 두 마음을 품으면 하나님으로부터 어떤 것도 얻을 수 없다고 했을 때, 두 마음은 인생 소원 기도를 들어주실까 안 들어주실까 하는 마음이 아니라, 하나님과 원수 된 세상을 사랑하는 마음이다(약 4:4). 세상을 사랑하는 마음을 가진 사람은 하늘에 속한 신령한 복이며 생명과 경건에 속한 모든 것의 근원인 하나님의 지혜를 응답 받을 수 없다.

위 설교자의 설교야말로 백성의 상처를 심상히 고쳐 주며 "평안하다! 평안하다!" 하는 거짓 선지자들의 전형적인 평강타령의 설교이다.

"그들이 딸 내 백성의 상처를 심상히 고쳐 주며 말하기를 평강하다, 평강하다 하나 평강이 없도다"(렘 8:11)

성경은 하나님의 나라와 의를 소망하고, 하나님의 나라와 의를 위해서 기도하며, 하나님의 나라와 의를 이루기 위해 살라고 명령하고 있다. 그러면서 하나님의 나라와 의를 위해서 고난을 받으라고 한다. 성경에서 말하는 믿음의 의인이 받는 고난은 세상 사람들도 인생을 살면서 받게 되는 인생고와 같은 고난이 아니라 하나님의 나라와 의를 위해 받는 고난이다. 인생 문제 해결을 위해서 하나님을 찾는 것은 하나님의 나라와 의를 위한 신앙이 아니라 자신의 유익과 자신의 형통과 자신의 평안을 위한 신앙이다. 신앙의 이유와 목적이 하나님의 나라와 의에 있지 않고 인간 자신의 유익에 있을 때, 그 신앙은 우상 제의가 된다.

하나님께서는 이스라엘에게 하나님의 거룩한 형상을 이 땅의 형상으로 만들지 말 것을 명령하실 때, 우상 제의의 본질이 하나님을 위하지 않고 인간 자신을 위한 동기에 있음을 경고하셨다.

"너를 위하여 새긴 우상을 만들지 말고 또 위로 하늘에 있는 것이나 아래로 땅에 있는 것이나 땅 아래 물속에 있는 것의 아무 형상이든지 만들지 말며"(출 20:4)

구약 이스라엘이 하나님의 명령을 거역하고 우상을 만들

었던 이유는 "너를 위하여" 즉 자신을 위해서였다. 이처럼 신앙이 인간 자신과 관련될 때, 바로 그곳에 우상이 있다. 결국, 자신의 유익과 형통과 평안을 추구하는 기복 신앙은 신약의 우상 제의이다.

신약에서 가장 큰 우상은 바로 우리 자신이다. 그러므로 주님께서는 제자들을 향해 자기를 부인하는 십자가를 지라고 하셨다. 주님의 제자도 명령은 바로 신약의 교회를 향한 우상 숭배 금지 명령이다. 불행하게도 지금 자기를 부인하지 않는 신앙, 곧 자기를 위한 기복 신앙인 우상 제의가 신약 교회 안에 범람하고 있다.

사도 바울은 예수 그리스도께서 죄인들을 죄와 사망에서 구원하신 구원의 주가 되심을 찬송하였다.

> "미쁘다 모든 사람이 받을 만한 이 말이여 그리스도 예수께서 죄인을 구원하시려고 세상에 임하셨다 하였도다 죄인 중에 내가 괴수니라"(딤전 1:15)

이에 반해 위 설교자는 예수 그리스도가 모든 인생이 안고 있는 생활 문제의 해결자이심을 찬송한다. 결국, 위 설교자는 하나님의 사역과 관련해서 예수 그리스도의 구원 사역을 인생 문제 해결 사역으로 격하시킴으로 거룩하신 하나님의 형상을 땅의 형상으로 격하시키는 우상 숭배의 죄를 자행하고 있다.

하나님께서는 당신의 얼굴을 뵙기를 열망하는 모세에게 당신의 모든 선한 형상을 계시하셨다.

> "여호와께서 모세에게 이르시되 너의 말하는 이 일도 내가 하리니 너는 내 목전에 은총을 입었고 내가 이름으로도 너를 앎이니라 모세가 가로되 원컨대 주의 영광을 내게 보이소서 여호와께서 가라사대 내가 나의 모든 선한 형상을 네 앞으로 지나게 하고 여호와의 이름을 네 앞에 반포하리라 나는 은혜 줄 자에게 은혜를 주고 긍휼히 여길 자에게 긍휼을 베푸느니라"(출 33:17~19)

모세가 바라본 하나님의 영광은 하나님의 모든 선한 형상이었다. 예수 그리스도를 본 자는 하나님을 본 자이다(요 114:19). 그러면 하나님의 영광의 형상은, 이 땅에 성육신하신 예수 그리스도의 외모와 동일하다는 말인가? 아니다. 하나님의 영광의 형상은 예수 그리스도의 인격과 사역을 통해서 나타났다.

우리 죄인들은 예수 그리스도의 인격과 사역 속에서 하나님의 영광의 형상을 대면한다. 따라서 예수 그리스도의 사역을 다른 용도의 사역으로 이해하고 가르치고 배우는 것은 하나님의 영광의 형상이 아닌 땅에 속한 다른 형상을 하나님으로 이해하고 가르치고 배움이다. 그러므로 예수 그리스도의 구원 사역을 인생 문제 해결 사역으로 이해하고 가르치는 위 설교자의 가르침을 받는 교회는 우상 숭배의 죄악에 참여하는 것이다.

무엇 때문에 위 설교자가 예수 그리스도의 구원 사역을 인생 문제 해결 사역으로 바꾸어 가르치는가? 그리고 "주여! 주여!" 하는 어리석은 청중들은 무엇 때문에 예수 그리스도의 사역을 인생 문제 해결 사역으로 열광하며 배우는가? 그것은 그들 신앙의 근거와 목적이 하나님의 나라와 의에 있지 않고, 자신의 유익과 자신의 형통과 자신의 평안에 있기 때문이다.

설상가상으로 위 설교자는 죄를 회개하는 것조차도 소원 성취를 목적으로 하는 간절한 기도의 응답을 받기 위한 수단으로 전락시킨다. 그러나 회개는 축복 응답과 문제 해결과 관계된 것이 아니라, 회개에 합당한 열매 맺는 삶과 하나이다. 우리가 회개하는 것은 인생 문제를 해결 받기 위해서가 아니라. 예수 그리스도 안에 있는 구원의 은혜를 받기 위해서 그리고 나아가서 죄악의 종 된 삶으로 돌아가지 않고 의와 생명이신 하나님에게로 돌이켜서 새 생명 가운데서 행하기 위해서이다. 즉 허물과 죄로 죽었던 삶에서 구원의 은혜로 다시 살아나서 새 생명 가운데서 살아가기 위해서이다.

오늘날 병자 치유 기적 사건을 해석하고 적용하는 많은 설교 유형들을 보면 하나같이 병자 치유 기적 사건을 불가능한 인생 문제를 극복하기 위한 큰 믿음의 예로 인용한다. 그러나 병자 치유 기적 사건의 첫 번째 목적은, 예수 그리스도의 하나님 되심과 사도들의 사도 됨을 증명하기 위한 기적이었다.

수많은 병자를 치유함으로써 예수 그리스도께서는 자신이 하나님이심을 증명하셨다.

"예수께서 제자들 앞에서 이 책에 기록되지 아니한 다른 표적도 많이 행하셨으나 오직 이것을 기록함은 너희로 예수께서 하나님의 아들 그리스도이심을 믿게 하려 함이요 또 너희로 믿고 그 이름을 힘입어 생명을 얻게 하려 함이니라"(요 20:30~31)

주님게서는 당신의 권세와 능력을 교회에게 주셨다.

"예수께서 열두 제자를 불러 모으사 모든 귀신을 제어하며 병을 고치는 능력과 권세를 주시고 하나님의 나라를 전

파하며 앓는 자를 고치게 하려고 내어 보내시며"(눅 9:1~2)

"믿는 자들에게는 이런 표적이 따르리니 곧 저희가 내 이름으로 귀신을 쫓아내며 새 방언을 말하며 뱀을 집으며 무슨 독을 마실지라도 해를 받지 아니하며 병든 사람에게 손을 얹은즉 나으리라 하시더라"(막 16:17~18)

이처럼 병자 치유 기적은 표적을 보이기 위함이다. 그래서 병자 치유 기적 사건은 예수 그리스도의 하나님 되심의 표적을 보이기 위해서, 그리고 교회의 믿음의 표적을 보이기 위해서이다. 그러나 오늘 많은 목회자가 병자 치유 기적 사건을 하나같이 불가능의 인생 문제를 해결 받기 위한 용도로 해석하고 적용하고 교훈한다. 그러나 우리가 굳이 병자 치유 기적 사건의 영적인 의미를 이해하려면 병자 치유 기적 사건을 인생 문제 해법으로 이해하지 말고, 구속사적인 관점에서 이해하고 해석하고 적용해야 한다.

치명적인 질병은 치명적인 죄를 상징한다. 그래서 치명적인 불치병을 앓고 있는 환자는 치명적인 죄 가운데 있는 죄인을 상징한다. 그러므로 병자 치유 기적 사건은 치명적인 불치병 환자가 주님의 능력으로 정상적인 사람으로 회복되듯이 치명적인 죄로 말미암아 하나님의 형상을 잃어버린 죄인이 예수 그리스도의 십자가의 능력으로 하나님이 보시기에 좋았던 본래의 선한 모습인 하나님의 형상으로 회복됨을 상징한다. 따라서 오늘 많은 목회자에 의해 인생 문제 해법으로 해석되고 설교되는 병자 치유 기적 사건은 구속계시에 입각하지 않은 왜곡된 설교 행태이다.

위 설교자는 교인들로 하여금 하나님의 뜻인 말씀에 순종하는 헌신의 삶을 가르치지 않고 하나님의 말씀을 자의로 해석하고 임의로 적용하여 소원 성취를 이루게 하기 위해 교훈하느라 정신이 없다. 그래서 청중들에게 소원을 이루기 위한 큰 믿음으로 예수님이 계신 곳으로 인생 문제를 들고 나아가자고 강변한다. 그러면서 위 설교자는 히브리서 기자의 말씀을 인용해서 하나님께로부터 때를 따라 돕는 은혜를 받자고 한다. 그러나 히브리서 기자가 긍휼하신 하나님으로부터 때를 따라 돕는 은혜를 얻기 위해 은혜의 보좌 앞에 담대히 나아가자고 하였을 때, 히브리서 기자가 언급한 은혜의 도우심은 인생 문제 해결이 아니다.

히브리서 기자는 4장 16절에서 때를 따라 돕는 은혜를 얻기 위해 은혜의 보좌 앞에 담대히 나아가자는 말씀에 앞서 히브리서 4장 1~11절에서 구약 이스라엘 백성은 하나님의 말씀에 불순종함으로 말미암아 그들에게 약속된 안식인 예수 그리스도로 말미암는 구원에 이르지 못했지만 교회는 구약 이스라엘 백성이 이르지 못한 이 구원의 안식에 믿음으로 말미암아 이르렀다고 하였다. 그러면서 히브리서 기자는 비록 교회가 구약 이스라엘 백성이 불순종함으로 이르지 못했던 예수 그리스도 안에 있는 이 구원의 안식에 이르렀지만, 그렇다고 완전한 안식을 쟁취한 것이 아니므로 남아 있는 안식, 즉 구원의 완성을 바라보고 구약 이스라엘 백성처럼 불순종하지 말 것을 경고하고 있다.

"그러므로 우리는 두려워할지니 그의 안식에 들어갈 약속이 남아 있을지라도 너희 중에 혹 미치지 못할 자가 있을까 함이라 저희와 같이 우리도 복음 전함을 받은 자이나 그러나 그 들은바 말씀이 저희에게 유익되지 못한 것은 듣는 자가 믿음을 화합지 아니함이라 이미 믿는 우리들은 저 안식에 들어가는도다 그 말씀하신 바와 같으니 내가 노하여 맹세한 바와 같이 저희가 내 안식에 들어오지 못하리라 하셨다 하였으나 세상을 창조할 때부터 그 일이 이루었느니라 제 칠 일에 관하여는 어디 이렇게 일렀으되 하나님은 제 칠 일에 그의 모든 일을 쉬셨다 하였으며 또다시 거기 저희가 내 안식에 들어오지 못하리라 하였으니 그러면 거기 들어갈 자들이 남아 있거니와 복음 전함을 먼저 받은 자들은 순종치 아니함을 인하여 들어가지 못하였으므로 오랜 후에 다윗의 글에 다시 어느 날을 정하여 오늘날이라고 미리 이같이 일렀으되 오늘날 너희가 그의 음성을 듣거든 너희 마음을 강퍅케 말라 하였나니 만일 여호수아가 저희에게 안식을 주었더면 그 후에 다른 날을 말씀하지 아니하셨으리라 그런즉 안식할 때가 하나님의 백성에게 남아 있도다 이미 그의 안식에 들어간 자는 하나님이 자기 일을 쉬심과 같이 자기 일을 쉬느니라 그러므로 우리가 저 안식에 들어가기를 힘쓸지니 이는 누구든지 저 순종치 아니하는 본에 빠지지 않게 하려 함이라"(히 4:1~11)

결국, 히브리서 기자는 교회가 완전한 안식, 즉 구원의 완성에 이르기 위해 더욱더 순종하는 삶을 힘써야 한다고 교훈하고 있다. 그러므로 히브리서 기자가 때를 따라 돕는 은혜를 얻기 위해 은혜의 보좌 앞에 담대히 나아가자고 하였던 것은, 불가능한 인생 문제를 해결 받고 소원을 성취하기 위해 하나님께 생떼 쓰기 위해 기도하러 나가자는 말이 아니다.

그 말의 의미는 예수 그리스도로 말미암은 구원의 안식에 들어온 믿음의 교회가 구약 이스라엘 백성처럼 불순종하는 본에 빠지지 않기 위해 더욱더 믿음을 붙들고 하나님의 말씀에 순종하는 삶을 살아야 한다는 것이다.

구원받은 교회는 순종을 통해서만 예수 그리스도로 말미암은 안식의 은혜에 머물러 있을 수 있다. 그러므로 때를 따라 돕는 은혜는 인생 문제 해결의 은혜가 아니라 구원의 완성에 이르기 위해 힘써 하나님의 말씀에 순종해 갈 수 있는 은혜이다. 죄인이 예수 그리스도의 십자가 죽으심으로 의로워짐도 은혜이다. 그리고 나아가서 죄인이 하나님의 말씀에 순종할 수 있음도 은혜이다.

구약 이스라엘 백성이 가나안 땅에 들어감으로 약속된 안식을 누렸던 것은 앞으로 다가올 예수 그리스도 안에서 누리게 될 영원한 안식의 그림자이다. 예수 그리스도로 말미암은 이 영원한 안식은 예수 그리스도께서 이 땅에 오셔서 십자가에 죽으시고 부활하심으로 이미 성취되었지만, 장차 예수 그리스도의 재림으로 완성될 것이다. 그러므로 안식에 대한 약속은 믿음으로 구원받은 교회에게 여전히 남아 있는 유효한 약속이다. 그것은 예수 그리스도로 말미암은 이 안식이 이미 도래했지만, 예수님의 재림으로 말미암는 완성의 때를 바라보고 있기 때문이다.

교회는 이 약속의 상속자로서 예수 그리스도로 말미암은 구원의 안식에 계속해서 머물 수 있도록 하나님의 말씀에 순종해야 한다. 그러므로 우리가 은혜의 보좌 앞에서 받아야 하는 때를 따라 돕는 은혜는 바로 이 구원의 안식에 머물러 있기 위해 믿음에 합당한 순종의 삶을 사는 것이다. 그 어떤 경우에도 때를 따라 돕는 은혜는 인생의 소원 성취와 관련되지 않는다.

우리에게 더욱더 믿음이 필요한 것은 인생의 소원을 성취하기 위해서가 아니라, 하나님의 말씀에 더욱더 힘써 순종해서 이 약속된 안식에 머물러서 장차 나타날 완전한 안식에 이르기 위함이다.

위 설교자의 중구난방 설교를 들어보았을 때, 위 설교자가 담임하고 있는 교회는 진리의 해가 떠오르고 있는 교회가 아니라 진리의 해가 떨어지는 교회임에 틀림이 없다. 지금 하나님의 온전한 뜻인 진리의 해가 위 설교자의 시꺼먼 연기와 같은 황당한 설교 때문에 가려지고 있다.

구속계시인 하나님의 말씀은 우리를 구원에 이르게 하는 지혜의 말씀으로서 우리로 하여금 온전한 하나님의 사람, 즉 선을 행하는 사람을 만드는 데 목적이 있다.

"또 네가 어려서부터 성경을 알았나니 성경은 능히 너로 하여금 그리스도 예수 안에 있는 믿음으로 말미암아 구원에 이르는 지혜가 있게 하느니라 모든 성경은 하나님의 감동으로 된 것으로 교훈과 책망과 바르게 함과 의로 교육하기에 유익하니 이는 하나님의 사람으로 온전케 하며 모든 선한 일을 행하기에 온전케 하려 함이니라"(딤후 3:15~17)

하나님의 말씀은 우리로 해결 받고 응답 받고 꿈을 이루어서 잘되게 하고 잘살게 하기 위해 주어진 말씀이 아니다. 그러나 오늘날 많은 설교자가 하나님의 경건의 말씀을 이익의 재료로 만들어 인생 문제 해법을 위한 용도로 해석하고 설교한다(딤전 6:5). 그들은 바른 교훈을 듣기 싫어하는 욕심 많은 교회를 향해 허탄한 이야기, 즉 허탄한 신화인 성공 간증, 형통 간증, 역전 간증의 이야기들을 만들어 사욕을 좇는 백성의 가려운 귀를 시원하게 해 주고 있다(딤후 4:3~4).

신령과 진정으로 드리는 예배의 그림자인 구약의 5대 제사는 번제와 소제와 속죄제와 속건제와 화목제 다섯 가지이다. 번제는 하나님 앞에 온전한 헌신을 다짐하는 제사이다. 소제는 하나님 앞에 거룩한 삶을 열망하는 제사이다. 속죄제와 속건제는 비고의적으로 부지불식간에 하나님의 금령 중 하나를 위배하거나 하나님의 성물과 이웃의 재산에 손해를 끼쳤을 때, 죄 속함을 받기 위해 드리는 제사였다. 구약 이스라엘 백성은 속죄제와 속건제를 통해 다시는 그와 같은 죄를 범하지 않는 의로운 삶을 하나님 앞에 결단했다. 화목제는 예배 공동체와 함께 사랑을 나누는 제사였다.

이처럼 신약에서 신령과 진정으로 드리는 예배의 그림자에 불과했던 구약의 다섯 가지 제사에서도 문제 해결과 축복 응답과 같은 목적의 제사는 존재하지 않았다. 그런데 오늘 우리는 신령과 진정으로 예배를 드리는 시대를 살고 있으면서 구약의 다섯 가지 제사의 목적에도 전혀 미치지 못하는 문제 해결과 축복 응답과 같은 목적의 예배를 여기저기서 하나님의 이름으로 열광적으로 드리고 있다.

구약 이스라엘 백성이 무엇 때문에 우상 제의에 그토록 빠지게 되었던가? 그것은 하나님께서 명하신 제사가 이와 같이 인간의 생존 욕구 충족과는 전혀 상관없이 오로지 그들로 하여금 하나님을 위한 거룩한 헌신의 삶을 살게 하기 위한 목적만을 가지고 있었기 때문이다. 그러므로 하나님을 향해 거룩한 헌신의 삶을 살려 하기보다는 이 땅에서 풍요와 번영을 더욱 갈망하였던 구약 이스라엘은 자기 소견에 옳은 대로 자신을 위해 풍요와 번영을 마음껏 구할 수 있는 이방의 우상 제의에 빠졌다. 그들은 풍요와 다산을 꿈꾸며 하나님 아닌 다른 신을 하나님이라고 찾았다. 그들은 이와 같은 우상 제의를 통해 자신들의 생존 욕구를 마음껏 충족시키고자 했다.

오늘날도 무엇 때문에 교회가 기복주의에 함몰되는가? 그것은 하나님께서 우리에게 요구하시는 당신의 나라와 의를 구현하기 위한 거룩한 헌신의 삶이 우리들의 생존 욕구 충족의 본능과 일치하지 않기 때문이다. 그러므로 교회는 하나님의 나라와 의를 목적으로 하지 않고 인간의 생존 욕구 충족을 목적으로 하는 기복주의 예배, 즉 신약의 우상 숭배 제의에 열광하고 있다.

참된 신령과 진정의 예배는 하나님의 뜻을 분별하고 그 말씀에 순종하는 헌신의 삶이다.

"그러므로 형제들아 내가 하나님의 모든 자비하심으로 너희를 권하노니 너희 몸을 하나님이 기뻐하시는 거룩한 산 제사로 드리라 이는 너희의 드릴 영적 예배니라 너희는 이 세대를 본받지 말고 오직 마음을 새롭게 함으로 변화를 받아 하나님의 선하시고 기뻐하시고 온전하신 뜻이 무엇인지 분별하도록 하라"(롬 12:1~2)

4 성령과 하나님의 뜻

하나님께서는 절망의 이스라엘 백성에게 하나님의 성령을 통한 소망의 축복을 약속하셨다.

> "필경은 위에서부터 성신을 우리에게 부어 주시리니 광야가 아름다운 밭이 되며 아름다운 밭을 삼림으로 여기게 되리라"(사 32:15)

이 예언의 말씀을 읽고 묵상하였던 이스라엘 백성은 하나님의 성령인 성신이 부어지는 날, 실제로 광야가 아름다운 밭이 되어 그들이 소유하였던 불모의 땅이 풍성한 소출을 생산해 내는 경작지가 될 것으로 생각하였을 것이다. 그러므로 그들이 하나님의 성령이 그들에게 부어지는 날을 얼마나 고대하였겠는가?

이스라엘 백성은 항상 비가 넉넉지 못한, 그래서 경작할 물이 넉넉지 못한 불모의 땅에서 밭의 소산에 내리는 하늘의 단비를 생명의 기쁨으로 기다리며 살았다. 하나님께 선택받지 못한 이방인들이 거주하는 중국의 황하지역, 인도의 인더스 강, 김해의 삼각주에도 항상 때를 따라 비가 넘쳐 났지만 이스라엘 백성이 거주하였던 팔레스타인 지역은 비가 너무나 귀하여 비는 곧 그들에게 있어 생명과 같았다.

이스라엘 백성은, 하나님께서 이사야 선지자를 통해 다가오는 축복의 시대를 약속하시면서 그날에 하나님의 성신이 그들에게 부어지고, 성신이 부어지는 바로 그날에 광야가 아름다운 밭이 되고, 그 아름다운 밭에서 풍성한 소출이 끝없이 수확될 것이라고 하셨기에 하나님의 성신이 부어지는 종말의 날에 지상 천국이 건설될 것을 믿어 의심치 않았을 것이다. 그래서 그들은 틀림없이 다가올 지상천국에서 광야가 아름다운 밭으로 변할 것으로 생각하였을 것이다.

장차 하나님의 신이 그들에게 부어지게 된다는 약속된 소망의 길을 따라 먼 훗날, 하나님께서 약속하신 성신 곧, 성령이 당신의 택한 백성에게 부어졌다.

> "오순절날이 이미 이르매 저희가 다 같이 한곳에 모였더니 홀연히 하늘로부터 급하고 강한 바람 같은 소리가 있어 저희 앉은 온 집에 가득하며 불의 혀같이 갈라지는 것이 저희에게 보여 각 사람 위에 임하여 있더니 저희가 다 성령의

충만함을 받고 성령이 말하게 하심을 따라 다른 방언으로 말하기를 시작하니라"(행 2:1~4)

약속하신 성령이 마가 다락방에서 뜨겁게 기도하던 120여 문도에게 충만히 임했지만, 그들이 마주한 광야에서는 여전히 모래바람이 불고 있었고, 비도 여전히 충족하게 오지 않았기에 광야가 아름다운 밭으로 변할 가능성은 전무하였다. 그렇다고 그들 개인의 삶 속에 어떤 변화라도 일어났던가? 그래서 그들이 성령을 받지 않은 사람들보다 더 많은 부와 영향력을 소유한 삶을 살았던가? 전혀 아니다. 오히려 그들은 핍박과 멸시를 받고 그 모진 시련 가운데서 자신들의 산업을 빼앗기는 감당하지 못할 상실의 고통까지 감수해야 했다(히 10:32~34).

오늘 우리는 이처럼 광야가 아름다운 밭으로 변한다는 하나님의 성령으로 말미암은 부요의 축복을 어떻게 해석하고, 어떻게 상상하며, 어떻게 꿈을 꾸고 있는가? 혹시 우리도 성령 안에서 이 땅의 부요와 성공을 꿈꾸며 신념의 투지를 불태우고 있지는 않은가? 그렇다면 우리가 가진 꿈은 성령으로 말미암은 꿈이 아니라 미혹의 영으로 말미암은 멸망 받을 허상이다. 그러므로 오늘 우리에게 분별이 필요하다.

성령 안에서 약속된 풍요는 이 땅에서 밭농사와 목축업의 풍요로 성취되는 것이 아니라, 죄인의 삶 속에 의의 열매인 성령의 열매 맺는 삶으로 성취된다.

우리는 성령을 삼위일체 하나님의 한 분으로 신앙한다. 그러므로 성부 하나님을 신앙함은 성자 하나님을 신앙함이고 성령 하나님을 신앙함이다. 구약에서 하나님을 구한다는 것은 신약에서 예수 그리스도를 구하고 성령을 구함이다. 성령을 구하고 찾고 두드린다는 것(눅 11:9~13)은 하나님의 뜻을 구함이다. 그러므로 하나님의 뜻대로 행한다는 것은 성령으로 살고 성령으로 행함이다(갈 5:25).

하나님의 뜻대로 행하기 위해서 성령을 구하고 찾고 두드려야 하는 것은 성령께서 하나님의 사정을 가장 잘 아시기 때문이다.

"사람의 사정을 사람의 속에 있는 영 외에는 누가 알리요 이와 같이 하나님의 사정도 하나님의 영 외에는 아무도 알지 못하느니라"(고전 2:11)

주님께서는 우리가 구하고 찾고 두드리면 하나님의 선물인 성령을 받게 될 것이라고 약속하셨고, 야고보 선생은 우리가 후히 주시는 하나님께 구하면 지혜를 받게 될 것이라고 하셨다.

"내가 또 너희에게 이르노니 구하라 그러면 너희에게 주실 것이요 찾으라 그러면 찾을 것이요 문을 두드리라 그러면 너희에게 열릴 것이니 구하는 이마다 받을 것이요 찾는 이가 찾을 것이요 두드리는 이에게 열릴 것이니라 너희 중에 아비 된 자 누가 아들이 생선을 달라 하면 생선 대신에 뱀을 주며 알을 달라 하면 전갈을 주겠느냐 너희가 악할지라도 좋은 것을 자식에게 줄 줄 알거든 하물며 너희 천부께서 구하는 자에게 성령을 주시지 않겠느냐 하시니라"(눅 11:9~13)

"너희 중에 누구든지 지혜가 부족하거든 모든 사람에게 후히 주시고 꾸짖지 아니하시는 하나님께 구하라 그리하면 주시리라"(약 1:5)

결국, 지혜를 구한다는 것은 성령을 구하고 찾고 두드린다는 것이며, 이는 곧 하나님의 뜻을 구함이다. 믿음의 사람은 꿈과 비전으로 채워지는 것이 아니라, 신령한 지혜와 하나님의 뜻을 아는 것으로 채움을 받아야 한다.

"이로써 우리도 듣던 날부터 너희를 위하여 기도하기를 그치지 아니하고 구하노니 너희로 하여금 모든 신령한 지

혜와 총명에 하나님의 뜻을 아는 것으로 채우게 하시고"(골
1:9)

하나님의 나라와 의를 구한다는 것은 지혜를 구함이고 성
령을 구함이며 하나님의 뜻을 구함이다. 하나님의 뜻을 구
한 자에게 주어지는 하나님의 응답은 미래의 '잘된 나'가 아
니라 예수 그리스도의 형상을 이룸이다(갈 4:19). 그리스도
의 형상을 이루는 삶은 우리의 마음이 변화를 받아 죄악 된
세상과 분리되는 거룩한 삶이다.

"너희는 이 세대를 본받지 말고 오직 마음을 새롭게 함으
로 변화를 받아 하나님의 선하시고 기뻐하시고 온전하신
뜻이 무엇인지 분별하도록 하라"(롬 12:2)

성령은 믿음의 삶을 하나님께서 기뻐하시는 삶으로 인도
해 간다. 하나님께서는 십일조의 영웅 록펠러보다도 예수
그리스도와 사도들과 초대교회 성도들을 더욱 기뻐하신다.
그러므로 성령께서는 우리의 삶을 예수 그리스도의 삶으로,
사도들의 삶으로, 초대교회 성도들의 삶으로 인도해 간다.
그래서 우리로 하여금 예수 그리스도의 장성한 분량이 충만
한 데까지 이르러 가게 하신다(엡 4:13).

하나님의 뜻을 온전히 아시는 성령님의 사역은 우리로 십일조의 영웅 록펠러를 닮아 가게 하는 것이 아니라 예수님을 닮아 가도록 하고, 사도들을 닮아 가도록 하고, 초대교회 성도들의 삶을 닮아 가도록 한다. 바로 이와 같은 성령의 역사가 참 성령의 역사이다.

이 땅에 부와 영향력을 꿈꾸게 하는 긍정의 힘은 성령으로 말미암는 역사가 아니라 다른 영의 역사이다. 이와 같은 다른 영의 역사는 교회를 예수 그리스도의 정결한 신부로 준비시키는 것이 아니라 타락하게 한다(고후 11:2~4).

오늘 우리는 이 땅에서 부와 영향력을 소유한 신앙인들은 닮으려 하면서도 예수 그리스도와 사도들과 신실한 초대교회 성도들의 삶을 닮으려고는 하지 않는다. 이유는 우리가 예수 그리스도와 사도들과 초대교회 성도들을 닮으려면 이 땅에서 모든 것을 내려놓고 버려야 하기 때문이다.

우리는 자신의 욕구를 충족시키기 위해서 역전 인생을 사는 신앙인들을 닮으려 하고, 많은 십일조를 낼 수 있는 부자 인생을 닮으려 하고, 영향력을 소유한 리더 인생을 닮으려 한다. 그래서 그와 같은 인생을 꿈꾸고 긍정하라는 교훈들이 불의와 탐욕이 가득한 신앙인들의 들뜬 마음을 하늘에서 끌어내린 불(계 13:13)로 뜨겁게 달구어 댄다.

오늘 우리는 자신들의 꿈을 이루는 것을 하나님의 뜻을 행하는 것으로 착각들을 한다. 그래서 스스로 부요하여 부족한 것이 없다 하며 스스로 성령 충만한 사람으로 자랑하는 우리는, 담임 목사가 철저한 십일조를 하여 부자 인생, 성공 인생을 살자고 하면 얼굴이 화끈 달아오르며 "아멘! 아멘!" 하며 "주여! 주여!"를 연호하지만, 예수 그리스도를 닮아서 죽기까지 주의 뜻을 행하자 하면 얼굴들이 잿빛으로 변한다.

진정한 믿음 교육은 예수님을 닮게 하는 것이고 사도들을 닮게 하는 것이며 신실한 초대교회 성도들을 닮게 하는 것이다. 그러나 오늘날은 십일조 영웅 록펠러를 닮자는 승리주의 복음이 온 강대상을 휘젓고 다닌다. 그러나 성령 하나님의 사역은 하나님의 뜻을 행하는 사람을 닮아 가게 한다. 그래서 우리로 꿈을 디자인하게 하고 긍정의 마인드를 가지게 하는 것이 아니라, 예수 그리스도의 형상을 이루어 가게 한다.

"나의 자녀들아 너희 속에 그리스도의 형상이 이루기까지 다시 너희를 위하여 해산하는 수고를 하노니"(갈 4:19)

예수님을 닮아 간다는 것은 예수 그리스도의 형상을 이루어 감이다. 예수 그리스도의 형상을 이루어 감은 우리가 예수 그리스도의 장성한 분량이 충만한 데까지 이르러 간다는 것이며(엡 4:13), 성령 하나님께서 우리를 진리로 인도해 가신다는 것이다(요 16:13). 그것은 진리가 곧 예수 그리스도이시기 때문이다(요 14:6).

성령께서 우리를 진리로 인도하신다는 의미는 진리이신 예수 그리스도에게로 인도한다는 것이며, 예수 그리스도의 형상을 이루어 가게 하신다는 것이다. 우리를 진리로 인도하시는 성령께서는 지금 이 시간도 신자 한 사람 한 사람을 예수 그리스도를 닮아 가게 가르치시며, 예수 그리스도를 따르도록 명령하시며, 자기를 부인하는 십자가를 지게 하신다.

예수 그리스도의 형상이야말로 모든 신앙인들이 달려가야 하는, 장성한 분량이 충만한 데까지 이르러 가야 하는 궁극적 지점이다.

우리를 진리로 인도하시는 성령은 우리를 십일조의 영웅 록펠러를 닮게 교육하시는 것이 아니라 예수님을 닮게 교육하신다. 그래서 성령께서는 우리가 꿈꾸고 바라보는 부자 되고 성공한 인생으로 우리를 견인해 가시는 것이 아니라 예수 그리스도의 형상으로 견인해 가신다. 그러나 오늘날 "주여! 주여!" 하는 많은 사람이 하나같이 부자 되고 성공한 사람을 닮으려고 안간힘을 쓴다. 그러므로 이 땅의 영향력을 꿈으로 바라보는 사람은 성령의 인도하심을 받는 사람이 아니다.

성령 하나님께서는 지금도 예수 그리스도로 말미암은 놀라운 구원의 은혜를 우리의 강퍅한 마음 가운데 깨닫게 하시며, 생각나게 하시며, 넘치도록 감사하게 하시며, 그 결과 자원하는 심령으로 하나님의 뜻대로 살고자 하는 열망을 고취하신다.

예수 그리스도의 고난의 십자가가 성령을 통해 내 마음에 선명해질수록 우리는 이 땅에서 잘 먹고 잘살고 싶어 하기보다는 예수 그리스도의 남은 고난을 우리의 남은 삶 속에 채우기를 소원하게 된다. 그래서 내가 죽고 예수 그리스도로 사는 믿음의 사람이 되고자 힘쓰게 된다.

"내가 이제 너희를 위하여 받는 괴로움을 기뻐하고 그리스도의 남은 고난을 그의 몸 된 교회를 위하여 내 육체에 채우노라"(골 1:24)

"내가 그리스도와 함께 십자가에 못 박혔나니 그런즉 이제는 내가 산 것이 아니요 오직 내 안에 그리스도께서 사신 것이라 이제 내가 육체 가운데 사는 것은 나를 사랑하사 나를 위하여 자기 몸을 버리신 하나님의 아들을 믿는 믿음 안에서 사는 것이라"(갈 2:20)

기복주의 신앙은 우리가 구하고 찾고 두드려야 하는 하나님의 뜻을 인생의 소원으로 변개했다. 오늘 우리는 목사들로부터 우리를 향한 하나님의 뜻조차도 내가 잘되는 것이고 내가 부자 되는 것이고 내가 이기는 것이고 내가 차지하는 것이고 내가 형통한 것이고 내가 올라가는 것이라고 배웠다. 그래서 우리는 큰 목소리로 부르짖으면 하나님께서 채워 주신다는 것만 맹신한다. 그러므로 기복주의 신앙인들은 오늘 이 시간도 성령을 통해 하나님의 뜻을 행하기를 열망하는 것이 아니라 그들의 소원 기도가 응답되기를 열망하며 "주실 줄 믿습니다."라며 소리 높여 기도한다.

오늘 우리는 내 소원 성취를 위해서 긍정으로 꿈을 디자인하며 하나님께 구하고 찾고 두드리라고 하면 신바람이 나지만, 하나님의 뜻을 구하고 찾고 두드리라고 가르치면 듣기를 즐겨하지 않는다. 이유는 우리를 향하신 하나님의 뜻이 내게 있는 모든 것을 버리고, 포기하고 자기 부인의 십자가를 지라는 것이며 세상을 향한 정과 욕심을 십자가에 못 박고 세상에 대해 죽으라는 것이기 때문이다.

우리가 날마다 성령을 구하고 찾고 두드리면, 즉 날마다 선하시고 기뻐하시는 하나님의 뜻을 분별하게 되면 그 뜻대로 행하기를 소원하며 행동하게 된다. 하나님의 뜻을 분별하기 위해서는 성령을 구하고 찾고 두드려야 한다. 성령을 구하고 찾고 두드린다는 것은 하나님의 뜻을 구한다는 것이며 이는 곧 하나님의 지혜를 구한다는 것이다.

야고보 선생은 지혜를 구하라고 하신 후, 두 마음을 품지 말라고 하셨다.

"너희 중에 누구든지 지혜가 부족하거든 모든 사람에게 후히 주시고 꾸짖지 아니하시는 하나님께 구하라 그리하면 주시리라 오직 믿음으로 구하고 조금도 의심하지 말라 의심하는 자는 마치 바람에 밀려 요동하는 바다 물결 같으니 이런 사람은 무엇이든지 주께 얻기를 생각하지 말라 두 마음을 품어 모든 일에 정함이 없는 자로다"(약 1:5~8)

여기서 두 마음은 기도 응답이 될까? 안 될까? 하며 걱정하는 마음이 아니다. 디자인한 꿈이 이루어질까? 않을까? 하며 의심하는 마음도 아니다. 목적한 일이 잘될까? 잘되지 못할까? 하며 두려워하는 마음도 아니다. 야고보 선생이 경계한 두 마음은 하나님을 향하지 않고 세상을 사랑하는 마음이다. 세상에 속한 모든 것은 하나님의 뜻과 원수 된다(요일 2:15~17).

야고보 선생의 교훈을 요약하면 우리가 세상을 사랑하지 않고, 지혜를 통해 하나님의 뜻을 분별하면 하나님께서는 우리에게 어떤 삶이 가장 복 되고 형통한 삶이며, 어떤 삶이 하나님께서 가장 기뻐하시는 삶인가 하는 것을 알려 주시고 우리를 그 삶으로 인도하신다는 것이다. 지혜를 소유한 사람은 자기 소원의 꿈을 이루는 것이 아니라 하나님의 뜻을 행한다.

  기도는 소원이다. 그러므로 우리의 기도 제목은 우리가 믿음의 삶을 살아가면서 무엇을 가장 열망하고 있음에 관한 판단 기준이다. 주님은 하나님의 나라와 의를 구하라고 하셨다(마 6:33). 결국, 주님은 우리가 무엇을 열망해야 함을 교훈하셨다. 그러므로 참된 믿음의 기도는 이 땅의 썩을 부요와 성공을 구하지 않는다. 그것은 이미 우리가 하나님에게서 하늘에 속한 모든 복을 받아 구속 곧 죄 사함을 받고 하나님의 기업, 곧 하나님의 나라와 하나님의 백성이 되었으며 하나님의 아들들이 되었기 때문이다.

  "찬송하리로다 하나님 곧 우리 주 예수 그리스도의 아버지께서 그리스도 안에서 하늘에 속한 모든 신령한 복으로 우리에게 복 주시되 곧 창세 전에 그리스도 안에서 우리를 택하사 우리로 사랑 안에서 그 앞에 거룩하고 흠이 없게 하시려고 그 기쁘신 뜻대로 우리를 예정하사 예수 그리스도로 말미암아 자기의 아들들이 되게 하셨으니 이는 그의 사랑하시는 자 안에서 우리에게 거저 주시는바 그의 은혜의 영광을 찬미하게 하려는 것이라 우리가 그리스도 안에서 그의 은혜의 풍성함을 따라 그의 피로 말미암아 구속 곧 죄 사함을 받았으니 이는 그가 모든 지혜와 총명으로 우리에게 넘치게 하사 그 뜻의 비밀을 우리에게 알리셨으니 곧 그 기쁘심을 따라 그리스도 안에서 때가 찬 경륜을 위하여 예정하신 것이니 하늘에 있는 것이나 땅에 있는 것이 다 그리스도 안에서 통일되게 하려 하심이라 모든 일을 그 마음의 원대로 역사하시는 자의 뜻을 따라 우리가 예정을 입어 그 안에서 기업이 되었으니 이는 그리스도 안에서 전부터 바라던 우리로 그의 영광의 찬송이 되게 하려 하심이라"(엡 1:3~12)

우리가 하나님의 아들들이 되었다는 것은 가장 강대하고 부요한 나라의 백성이 되었음을 의미하며, 이 땅의 대통령과 재벌과도 비교할 수 없는 가장 위대한 명문가의 자녀가 되었음을 의미한다. 그럼에도 오늘 우리는 이 땅에서 명문가를 이루어 부자가 되고, 성공하여 영향력을 소유하려 한다. 핑계야 더 크고 많은 영향력을 소유해서 하나님의 영광을 나타내겠다고 하지만, 우리가 아무리 이 땅에서 명문가를 이루어 하나님의 집을 크게 짓는다 해도 하늘과 땅보다

넓고 크게 지을 수 있겠는가?

하나님께서는 우리에게 이 땅의 부와 영향력을 통한 당신의 나라 건설을 원하시지도 않고 명하시지도 않았다. 그것은 하늘이 하나님의 보좌이고 땅이 하나님의 발등상이기 때문이다.

> "여호와께서 이같이 말씀하시되 하늘은 나의 보좌요 땅은 나의 발등상이니 너희가 나를 위하여 무슨 집을 지을꼬 나의 안식할 처소가 어디랴"(사 66:1)

기복주의 신앙은 가장 믿음이 없는 어리석은 신앙이다. 그것은 이 땅에서 쇠하고 썩게 될 것을 구하고 열망하기 때문이다. 신앙의 본질은 하나님 앞에서 '무엇을 먹을까? 응답 받을까? 해결 받을까?'와 관련이 있는 것이 아니라, '무엇을 드릴까?'와 관련이 있다.

위대한 미가 선지자는 하나님 앞에서 '무엇을 해결 받을까? 무엇을 응답 받을까'를 고민하고 염려했던 것이 아니라 '무엇을 드릴까?'를 고민하고 염려했다. 그에게 이 고민과 염려가 점점 깊어져 갔다.

> "내가 무엇을 가지고 여호와 앞에 나아가며 높으신 하나

님께 경배할까 내가 번제물 일 년 된 송아지를 가지고 그 앞에 나아갈까 여호와께서 천천의 숫양이나 만만의 강수 같은 기름을 기뻐하실까 내 허물을 위하여 내 맏아들을, 내 영혼의 죄를 인하여 내 몸의 열매를 드릴까"(미 6:6~7)

이처럼 '하나님께 무엇을 드릴까?'를 고민하고 염려하던 미가 선지자는 천천의 숫양이나 만만의 강수 같은 기름으로 하나님을 기쁘시게 해 드릴 수 없음을 깨달았다. 그러다가 혹시 자신의 맏아들과 몸의 열매를 드리면 하나님을 기쁘시게 해 드릴 수 있을까 하는 고민과 염려로 마음이 번민했다. 이처럼 하나님께 무엇을 드릴까를 고민하고 염려하는 미가의 기도에 대해서, 즉 하나님의 뜻을 구하는 미가의 기도에 대해서 하나님께서 응답하셨다.

"사람아 주께서 선한 것이 무엇임을 네게 보이셨나니 여호와께서 네게 구하시는 것이 오직 공의를 행하며 인자를 사랑하며 겸손히 네 하나님과 함께 행하는 것이 아니냐"(미 6:8)

하나님의 응답은 하나님의 말씀대로 사는 삶이다. 하나님의 말씀대로 사는 삶은 바로 하나님의 뜻을 행하는 삶이다.

하나님께서 우리에게 요구하시는 삶은 천천의 숫양이나 만만의 강수 같은 기름이 아니기 때문에 우리가 이 땅에서 사업 성공해서 십일조 헌금을 많이 드리는 삶이 아니다.

우리를 향하신 하나님의 뜻은 믿음의 삶속에 결실되는 인애仁愛의 삶이다. 인애의 삶은 율법의 더 중한바 의와 인과 신을 실천하는 삶이다. 의와 인과 신의 삶은 안식년법(레 25:1~7; 신 15:12~14)과 희년법(레 25:8~12)을 순종함으로 온전해진다. 율법의 더 중한바 '의와 인과 신' 이 지향하는 '안식년법과 희년법' 을 지켜 행하는 삶은 서기관들과 바리새인들이 그토록 철저하게 헌신했던 십일조를 지켜 행하는 삶보다도 더 많은 물질의 헌신을 요구하는 삶이다.

서기관들과 바리새인들은 십일조법은 철저하게 지켰지만, 율법의 더 중한바 '의와 인과 신' 인 '안식년법과 희년법' 은 지키지 못하고 오히려 그 물질을 자신들의 배를 채우는 데 당당하게 사용했다. 그러므로 주님께서는 그들이 비록 십일조는 하나님 앞에 철저하게 바쳤지만 훨씬 더 많은 물질적 헌신을 요구하는 안식년법과 희년법을 지켜 행하지 않은 그들의 삶을 하루살이는 걸러내고 약대를 삼키는 탐욕의 삶으로 정죄하셨다.

"화 있을진저 외식하는 서기관들과 바리새인들이여 너희

가 박하와 회향과 근채의 십일조를 드리되 율법의 더 중한
바 의와 인과 신은 버렸도다 그러나 이것도 행하고 저것도
버리지 말아야 할지니라 소경 된 인도자여 하루살이는 걸
러내고 약대는 삼키는도다"(마 23:23~24)

하나님을 안다는 것은 감정으로 느끼는 것도 아니며, 체험으로 부딪히는 것도 아니며, 성경구절을 암송하는 것도 아니다. 하나님을 안다는 것은 인애仁愛의 삶을 결실하는 것이다. 하나님을 앎은 곧 하나님의 명령대로 하나님의 요구대로 순종을 결실하는 삶이다.

"나는 인애를 원하고 제사를 원치 아니하며 번제보다 하
나님을 아는 것을 원하노라"(호 6:6)

제사를 열심히 드린다고, 새벽기도 금요기도회에 열심히 참여한다고 하나님을 아는 것이 아니라 인애의 삶을 결실하는 것이 하나님을 아는 것이다. 구약의 율법이 명한 인애의 삶은 예수 그리스도께서 명하신 사랑의 계명(요 14:15, 21; 15:10~12)을 실천하는 삶 속에서 완전해진다. 인애의 삶, 곧 사랑의 계명은 우리를 향하신 하나님의 뜻이다.

하나님을 안다는 것은 하나님의 뜻을 행하는 삶이다. 인애

의 삶은 율법의 정신을 구현하는 최고의 삶이며, 예수 그리스도의 사랑의 계명을 지켜 행하는 삶 속에서 궁극적 성취에 이른다(요 14:15, 21; 15:10~12). 그러므로 가장 성령 충만했던 초대교회 성도들은 인생 미래의 꿈을 디자인하며 일렬로 줄을 서서 사도들이 손가락으로 밀면 단체로 넘어지고, 자신들의 어금니가 금빛으로 변하는 체험은 하지 않았지만, 내 것을 내 것이라 하지 않고 밭과 집을 팔아 예수 그리스도의 사랑의 계명을 실천함(행 4:32~35)으로 율법이 지향하는 인애의 삶을 완전하게 구현했다.

오늘 신앙인들은 하나님께 무엇을 드릴까를 고민하고 염려하지 않고 오로지 모두가 하나같이 하나님께로부터 무엇을 받을까만을 고민하고 염려한다. 그러나 참된 신앙의 본질은, 곧 믿음의 본질은 '무엇을 해결 받을까? 무엇을 응답 받을까?'에 있지 않고 '무엇을 드릴까?'에 있다. 그러므로 우리는 하나님 앞에 인생 문제를 해결 받고 응답 받기 위해 나아가지 말고 하나님께 나의 모든 것을 드리기 위해 나아가야 한다. 바로 이 삶이 하나님의 뜻대로 행하는 삶이며 하나님께 신령과 진정으로 예배를 드리는 삶이다(롬 12:1~2).

하님의 뜻을 행하는 믿음의 삶을 살기 위해서는 우리에게 성령 충만함이 있어야 한다. 성령 충만한 사람은 인생 문제를 고민하고 염려하며 목청껏 소리 높여 "이루어 주실 줄 믿습니다. 역사해 주실 줄 믿습니다. 응답해 주실 줄 믿습니다. 해결해 주실 줄 믿습니다."라고 기도하는 사람이 아니라, 어떻게 하면 받은바 은혜에 감사해서 하나님 앞에 내게 있는 모든 것을 드릴 수 있을까 하며 고민하고 염려하는 신앙인이다. 그래서 목소리 높여 "주여! 주여!" 하지 않고 하나님의 뜻을 행하기를 고민하고 힘쓴다.

우리가 하나님을 가장 기쁘시게 해 드리는 신앙을 하기 위해서는 하나님의 사정을 가장 잘 아시는 성령을 따라서 신앙해야 한다. 성령을 따라 하나님의 뜻을 행하는 신앙이 하나님의 영광을 위한 신앙이다. 하나님의 영광을 위한 신앙과 나를 위한 기복주의 신앙은 "주여! 주여!" 하는 입술의 소리에서는 차이가 없지만, 하나님의 뜻을 행하는 능력과 관련해서는 하늘과 땅 차이다.

기복주의 신앙은 사람을 위한 신앙으로서 하나님께 얻어먹으려고만 하고 이득만 보려고 하는 신앙이다. 기껏해야 하나님께서 1천만 원을 주시면 자신은 2백만 원을 하나님께 사례비로 드리겠다는 거래이다. 그러므로 기복주의 신앙은 하나님의 형상을 목표로 하지 않고 이 땅에서 자신의 부요와 성공을 목적으로 하는 신앙이기 때문에 구약적인 의미에서 이스라엘 백성이 자신들을 위해 형상을 만드는 우상 제의이다.

"너를 위하여 새긴 우상을 만들지 말고 또 위로 하늘에 있는 것이나 아래로 땅에 있는 것이나 땅 아래 물속에 있는 것의 아무 형상이든지 만들지 말며"(출 20:4)

오늘 우리 가운데서 하나님께서 베풀어 주신 구원의 은혜가 너무나 감사해서 미가 선지자처럼 하나님께 무엇을 드릴까를 고민하고 염려하며 하나님 앞에 나아오는 사람이 과연 몇 명이나 있겠는가?

미가 선지자의 고통스러운 고민의 간구에 대한 하나님의 응답은 우리가 하나님께 천천만만의 숫양의 번제를 드림보다도 하나님의 공의를 행하며 인자를 사랑하며 겸손히 하나님과 함께 행하는 삶이다. 바로 이 삶이 하나님께서 우리에게 요구하시는 당신의 뜻을 행하는 삶이다. 하나님의 뜻을 행하는 자만이 하나님의 나라에 들어간다(마 7:21).

신약적인 의미에서 겸손히 하나님과 함께 행하는 삶(미 6:8)은 예수님께서 십자가를 지신 길을 따라 자기 부인의 십자가를 지는 삶이다. 맏아들이라도 하나님께 드리고 싶은 심령으로, 심지어는 천천만만의 숫양의 번제 대신에 자신의 몸을 산 제물로 드리기를 열망하며 하나님 앞에 나아왔던 미가 선지자의 신앙이야말로 신약적인 의미에서 부모와 처자와 소유를 미워하기까지 예수 그리스도를 사랑하는 신앙이며, 모든 소유를 버리기까지 주를 따르는 신앙이다(눅 14:26~27, 33).

바로 이 신앙의 삶이 자기 몸을 쳐서 복종시켜 하나님께 드리는 참된 믿음의 삶이며, 하나님의 뜻을 행하는 삶이며, 하나님과 동행하는 삶이며, 자기 부인의 십자가를 지고 예수 그리스도를 따르는 제자도의 삶이며, 신령과 진정으로 하나님을 예배하는 삶이다.

우리는 하나님 앞에 내게 있는 모든 것을 드리기를 힘쓰는 신앙인이 되어야 한다. 하나님 앞에 무엇을 드릴까를 고민하는 신앙은 하나님의 뜻대로 살기를 고민하고 힘쓰는 신앙이다. 미가 선지자는 하나님께서 베풀어 주신 구원의 은혜가 너무나 감사해서 맏아들이라도 드리고 싶은 심령으로 하나님 앞에 나아왔지만, 오늘 우리는 어떻게 하면 맏아들을 잘되게 해서 좋은 대학 보내고 좋은 배필 만나게 하고 좋은 직장 입사하게 하고 사업 잘되게 하고 영향력 있게 만들까 하며 하나님 앞에 나아온다.

하나님께서 기뻐하시는 기도의 사람은 이 땅의 문제 해결을 위해 매일 열 시간씩 기도하는 사람이 아니라 항상 하나님의 뜻을 구하는 사람이다. 어디서든지 항상 하나님의 뜻을 구하는 삶이 항상 기도하는 삶이다. 이방인의 기도는 오로지 "될 줄 믿습니다!" 하며 중언부언 염불이나 하는 것이지만 하나님의 나라와 의를 구하는 기도는 하나님의 뜻대로 살기를 소원하는 열망이다. 이제 우리는 세상을 향한 자기 소원을 구하지 말고 하나님의 뜻대로 살기를 열망해야 한다.

하나님께서 가장 기뻐하시는 사람은 십일조 영웅 록펠러도 아니며 복 받고 해결 받은 선불 先拂 집사도 아니며, 백악관의 고위관료를 지낸 강영우 박사도 아니며, 놀라운 매출 신장의 복을 받은 참존 화장품 회장이 아니다. 하나님께서 가장 기뻐하시는 사람은 예수 그리스도와 사도들이며 예수 그리스도께서 명하신 사랑의 계명을 따라 자기 것을 자기 것이라 하지 않으며 밭과 집을 팔아 핍절한 형제 교회를 구제했던 초대 예루살렘 교회 성도들이며(행 4:32~35) 예수를 믿는다는 이유 하나 때문에 모든 재산을 빼앗기는 것조차도 기쁨으로 여기며 하나님을 열망하고 하나님을 기다린 히브리 교회 교인들이다(히 10:32~37). 그러므로 우리는 하나님을 기쁘시게 해 드리기 위해 예수 그리스도와 사도들의 발자취를 따라가야 한다. 또한 예수 그리스도의 사랑의 계명을 철저하게 지키며 이 땅에 소망을 두지 않고 오로지 하나님을 기다렸던 초대교회 성도들의 삶을 꿈꾸고 본받아야 한다.

성령을 통해 우리는 우리를 향하신 하나님의 선하시고 기뻐하시고 온전하신 뜻을 분별할 수 있다(롬 12:2). 그래서 하나님의 뜻대로 행하는, 신령과 진정으로 하나님을 예배하는 예배자의 삶을 살 수 있다(롬 12:1). 우리가 구하고 찾고 두드려야 하는 것은 인생 문제 해결이 아니라 성령이다(눅 11:9~13). 성령을 구하고 찾고 두드리라는 것은 문제 해결 받고 축복 응답 받고 역전하고 꿈을 이루라는 것이 아니라 하나님의 뜻을 구하고 찾고 두드리라는 것이다. 그러므로 성령을 구하고 찾고 두드린다는 것은 하나님의 말씀대로 순종하고 하나님의 말씀대로 행하는 삶을 살기를 열망함이다.

하나님의 뜻대로 살기를 고민할 때, 그리고 그 고민이 우리의 삶을 지배할 때, 우리는 하나님의 뜻대로 행할 수 있다. 그러므로 성령 충만을 받은 사람은 롤롤롤 방언을 하며 인생의 미래를 꿈꾸고 상상하고 점치는 사람이 아니라 하나님의 뜻대로 행하는 사람이며 모든 소유를 버리기까지 자기 부인의 십자가를 지고 예수 그리스도를 따르는 사람이다.

성령은 하나님의 음성 듣기 교육을 하시는 분이 아니다. 환상 보기 교육을 하시는 분도 아니다. 감각 체험을 시키시는 분도 아니다. 성령은 오로지 우리를 진리로 교육하셔서 하나님의 뜻을 분별하게 하시고 우리로 하나님의 뜻을 행하게 하신다. 그래서 우리로 예수 그리스도의 형상에 이르게 하시며 예수 그리스도의 장성한 충만한 분량에 이르게 하신다. 그러므로 성령의 사역은 인생 소원 꿈을 그리게 하고,

인생 소원 꿈 성취를 장담하게 하며, 인생 소원 꿈 성취를 확신하는 긍정의 힘이 아니다.

오늘날 자칭 사도와 자칭 선지자 행세를 하고 다니는 은사주의자들은 감각을 민감하게 좇아다니는 어리석은 교회에게, 성령님께서 음성을 듣게 해 주시고 감각을 느끼게 해 주시는 것으로 가르친다. 그래서 그들은 하나같이 체험에 몰두하고 있다. 그들은 체험을 하나님을 아는 것으로 착각한다. 그러나 하나님을 안다는 것은 하나님의 음성을 듣는다는 것이 아니며, 은사 체험을 한다는 것도 아니며 환상을 보게 된다는 것도 아니다. 그렇다고 성경 지식을 많이 알게 된다는 것도 아니다. 그리고 교회를 오래도록 출석해서 하나님과 가까워진다는 것도 아니다. 하나님을 안다는 것은 하나님의 말씀에 순종해서 성령의 열매를 결실함이다.

성령의 사역은 하나님의 뜻을 행하는 열매 맺는 삶으로 우리를 견인해 가신다. 그러므로 초대교회 성도와 같은 사랑의 삶은 결실하지 못하면서 음성 듣기와 체험에 몰두하는 사람들은 다른 영을 받은 사람들이다. 오늘 이 다른 영의 역사가 교회를 타락시키고 있다(고후 1:2~4). 이제 우리는 성령의 사역을 잘못 이해하고 잘못 적용했던 죄를 회개해야 한다. 오늘 우리가 진리의 성령을 이처럼 잘못 이해하고 잘못 적용하는 동안 저 신천지에서는 자신이 이 땅에 임한 진리의 성령이라고 정신 나간 소리를 하고 돌아다니고 있지 않은가.

지금 우리는 긍정의 힘으로 미래의 잘된 나를 꿈꿀 때가 아니다. 지금 우리는 감각적인 체험에 몰두할 때가 아니다. 지금 우리는 이 땅의 부와 성공을 구하고 찾고 두드릴 때가 아니다. 지금 우리는 예수님과 사도들의 명령대로 지켜 행해야 할 때이다.

> "그러므로 너희는 가서 모든 족속으로 제자를 삼아 아버지와 아들과 성령의 이름으로 세례를 주고 내가 너희에게 분부한 모든 것을 가르쳐 지키게 하라 볼지어다 내가 세상 끝날까지 너희와 항상 함께 있으리라 하시니라"(마 28:19~20)

> "그러므로 내가 너희에게 권하노니 너희는 나를 본받는 자 되라"(고전 4:16)

> "내가 그리스도를 본받는 자 된 것같이 너희는 나를 본받는 자 되라"(고전 11:1)

> "누구든지 그의 말씀을 지키는 자는 하나님의 사랑이 참

으로 그 속에서 온전케 되었나니 이로써 우리가 저 안에 있
는 줄을 아노라 저 안에 거한다 하는 자는 그의 행하시는
대로 자기도 행할지니라"(요일 2:5~6)

하나님의 특별계시인 성경은 인생 문제의 비법을 말하고
있는 것이 아니라 예수 그리스도를 통한 하나님의 구속 경
륜을 말하고 있다. 그래서 성경은 생명이신 예수 그리스도
와 영생에 대해 말씀한다.

"너희가 성경에서 영생을 얻는 줄 생각하고 성경을 상고
하거니와 이 성경이 곧 내게 대하여 증거하는 것이로다"(요
5:39)

계시는 죄인을 향해 하나님께서 당신의 구속 경륜을 열어
보이심이다. 그 구속 경륜은 예수 그리스도를 통한 하나님
의 구원이다. 그러므로 예수 그리스도는 하나님 계시의 모
든 것이며 종국이다.
구약의 모든 선지자는 예수 그리스도를 통해 죄인의 죄를
정결하게 하시는 하나님의 작정된 구원을 예언해 왔다.

"옛적에 선지자들로 여러 부분과 여러 모양으로 우리 조

상들에게 말씀하신 하나님이 이 모든 날 마지막에 아들로 우리에게 말씀하셨으니 이 아들을 만유의 후사로 세우시고 또 저로 말미암아 모든 세계를 지으셨느니라 이는 하나님의 영광의 광채시요 그 본체의 형상이시라 그의 능력의 말씀으로 만물을 붙드시며 죄를 정결케 하는 일을 하시고 높은 곳에 계신 위엄의 우편에 앉으셨느니라"(히 1:1~3)

하나님의 계시인 예수 그리스도는 창세로부터 감춰진 하나님의 비밀이다.

"그러나 우리가 온전한 자들 중에서 지혜를 말하노니 이는 이 세상의 지혜가 아니요 또 이 세상의 없어질 관원의 지혜도 아니요 오직 비밀스러운 가운데 있는 하나님의 지혜를 말하는 것이니 곧 감추었던 것인데 하나님이 우리의 영광을 위하사 만세 전에 미리 정하신 것이라 이 지혜는 이 세대의 관원이 하나도 알지 못하였나니 만일 알았더면 영광의 주를 십자가에 못 박지 아니하였으리라 기록된바 하나님이 자기를 사랑하는 자들을 위하여 예비하신 모든 것은 눈으로 보지 못하고 귀로도 듣지 못하고 사람의 마음으로도 생각지 못하였다 함과 같으니라"(고전 2:6~9)

하나님의 비밀이신 예수 그리스도가 이 땅에 나타나심으로 창세로부터 감춰진 모든 것이 드러났다.

"이는 선지자로 말씀하신바 내가 입을 열어 비유로 말하고 창세부터 감추인 것들을 드러내리라 함을 이루려 하심이니라"(마 13:35)

창세로부터 감춰진 모든 것은 죄인 구원을 위한 하나님의 구속 경륜이다. 죄인은 창세로부터 감추어진 하나님의 비밀이신 예수 그리스도 안에서 구원을 받았다. 이에 관해 사도 바울은 죄인이 구속, 곧 죄 사함을 받아 예수 그리스도 안에서 하나님께서 창세로부터 예비하셨던 하늘에 속한 모든 복을 받았다고 하였다.

"찬송하리로다 하나님 곧 우리 주 예수 그리스도의 아버지께서 그리스도 안에서 하늘에 속한 모든 신령한 복으로 우리에게 복 주시되"(엡 1:3)

예수 그리스도, 곧 하나님의 영원한 생명은 감추어져 있었고, 닫혀 있었다. 이는 곧 에덴동산의 생명나무에 이르는 길이 그룹들과 두루 도는 화염검으로 가려져 있었음을 의미한다(창 3:24). 그러나 이 마지막 날 하나님은 아들로 말씀하셨고, 그 말씀은 곧 우리에게 생명이 되었다.

하나님께서 그룹들과 두루 도는 화염검으로 생명나무에 이르는 길을 차단하신 후, 범죄한 인간은 그 어떤 경우에도 하나님께서 우리를 위해 예비하신 영원한 생명, 영원한 구원이신 예수 그리스도에게로 나아갈 수 없었다. 그러나 하나님께서는 우리의 구원을 위해 예수 그리스도를 세상 가운데 나타내셨다.

"그는 창세 전부터 미리 알리신 바 된 자나 이 말세에 너희를 위하여 나타내신 바 되었으니"(벧전 1:20)

예수 그리스도는 하나님의 구원이다. 하나님께서는 예수 그리스도를 우리 가운데 나타내셨다. 그것은 곧 하나님께서 우리 가운데 당신의 구원을 나타내심이다. 또한 당신의 영원한 생명을 나타내심이다. 이제 우리는 예수 그리스도를 통해 하나님의 영원한 생명에 이른다.

야고보 선생은 주님께서 교회에게 구하고 찾고 두드리면 하나님의 선물인 성령을 주시겠다는 약속(눅 11:9~13)에 근거하여 후히 주시고 꾸짖지 않으시는 하나님께 하나님의 지혜를 구하라고 했다(약 1:5).

성령을 통해서 하나님의 지혜를 깨닫는다. 이는 곧 성령을 통해서 하나님의 구원을 소유함을 의미한다.

"오직 하나님이 성령으로 이것을 우리에게 보이셨으니 성령은 모든 것 곧 하나님의 깊은 것이라도 통달하시느니라 사람의 사정을 사람의 속에 있는 영 외에는 누가 알리요 이와 같이 하나님의 사정도 하나님의 영 외에는 아무도 알지 못하느니라 우리가 세상의 영을 받지 아니하고 오직 하나님께로 온 영을 받았으니 이는 우리로 하여금 하나님께서 우리에게 은혜로 주신 것들을 알게 하려 하심이라 우리가 이것을 말하거니와 사람의 지혜의 가르친 말로 아니하고 오직 성령의 가르치신 것으로 하니 신령한 일은 신령한 것으로 분별하느니라 육에 속한 사람은 하나님의 성령의 일을 받지 아니하나니 저희에게는 미련하게 보임이요 또 깨닫지도 못하나니 이런 일은 영적으로라야 분변함이니라" (고전 2:10~14)

성령은 감추어졌던 하나님의 지혜인 예수 그리스도를 우리 가운데 증언하신다.

"내가 아버지께로서 너희에게 보낼 보혜사 곧 아버지께

로서 나오시는 진리의 성령이 오실 때에 그가 나를 증거하
실 것이요"(요 15:26)

주님께서는 당신의 이름으로 보내실 약속의 보혜사 성령
께서 우리와 함께 거하시고 우리 속에 계셔서 당신께서 우리
에게 말씀하신 모든 진리를 생각나게 할 것이라고 하셨다(요
14:16~17, 26). 그러므로 우리는 성령을 통해서 하나님의 구
원이신 예수 그리스도에게로 나아간다. 예수 그리스도는 하
나님의 진리이시다. 그러므로 성령은 우리를 진리로 인도해
가신다.

성령을 통해서 하나님의 말씀을 깨닫는다. 성령을 통해서
하나님의 지혜를 소유한다. 이는 곧 성령을 통해서 예수 그
리스도를 소유함이다. 성령을 통해서 우리가 소유한 예수 그
리스도는 세상에서 가진 모든 것을 처분하고 소유해야 하는
"밭에 감추인 가장 값진 진주"(마 13:45~46)이며 보화이다.

"예수께서 이 말을 들으시고 이르시되 네가 오히려 한 가
지 부족한 것이 있으니 네게 있는 것을 다 팔아 가난한 자
들을 나눠 주라 그리하면 하늘에서 보화가 네게 있으리라
그리고 와서 나를 좇으라 하시니"(눅 18:22)

보화이신 예수 그리스도, 곧 하나님의 구원을 소유함과 우리가 이 땅에서 소유한 재물과의 분리는 필연적이다. 그러므로 주님께서는 당신에게로 나아오기 위해서는 반드시 모든 소유를 버려야 함을 명령하셨던 것이다.

"무릇 내게 오는 자가 자기 부모와 처자와 형제와 자매와 및 자기 목숨까지 미워하지 아니하면 능히 나의 제자가 되지 못하고 누구든지 자기 십자가를 지고 나를 좇지 않는 자도 능히 나의 제자가 되지 못하리라"(눅 14:26~27)

"이와 같이 너희 중에 누구든지 자기의 모든 소유를 버리지 아니하면 능히 내 제자가 되지 못하리라"(눅 14:33)

성령을 통해서 우리가 소유하게 되는 것은 이 땅의 금은보화가 아니라 하나님의 구원이신 예수 그리스도이다. 성령은 우리를, 하나님의 진리이시며 하나님의 구원이시며 하나님의 생명이신 예수 그리스도에게로 인도한다. 그러므로 성령은 우리에게 이 땅의 소유로부터의 분리를 명령한다. 그리고 자기 부인의 십자가를 지게 한다.

성령도 진리(요 15:26)이고 말씀도 진리(요 17:17; 약 1:18)이기에 바른 말씀이 있는 곳에 바른 성령의 역사가 있다. 그러므로 사도 바울이 경고한 바와 같이 교회를 신랑이신 예수 그리스도의 정결한 처녀로 중매되지 못하게 하는 다른 복음이 있는 곳에 다른 영의 역사가 있다(고후 11:2~4).

오늘 교회는 성령과 말씀을 통해 이 땅의 소유와 분리하는 길을 가는 것이 아니라, 이 땅의 소유를 증식하려고 꿈의 대로를 왕래하고 있다. 그래서 성령과 말씀을 '재물의 능'과 '재물의 축복'과 관련지어 이해하고 적용한다. 그러다 보니 자칭 사도와 자칭 선지자임을 주장하며 신사도운동을 주도하는 무리는 하나같이 바른 말씀과 바른 성령 운동을 외쳐대지만, 오늘도 그들은 초자연적 재물의 이동을 부르짖으며 그들에게 수표가 날아온다고 꿈과 환상에 젖어 있다. 그들은 지금도 외친다. "세상의 물권이 우리에게 이동할지어다! 수표가 날아올 지어다!"라고.

결국, 지금 교회는 예수 그리스도의 정결한 신부로 중매되고 있는 것이 아니라, 음녀가 되고 있다. 이유는 다른 복음과 다른 영을 잘도 용납하고 있기 때문이다(고후 11:2~4).

종말의 징조로 거짓 그리스도와 거짓 선지자를 그토록 경계(마 24:4~5, 11, 23~26)하셨던 주님께서는 제자들과 마지막 만찬을 나누시면서 포도나무에서 난 것을 당신의 나라에서 새것으로 마시는 날까지 마시지 않을 것이라고 하셨다(마 26:29; 눅 22:18). 이유는 지금 교회가 예수 그리스도의 정결한 신부인 거룩한 성 새 예루살렘(계 21:2, 9~10)으로 지어져 가지 못하고, 음행의 포도주에 취해 멸망 받을 큰 성 바벨론(계 17:1~2, 5, 18; 18:2~3)으로 지어져 가고 있기 때문이다.

지금 교회 안에는 다른 복음과 다른 영을 전파하는 거짓 그리스도와 거짓 선지자의 미혹이 광야와 골방 여기저기에 만연해 있다. 이들 때문에 교회는 예수 그리스도의 정결한 신부(거룩한 성 새 예루살렘)로 중매되지 못하고 음녀(큰 성 바벨론)가 되어가고 있다.

예수 그리스도께서 경고하신 대로 이미 임한 하나님의 나라에 거짓 그리스도와 거지 선지자의 미혹이 범람하지만, 그래서 이들에 의해 교회가 음행의 포도주를 마시고 취하여 있지만, 당신께서 이 땅에 다시 오시는 그날에 당신의 나라에서 가라지들과 가라지를 심은 원수들을 멸하시고 창세로부터 예비된 당신의 나라를 완성하실 것이다.

그날에 음행의 포도주를 생산해 내며 사람들로 음행의 포도주로 취하게 했던 타락한 교회세대, 큰 성 바벨론을 멸하시고 구속받은 무리와 "새 노래"(계 14:3)를 온 천지에 울려 퍼지게 하실 것이다. 그날에 아버지의 나라에서 "새것"으로 마시는 날까지 포도나무에서 난 것을 다시는 마시지 않겠다고 하신 주님의 열망이 이루어질 것이다.

"그러나 너희에게 이르노니 내가 포도나무에서 난 것을 이제부터 내 아버지의 나라에서 새것으로 너희와 함께 마시는 날까지 마시지 아니하리라 하시니라"(마 26:29)

"내가 너희에게 이르노니 내가 이제부터 하나님의 나라가 임할 때까지 포도나무에서 난 것을 다시 마시지 아니하리라 하시고"(눅 22:18)

이제 교회는 미혹을 분별하고 그 옛날 구약 이스라엘이 최초의 유월을 통해 애굽에서 나왔듯이 음행의 포도주를 생산해 내는 타락한 교회세대의 잘못된 성령운동과 복음의 가르침에서 나와 최후의 유월을 준비해야 한다.

"또 내가 들으니 하늘로서 다른 음성이 나서 가로되 내 백성아, 거기서 나와 그의 죄에 참여하지 말고 그의 받을 재앙들을 받지 말라 그 죄는 하늘에 사무쳤으며 하나님은 그의 불의한 일을 기억하신지라"(계 18:4~5)

이제 교회는 최후의 유월을 통해 장성한 자의 충만한 분량, 곧 시온으로 힘써 올라가야 한다. 그래서 소유와 단절하지 않고는 결단코 들어갈 수 없는 하나님의 나라에 이르는 좁고 협착한 길을 따라 모든 소유를 버리기까지 하나님의 뜻을 행해야 한다. 그것은 "주여! 주여!" 하는 자가 아니라 하나님의 뜻을 행하는 자가 하나님의 나라에 들어갈 것이기 때문이다(마 7:21).

심리학의 종이 될 것인가?
예수 그리스도의 종이 될 것인가?

내적치유의 **허구성**

은혜 받았던 내적치유가 뉴에이지라니!

이 책은 한국 교회 안에서 지금까지도 유행하고 있는 "소위 내적 치유 세미나"가 과연 성경적인지를 심각하게 묻는 책이다. 이 책은 성경에 근거하고 개혁신학의 입장에 서서 교계에 유행하고 있는 하나의 현상에 대해서 매우 심각한 질문을 하며, 하나하나 분석하면서 이런 세미나가 얼마나 성경의 가르침으로부터 먼 것인지를 잘 드러내고 있다. 그러므로 이 책은 소위 내적 치료 세미나를 성경적으로 반성적으로 검토하는 기여를 하고 있을 뿐만 아니라, 이와 같은 유행들에 대해서 한국 교회와 각각의 그리스도인들이 과연 어떻게 해야 하는지의 모범을 보여 준 책이라고 할 수 있다.
— 이승구 (합동신학대학원대학교 조직신학교수)

정태홍
신국판 448면 | 값 15,000원

태신자와 지인들에게 복음으로 사랑을 전할 수 있는 정말 좋은 선물!
복음도 전하고 사랑도 전하고 전도도 하고 선교에도 동참하는 1석4조

경계를 넘어 사랑으로 길을 내는 선교행전
이들리 Idli 먹는 아침

저는 여러분도 이 책의 글을 즐기시고 또한 제가 발견한 내적인 지혜를 얻으시리라 확신합니다. 이 목사님은 인도에 대한 거의 모든 것들에 대해 쓰셨어요. 인도의 의복, 음식, 사람, 사건, 사물, 자연, 계절, 환경 등 심지어는 쓰레기에 대해서도요. 각각의 글은 우리로 하여금 더욱 주님 안에서 강하고 주님을 닮아 계속적으로 변화해 가도록 도전하고 격려하는 영적인 진리와 교훈을 제공하고 있습니다. 이 책 내용 전체가 지향하는 바대로요.
— 메비스 셀바라지
(인도 OM 소속 여성사역분과 ARPANA(헌신)사역 '카르나다카' 주 책임자)

이종전
변형신국판 325면 | 380여 컬러화보
값 18,000원

성경은 우리의 구원을 어떻게 말씀하시는가?
바른 성경해석으로 닫힌 성경을 열어 보자!

닫힌 성경 열기
- 구원론을 중심으로

구원론에 있어 팽팽하게 대립하는 칼빈주의 5대 교리와 알미니안주의 5대 강령! 그러나 성령의 감동으로 기록된 한 성경이 어떻게 두 개의 구원론을 말씀하시겠는가? 고정관념을 내려놓고, 전통을 벗고, 주의를 뛰어넘어 성경적인 구원론을 정립하자!

저자는 "구원에 대한 성경의 가르침은 모호하지 않다. 정반대의 주장이 동시에 성립될 정도로 모호하지 않고 아주 명백하다"고 말한다. 따라서 저자는 교회가 가져야 할 바른 자세는 어떤 '주의'를 고수하는 것이 아니라 성경의 가르침을 받아들이고 정립하는 것이라고 한다. 이를 위해 칼빈주의자와 알미니안주의자의 주장을 함께 살피고 바른 해석 원리로 재해석함으로써 성경이 하나의 신학 주제에 대해 서로 다른 입장을 동시에 가지고 있지 않음을 이 책에서 증명한다.

박창진
신국판 387면 | 값 14,000원

목회자를 위한 평생~ 설교 강해집

1. 단상록
2. 교회생활과 신앙생활
3. 중생의 봄
4. 누가복음강해(상)
5. 누가복음강해(중)
6. 누가복음강해(하)
7. 요한복음강해(상)
8. 요한복음강해(하)
9. 사도행전강해(상)
10. 사도행전강해(하)
11. 로마서강해(상)
12. 로마서강해(하)
13. 고린도전서강해
14. 고린도후서강해
15. 갈라디아서강해
16. 에베소서강해

그는 인간 영혼을 사랑하며, 역사를 통찰하는 마음은 뜨겁고 건강하기 그지 없는 선배이다. 그만한 양심과 상식에 근거하여 자신의 신앙과 목양에 정진하는 목사가 과연 몇 사람이 될 것인가를 되새겨 본다. 그의 설교는 자신의 내면생활의 분출이요, 같은 믿음을 가진 사건들의 응답(아멘)이요, 같은 시대인과의 결속이기도 한다. 그런 의미에서 그의 설교는 고독한 명상이요, 절규가 아니라 동시대인의 공동고백이요, 공동증언이다. 그는 어떤 것에도 미련을 갖지 않는다. 또한 타인의 이목으로부터도 자유로운 사람이다. 그러면서도 무엇이든지 방치해두지 않는다. 한 마디로 순례자 정신의 소유자이다. 진정한 설교는 순례자만이 선포할 수 있다. 세속적인 것에 집착하거나 영향 받는 사람의 설교는 자유정신의 설교가 될 수 없다. 그러면서 세속적인 것에 대한 깊은 관심과 통찰을 게을리하지 않음으로써 그의 귀착지는 시대의 구원인 것이다. - 고 장기천 감독(감리교)

문의 : 크리스천인사이드 광고부(051-522-5223)

"나는 시대의 기호에 맞는 설교를 하려 하지 않습니다."

찢겨진 성의 聖衣

- 모든 것을 버리고 예수의 제자로서 살고자 하는 신앙인
- 하나님 나라를 사모하며 이 땅을 순례자로 살고자 하는 신앙인
- 주리고 목마른 심정으로 진리의 말씀을 찾는 신앙인
- 복음을 풍성한 예화로 쉽게, 그러나 깊이 있게 전하려 하는 전도자
- 나에게 맡겨 주신 양을 바른 말씀의 꿀로 먹여 양육하려 하는 목회자가

꼭, 읽어야 할 책!

남병희 | 신국판 361면 | 값 13,000원

진리를 먹고 사는 사람들

말쑥하게 죄 씻음 받은
신부의 순결 지키기!

진짜 세상을 보고,
진짜를 먹고 사는,
진짜 사람 되는
이야기.

남병희
신국판 499면 | 값 16,000원

이 사람을 보라

속 살 까 지 그리스도 인 되 기
진 짜 그리스도인으로 살 하 기
그 리 스도 는 그리스도 인 공 기
천 국 가 는 그리스도 인

원하십니까?
바로 여기
이 사람을
보십시오!

남병희
신국판 440면 | 값 15,000원

■ 도서구입처 : 교보문고, 영풍문고, 전국 기독교서점, 갓피플(www.godpeople.com) ● 총판 : 하늘유통 도서출판 등과빛 051)803-0691

신앙본질 1

약대와 바늘귀, 부자와 천국문

하나님과 재물
누가 신약의
우상 숭배자인가

하나님인가? 돈인가?

누가 재물을 사랑하는 자인가?
누가 천국문을 들어가지 못할
부자인가?

김나사로 | 신국판변형 163면 | 값 8,000원

도서출판 등과 빛 051)803-0691

남병희 단상록1

거리의 신학

거리로 내려온 진리만이
참으로 진리입니다!

남병희 지음 | 신국판 443면 | 값 15,000원

도서출판 등과 빛 051)803-0691

신앙본질 2

고 난 은 약 속 의 복 에 이 르 는 영 광 의 문 이 다

고난과 축복
그 영광에서 영광으로

우리는 지금
어떤 고난 가운데 있는가?

우리는 지금
어떤 복을 바라고 꿈꾸는가?

김나사로 | 신국판변형 169면 | 값 8,000원

도서출판 등과빛 051)803-0691

남병희 단상록2

숨 쉬는 복음

삶에서 숨 쉬는 복음만이
참으로 복음입니다!

남병희 지음 | 신국판 443면 | 값 15,000원

도서출판 등과빛 051)803-0691

미혹 그리고 미혹 그러나 분별

지은이 김나사로
발행일 2013년 6월 28일
펴낸이 이민영
대표·편집인 최선화
펴낸곳 도서출판 등과 빛
주소 부산시 부산진구 초읍동 278번지 4호
전화 Tel. 051)803-0691
등록번호 2006년 11월 8일(제335-제06-11-6호)

저작권ⓒ도서출판 등과 빛, 2013
ISBN 978-89-93647-21-1(93230)

저자와의 협약에 의하여 인지를 생략합니다.
이 출판물은 저작권법에 의해 보호를 받는 저작물이므로 무단전재·무단복제를 금합니다.

값 12,000원

이 도서의 국립중앙도서관 출판시도서목록(CIP)은 서지정보유통지원시스템 홈페이지(http://seoji.nl.go.kr)와 국가자료공동목록시스템(http://www.nl.go.kr/kolisnet)에서 이용하실 수 있습니다. (CIP제어번호 : CIP2013009046)